Frank Wallroth
Prozess- und nutzerorientierte Bedarfsplanung von Krankenhausgebäuden

Schriftenreihe Bauökonomie

———
herausgegeben von
Prof. Dr. Christian Stoy

Band 8

Frank Wallroth

Prozess- und nutzerorientierte Bedarfsplanung von Krankenhausgebäuden

—

Evaluierung von Methoden zur Ableitung spezifischer Vorgehensweisen

Dissertation, University of Stuttgart (D 93), 2021

ISBN 978-3-11-135793-5
e-ISBN (PDF) 978-3-11-076745-2
e-ISBN (EPUB) 978-3-11-076746-9

Library of Congress Control Number: 2021951774

Bibliografische Information der Deutschen Nationalbibliothek
Die Deutsche Nationalbibliothek verzeichnet diese Publikation in der Deutschen Nationalbibliografie; detaillierte bibliografische Daten sind im Internet über http://dnb.dnb.de abrufbar.

© 2023 Walter de Gruyter GmbH, Berlin/Boston
Dieser Band ist text- und seitenidentisch mit der 2022 erschienenen gebundenen Ausgabe.
Druck und Bindung: CPI books GmbH, Leck

www.degruyter.com

Inhalt

Abkürzungsverzeichnis —— XI

Abbildungsverzeichnis —— XIII

Tabellenverzeichnis —— XV

Zusammenfassung —— XIX

Abstract —— XXI

1 Einleitung —— 1
1.1 Ausgangslage und Problemstellung —— 1
1.1.1 Das Krankenhausgebäude und die Krankenhauslandschaft in Deutschland —— 1
1.1.2 Megatrends als Herausforderung für die Zukunftsentwicklung —— 4
1.1.3 Die Bedarfsplanung als wichtiges Steuerungselement im Entwicklungsprozess einer Immobilie —— 4
1.1.4 Die Bedarfsermittlung und Zielplanung im Krankenhausbau —— 6
1.2 Problem- und Fragestellung —— 8
1.3 Zielsetzung —— 11
1.4 Stand der Forschung —— 12
1.4.1 Stand der Forschung im Bereich Bedarfsplanung —— 12
1.4.2 Stand der Forschung im Bereich Krankenhausbau —— 15
1.4.3 Schlussfolgerungen aus dem aktuellen Stand der Forschung —— 17
1.5 Abgrenzungen des Untersuchungsbereichs —— 18
1.6 Aufbau der Arbeit —— 19

2 Grundlagen der Untersuchung und Methodik —— 21
2.1 Vorgehensweise —— 21
2.2 Methoden —— 24
2.2.1 Qualitative Inhaltsanalyse —— 24
2.2.2 Experteninterview —— 26
2.2.2.1 Der Expertenbegriff —— 27
2.2.2.2 Arten und Durchführung des Experteninterviews —— 28
2.2.2.3 Der Interviewleitfaden —— 29
2.2.3 Verfahren zur Entscheidungsunterstützung —— 30
2.2.3.1 Verfahrenswahl —— 31
2.2.3.2 Der Analytische Hierarchieprozess (AHP) —— 32

3 Analyse von Methoden der Bedarfsplanung —— 41
3.1 Grundlagen zur Bedarfsplanung —— 41
3.1.1 Begriffe und Definitionen —— 41
3.1.2 Entwicklung der Bedarfsplanung —— 43
3.2 Analyse von Methoden der Bedarfsplanung —— 44
3.2.1 Methodik der qualitativen Inhaltsanalyse – Bestimmung der Strukturdimensionen und Ausprägungen sowie Zusammenstellung des Kategoriensystems —— 44
3.2.1.1 Phasen —— 44
3.2.1.2 Aktivitäten —— 45
3.2.1.3 Werkzeuge —— 46
3.2.2 Methodik der qualitativen Inhaltsanalyse – Definition von Kodierregeln zu den einzelnen Kategorien —— 49
3.2.3 Weitere Analysen zum tieferen Verständnis der Methoden —— 49
3.2.4 Untersuchte Methoden —— 50
3.2.5 Zusammenfassung der Ergebnisse der Inhaltsanalyse —— 51

4 Einflüsse auf den Krankenhausbau und resultierende Schwerpunkte der Bedarfsplanung —— 59
4.1 Experteninterviewserie 1: Einflüsse auf Gebäude, Wirtschaftlichkeit und Prozesse —— 59
4.1.1 Experteninterviewserie 1 – Entwicklung des Fragebogens auf Basis einer Entscheidungsmatrix für ein AHP-Verfahren —— 59
4.1.1.1 Megatrends als Herausforderungen für die Zukunftsentwicklung —— 59
4.1.1.2 Zusammenfassung der Megatrends —— 65
4.1.1.3 Mögliche Auswirkungen der Megatrends —— 66
4.1.1.4 Zusammenfassung der Auswirkungen —— 68
4.1.1.5 Spezifika eines Krankenhausgebäudes —— 68
4.1.1.6 Ableitung der Entscheidungsmatrix —— 70
4.1.2 Experteninterviewserie 1 – Auswahl der Experten —— 76
4.1.3 Experteninterviewserie 1 – Durchführung der Interviews —— 80
4.1.4 Experteninterviewserie 1 – Ergebnisse —— 80
4.1.4.1 Befragungsergebnisse und lokale Gewichtungen —— 80
4.1.4.2 Ermittelte globale Gewichte —— 89
4.1.5 Experteninterviewserie 1 – Interpretation der Gesamtergebnisse und Ableitung von Schwerpunkten —— 91
4.2 Experteninterviewserie 2 – Anforderungen an die Bedarfsplanung im Krankenhausbau —— 92
4.2.1 Experteninterviewserie 2 – Entwicklung des Fragebogens —— 92
4.2.2 Experteninterviewserie 2 – Auswahl der Experten —— 93
4.2.3 Experteninterviewserie 2 – Durchführung der Interviews —— 94

4.2.4	Experteninterviewserie 2 – Ergebnisse —— 94	
4.2.5	Experteninterviewserie 2 – Interpretation der Ergebnisse und Schlussfolgerungen —— 98	
4.2.5.1	Phasen —— 102	
4.2.5.2	Aktivitäten —— 103	
4.2.5.3	Werkzeuge —— 104	
5	**Bewertung der Methoden bezogen auf die Erkenntnisse aus den Experteninterviewserien 1 und 2 —— 107**	
5.1	Erläuterungen zur Bewertung —— 107	
5.2	Einzelbewertung Methoden der Bedarfsplanung —— 107	
5.2.1	Bewertung der Methoden des Status Quo im Krankenhausbau in Deutschland —— 107	
5.2.1.1	Verordnung über die Honorare für Architekten- und Ingenieurleistungen (Honorarordnung für Architekten und Ingenieure – HOAI) vom 10.07.2013 —— 107	
5.2.1.2	Empfehlungen zur Zielplanung der Architekten für Krankenhausbau und Gesundheitswesen e.V. (AKG) —— 108	
5.2.1.3	Antragsverfahren zur Landeskrankenhausbauförderung am Beispiel des Bundeslandes Rheinland-Pfalz —— 108	
5.2.1.4	DIN 18205: 2016-11 – DIN Deutsches Institut für Normung e.V. —— 108	
5.2.2	Bewertung der Methoden im nordamerikanischen Raum —— 109	
5.2.2.1	Problem Seeking – William Peña, Steven Parshall —— 109	
5.2.2.2	Programming – Jay Farbstein —— 109	
5.2.2.3	Programming of Facilities – Gerald Davis —— 109	
5.2.2.4	Programming Herbert McLaughlin – Architekturbüro Kaplan, McLaughlin, Diaz (KMD) —— 110	
5.2.2.5	Architectural Programming – Donna Duerk —— 110	
5.2.2.6	Architectural Programming – Edward T. White —— 110	
5.2.2.7	Architectural Programming – Robert R. Kumlin —— 110	
5.2.2.8	Programming for Design – Edith Cherry —— 111	
5.2.2.9	Architectural Programming – Henry Sanoff —— 111	
5.2.2.10	Facility Programming – John M. Kurtz —— 111	
5.2.2.11	Environmental Programming for Human Needs – Walter H. Moleski —— 111	
5.2.2.12	Facility Programming – Mickey A. Palmer —— 112	
5.2.2.13	Health-Care-Facility-Programming – George Agron – Stone, Marrachini & Petterson —— 112	
5.2.2.14	Architectural Programming – Robert G. Hershberger —— 112	
5.2.2.15	Programming – Leistungskatalog des AIA —— 113	
5.2.3	Bewertung der Methoden in Europa —— 113	
5.2.3.1	Strategic Brief – RIBA Plan of Work 2020 —— 113	

5.2.3.2	Construction Briefing – Peter Barrett und Catherine Stanley —— 113	
5.2.3.3	Programming – Theo JM van der Voordt, Herman BR van Wegen —— 114	
5.2.3.4	Briefing – Alastair Blyth, John Worthington —— 114	
5.2.3.5	Usability Briefing for hospital design – Aneta Fronczek-Munter —— 114	
5.2.4	Bewertung der Methoden in Deutschland —— 115	
5.2.4.1	Bedarfsplanung in der Projektentwicklung – Hans-Peter Achatzi, Werner Schneider, Walter Volkmann —— 115	
5.2.4.2	Nutzerorientierte Bedarfsplanung – Martin Hodulak, Ulrich Schramm —— 115	
5.2.5	Bewertung der Methoden der strategischen Planung, die Gesichtspunkte der Bedarfsplanung beinhalten —— 115	
5.2.5.1	Lean Hospital – M. Alkalay, a. Angerer, T. Drews, C. Jäggi, M. Kämpfer, I. Lenherr, J. Valentin, C. Vetterli, D. Walker —— 115	
5.2.5.2	Zukunft. Klinik. Bau – Carsten Roth, Uwe Dombrowski, Norbert Fisch —— 116	
5.2.5.3	Integral Process Design (IPD) – Tom Guthknecht —— 116	
5.2.5.4	NHS (National Health Service Estates) Health Building Notes (HBNs) —— 117	
5.2.5.5	Hospital Planning and Design Process – Owen Hardy und Lawrence P. Lammers —— 117	
5.3	Zusammenfassende Bewertung der untersuchten Methoden der Bedarfsplanung —— 117	
5.3.1	Zusammenfassende Bewertung der Methoden des Status Quo im Krankenhausbau in Deutschland —— 118	
5.3.2	Zusammenfassende Bewertung der Methoden im nordamerikanischen Raum —— 119	
5.3.3	Zusammenfassende Bewertung der Methoden in Europa —— 121	
5.3.4	Zusammenfassende Bewertung der Methoden in Deutschland —— 122	
5.3.5	Zusammenfassende Bewertung der Methoden der strategischen Planung, die Gesichtspunkte der Bedarfsplanung beinhalten —— 123	
5.4	Zusammenfassung der Bewertung und Fazit —— 124	
5.4.1	Methodengruppe der Normen und Regularien —— 124	
5.4.2	Allgemeinde Methoden der Bedarfsplanung —— 125	
5.4.3	Methoden für Bedarfsplanungen im Gesundheitswesen —— 127	
6	**Diskussion der Ergebnisse und Ableitung eines Vorgehenskonzeptes —— 129**	
6.1	Diskussion der Ergebnisse —— 129	
6.2	Ableitung eines Vorgehenskonzeptes —— 132	
6.2.1	Entwicklung eines Fragebogens für den Auftraggeber —— 132	
6.2.2	Möglichkeiten und Anwendungen des Vorgehenskonzeptes —— 136	

7	**Schlussfolgerungen und Ausblick** —— 139
7.1	Schlussfolgerungen —— 139
7.2	Ausblick —— 140
7.2.1	Praxiserprobung und Weiterentwicklung des Vorgehenskonzeptes zur Beurteilung von angebotenen Bedarfsplanungsleistungen —— 140
7.2.2	Detailuntersuchungen von Aktivitäten und Werkzeugen —— 140
7.2.3	Weitere Untersuchung von individuellen Besonderheiten einzelner Methoden —— 141
7.2.4	Entwicklung einer detaillierteren Phasenstruktur —— 142
7.2.5	Zusammenfassung —— 142

Anhang —— 145

Anhang A – Qualitative Inhaltsanalysen von Methoden der Bedarfsplanung —— 146

I.	Status Quo im Krankenhausbau in Deutschland —— 146
I.1	Verordnung über die Honorare für Architekten- und Ingenieurleistungen (Honorarordnung für Architekten und Ingenieure – HOAI) vom 10.07.2013 —— 146
I.2	Empfehlungen zur Zielplanung 2014 der Architekten für Krankenhausbau und Gesundheitswesen e. V. (AKG) —— 148
I.3	Orientierungshilfen für Antrags- und Bewilligungsverfahren bei Krankenhausbaumaßnahmen am Beispiel des Bundeslandes Rheinland-Pfalz —— 150
I.4	DIN 18205:2016-11 – DIN Deutsches Institut für Normung e. V. —— 153
II.	Methoden der Bedarfsplanung im nordamerikanischen Raum —— 155
II.1	Problem Seeking – William Peña, Steven Parshall —— 155
II.2	Person-Environment Programming – Jay Farbstein —— 157
II.3	Programming of Facilities – Gerald Davis —— 159
II.4	Programming – Herbert McLaughlin —— 161
II.5	Architectural Programming – Donna P. Duerk —— 163
II.6	Architectural Programming – Edward T. White —— 165
II.7	Architectural Programming – Robert R. Kumlin —— 167
II.8	Programming for Design – Edith Cherry —— 169
II.9	Architectural Programming – Henry Sanoff —— 171
II.10	Facility Programming – John M. Kurtz —— 173
II.11	Environmental Programming for Human Needs – Walter H. Moleski —— 175
II.12	Facility Programming – Mickey A. Palmer —— 177
II.13	Health-Care-Facility-Programming – George Agron – Stone, Marrachini & Petterson —— 179
II.14	Architectural Programming – Robert G. Hershberger —— 181
II.15	Programming – Leistungskatalog des AIA —— 184
III.	Methoden der Bedarfsplanung in Europa —— 186

III.1	Strategic Brief – RIBA Plan of Work 2020 —— 186
III.2	Construction Briefing – Peter Barrett und Catherine Stanley —— 188
III.3	Programming – Theo JM van der Voordt, Herman BR van Wegen —— 190
III.4	Briefing – Alastair Blyth, John Worthington —— 192
III.5	Usability Briefing for hospital design – Aneta Fronczek-Munter —— 194
IV.	Methoden der Bedarfsplanung in Deutschland —— 196
IV.1	Bedarfsplanung in der Projektentwicklung – Hans-Peter Achatzi, Werner Schneider, Walter Volkmann —— 196
IV.2	Nutzerorientierte Bedarfsplanung – Martin Hodulak, Ulrich Schramm —— 199
V.	Methoden der strategischen Planung, die Gesichtspunkte der Bedarfsplanung beinhalten —— 201
V.1	Lean Hospital – M. Alkalay, A. Angerer, T. Drews, C. Jäggi, M. Kämpfer, I. Lenherr, J. Valentin, C. Vetterli, D. Walker —— 201
V.2	Zukunft. Klinik. Bau – Carsten Roth, Uwe Dombrowski, Norbert Fisch —— 204
V.3	Integral Process Design (IPD) – Tom Guthknecht —— 206
V.4	NHS (National Health Service Estates) Health Building Notes (HBNs) —— 208
V.5	Hospital Planning and Design Process – Owen Hardy und Lawrence P. Lammers —— 210

Anhang B – Fragebogen Experteninterview 1 —— 213

Anhang C – Fragebogen Experteninterview 2 —— 237

Literaturverzeichnis —— 253

Abkürzungsverzeichnis

AG	Auftraggeber
AHP	Analytischer Hierarchieprozess
AIA	American Institute of Architects
AKG	Architekten für Krankenhausbau und Gesundheitswesen e.V. (AKG)
ANP	Analytischer Netzwerkprozess
CPM	Clinical Path Management
DIN	Deutsches Institut für Normung
DRG	Diagnosis Related Groups
EBD	Evidence Based Design
ELECTRE	Elimination Et Choice Translation Reality
FRS	Facility Requirements System
gbe-bund	Gesundheitsberichterstattung des Bundes – gemeinsam getragen vom Robert-Koch-Institut und destatis
HOAI	Verordnung über die Honorare für Architekten- und Ingenieurleistungen (Honorarordnung für Architekten und Ingenieure – HOAI)
KHG	Krankenhausfinanzierungsgesetz
KIS	Krankenhausinformationssystem
LPM	Lean Prozess Management
MCDM	Multible Criteria Decision Making
MADM	Multible Attribute Decision Making
MAUT	Multi-Attribute Utility
MAVT	Multi-Attribute Value Theory
MODM	Multible Objective Decision Making
NWA	Nutzwertanalyse
OPIK	Optimierung von Prozessen in Krankenhäusern

PACS	Picture Archiving and Communication System
POE	Post Occupancy Evaluation
PROMETHEE	Preference Ranking Organisation Method for Enrichment Evaluation
RIBA	Royal Institute of Architects
QFD	Quality Function Deployment
QM	Qualitätsmanagement
USA	United States of America
WLAN	Wireless Local Area Network

Abbildungsverzeichnis

Abb. 1: Anzahl der Krankenhäuser in Deutschland insgesamt von 1991 bis 2018 (Grunddaten der Krankenhäuser 2018, Statistisches Bundesamt Wiesbaden 2020, S. 12) 1

Abb. 2: Aufgestellte Krankenhausbetten je 1000 Einwohner im internationalen Vergleich im Jahr 2018 (OECD - Organisation for economic cooperation and development 2020), eigene Darstellung 2

Abb. 3: Entwicklung zentraler Indikatoren der Krankenhäuser (1991 = 100) (Statistisches Bundesamt Wiesbaden 2020) 2

Abb. 4: Durchschnittliche Verweildauer im internationalen Vergleich im Jahr 2017 (OECD - Organisation for economic cooperation and development 2020), eigene Darstellung 3

Abb. 5: Mit der Projektlaufzeit abnehmende Projektbeeinflussbarkeit (Achatzi, Schneider und Volkmann 2017, eigene Darstellung) 5

Abb. 6: Beispiel für die Darstellung einer Funktions- und Schemaplanung (in Anlehnung an DIN 13080 Beiblatt 4) (Architekten für Krankenhausbau und Gesundheitswesen e.V. (AKG) 2014) .. 7

Abb. 7: Umfrageergebnis: Welche Aspekte der Planung würden Sie gerne verbessern? Durchgeführt von der TU Braunschweig (IIKE 2012, eigene Darstellung) 11

Abb. 8: Schematische Darstellung der Vorgehensweise (eigene Darstellung) 22

Abb. 9: Ablaufmodell strukturierender qualitativer Inhaltsanalyse (Mayring 2016) 26

Abb. 10: Flussdiagramm zum analytischen Hierarchieprozess (Strunk 2017) 33

Abb. 11: Entscheidungshierarchie mit 3 Ebenen (Pommer 2007), eigene Darstellung 34

Abb. 12: Auszug: Phasen im Gebäudelebenszyklus, eigene Darstellung 49

Abb. 13: EHS-Ergebnisse der einzelnen Parameter in Deutschland, der EU und Estland (Benchmarking der Krankenhaus-IT: Deutschland im internationalen Vergleich, Krankenhaus-Report 2019, S. 28) 64

Abb. 14: Entscheidungsmatrix für die AHP-Methode in Experteninterviewserie 1, eigene Darstellung 71

Abb. 15: Anzahl der allgemeinen Krankenhäuser nach Bettengrößenklassen (Grunddaten der Krankenhäuser 2018, Statistisches Bundesamt Wiesbaden 2020, S. 19) 80

Abb. 16: Entscheidungsmatrix für die AHP-Methode in Experteninterview 1 mit den ermittelten globalen gerundeten Gewichten, eigene Darstellung 90

Abb. 17: Zusammenfassende Bewertung der Ergebnisse aus Experteninterviewserie 2, eigene Darstellung 102

Abb. 18: Phasen der Bedarfsplanung: HOAI 2013, eigene Darstellung 148

Abb. 19: Phasen der „Empfehlungen zur Zielplanung" – AKG, eigene Darstellung in Anlehnung an AKG – Architekten für Krankenhausbau und Gesundheitswesen im Bund deutscher Architekten e.V. 2014 150

Abb. 20: Phasen der Bedarfsplanung: „Orientierungshilfen für Antragsverfahren Krankenhausbauförderung" – MSAGD, eigene Darstellung 153

Abb. 21: Phasen der Bedarfsplanung: DIN 18205:2016-11 – DIN Normenausschuss im Bauwesen, eigene Darstellung in Anlehnung an Normenausschuss Bauwesen im DIN Deutsches Institut für Normung e.V. 2016 155

Abb. 22: Phasen der Bedarfsplanung: „Problem Seeking" – William M. Peña, Steven A. Parshall, eigene Darstellung in Anlehnung an Pena und Parshall 2012 157

Abb. 23: Phasen der Bedarfsplanung: „Person Environment Programming" – Jay Farbstein, eigene Darstellung in Anlehnung an Palmer 1981 159

Abb. 24: Phasen der Bedarfsplanung: „Programming of Facilities" – Gerald Davis, eigene Darstellung in Anlehnung an Sanoff 1992 161

Abb. 25: Phasen der Bedarfsplanung: „Programming" – Herbert McLaughlin, eigene Darstellung in Anlehnung an Sanoff 1992 163

Abb. 26: Phasen der Bedarfsplanung: „Architectural Programming" – Donna P. Duerk, eigene Darstellung in Anlehnung an Duerk 1993 165
Abb. 27: Phasen der Bedarfsplanung: „Architectural Programming" – Edward T. White, eigene Darstellung in Anlehnung an Palmer 1981 167
Abb. 28: Phasen der Bedarfsplanung: „Architectural Programming" – Robert R. Kumlin, eigene Darstellung in Anlehnung an Kumlin 1995 169
Abb. 29: Phasen der Bedarfsplanung: „Programming for Design" – Edith Cherry, eigene Darstellung in Anlehnung an Cherry 1999 171
Abb. 30: Phasen der Bedarfsplanung: „Architectural Programming" – Henry Sanoff, eigene Darstellung in Anlehnung an Sanoff 1977 173
Abb. 31: Phasen der Bedarfsplanung: „Facility Programming" – John M. Kurtz, eigene Darstellung in Anlehnung an Palmer 1981 175
Abb. 32: Phasen der Bedarfsplanung: „Environmental Programming for Human Needs" – Walter H. Moleski, eigene Darstellung in Anlehnung an Palmer 1981 177
Abb. 33: Phasen der Bedarfsplanung: „Facility Programming" – Mickey A. Palmer, eigene Darstellung in Anlehnung an Palmer 1981 179
Abb. 34: Phasen der Bedarfsplanung: „Programming Health Care Facilities" von George Agron – Stone, Marrachini & Petterson, eigene Darstellung in Anlehnung an Preiser 1985 181
Abb. 35: Phasen der Bedarfsplanung: „Architectural Programming" von Robert G. Hershberger, eigene Darstellung in Anlehnung an Hershberger 1999 184
Abb. 36: Phasen der Bedarfsplanung: „Programming" aus dem Leistungskatalog des AIA, eigene Darstellung in Anlehnung an American Institute of Architects 2014 186
Abb. 37: Phasen der Bedarfsplanung: „Strategic Briefing" aus dem RIBA Plan of Work, eigene Darstellung in Anlehnung an Fletcher und Satchwell 2015 188
Abb. 38: Phasen der Bedarfsplanung: „Construction Briefing" von Peter Barrett und Catherine Stanley, eigene Darstellung in Anlehnung an Barrett und Stanley 1999 190
Abb. 39: Phasen der Bedarfsplanung: „Programming" von Theo JM van der Voordt und Herman BR van Wegen, eigene Darstellung in Anlehnung an van der Voordt und van Wegen 2005 192
Abb. 40: Phasen der Bedarfsplanung: „Briefing" von Alastair Blyth, John Worthington, eigene Darstellung in Anlehnung an Blyth und Worthington 2010 194
Abb. 41: Phasen der Bedarfsplanung: „Usability Briefing for hospital design" von Aneta Fronczek-Munter, eigene Darstellung in Anlehnung an Fronczek-Munter 2016 196
Abb. 42: Phasen der Bedarfsplanung: „Bedarfsplanung" von Hans-Peter Achatzi, Werner Schneider, Walter Volkmann, eigene Darstellung in Anlehnung an Achatzi, Schneider, und Volkmann 2017 199
Abb. 43: Phasen der Bedarfsplanung: „Nutzerorientierte Bedarfsplanung" von Martin Hodulak und Ulrich Schramm, eigene Darstellung in Anlehnung an Hodulak und Schramm 2019 201
Abb. 44: Lean Hospital übertragen auf die Bedarfsplanung: „Lean Hospital" von M. Alkalay, A. Angerer, T. Drews, C. Jäggi, M. Kämpfer, I. Lenherr, J. Valentin, C. Vetterli und D. Walker, eigene Darstellung in Anlehnung an Walker 2015 204
Abb. 45: Phasen der Planung: „Zukunft. Klinik. Bau" von Carsten Roth, Uwe Dombrowski und Norbert Fisch, eigene Darstellung in Anlehnung an Roth, Dombrowski, und Fisch 2015 206
Abb. 46: Phasen der Bedarfsplanung: „Hospital Planning and Design Process" von Owen B. Hardy und Lawrence P. Lammers, eigene Darstellung in Anlehnung an Hardy und Lammers 1986 ... 212

Tabellenverzeichnis

Tab. 1: Übersicht über aktuelle Studien zum Bereich der Bedarfsplanung 14
Tab. 2: Übersicht über aktuelle Studien zum Bereich Krankenhausbau 17
Tab. 1: 9-Punkte-Skala nach Saaty für die Paarvergleiche (Strunk 2017) 34
Tab. 2: Umgekehrte Relation in der AHP-Skala (Meixner und Haas 2015), eigene Darstellung 35
Tab. 3: Beispielmatrize (Die angegebenen Paarvergleichswerte dienen lediglich der Darstellung der Vorgehensweise) 35
Tab. 4: Näherungsverfahren zur vereinfachten Gewichtsberechnung 36
Tab. 5: Berechnung der Durchschnittsmatrix (Meixner und Haas 2015, S.240) 38
Tab. 6: Zufallsindex nach Saaty (Saaty 1980) 39
Tab. 7: Grundsätze zur Strukturierung - Phasen 45
Tab. 8: Teilaspekte und Schwerpunkte – Aktivitäten 45
Tab. 9: Teilaspekte und Schwerpunkte – Werkzeuge 47
Tab. 10: Auflistung der untersuchten Methoden der Bedarfsplanung 51
Tab. 11: Zusammenfassende Ergebnisdarstellung der qualitativen Inhaltsanalyse von Planungsmethoden des Status Quo in Deutschland 53
Tab. 12: Zusammenfassende Ergebnisdarstellung der qualitativen Inhaltsanalyse von Bedarfsplanungsmethoden im nordamerikanischen Raum 54
Tab. 13: Zusammenfassende Ergebnisdarstellung der qualitativen Inhaltsanalyse von Bedarfsplanungsmethoden in Europa 55
Tab. 14: Zusammenfassende Ergebnisdarstellung der qualitativen Inhaltsanalyse von Bedarfsplanungsmethoden in Deutschland 56
Tab. 15: Zusammenfassende Ergebnisdarstellung der qualitativen Inhaltsanalyse von Methoden der strategischen Planung, die Gesichtspunkte der Bedarfsplanung beinhalten 57
Tab. 16: Megatrends als Einflüsse auf das Krankenhausgebäude 65
Tab. 17: Auswirkungen der Megatrends 68
Tab. 18: Spezifika der Bauaufgabe Krankenhaus 70
Tab. 19: Beurteilung vorhandener, signifikanter Auswirkungen der Megatrends auf das Krankenhausgebäude durch Experten 73
Tab. 20: Beurteilung vorhandener, signifikanter Auswirkungen der Megatrends auf Personal- und Entscheidungsstrukturen durch Experten 74
Tab. 21: Beurteilung vorhandener, signifikanter Auswirkungen der Megatrends auf Prozesse durch Experten 75
Tab. 22: Expertenauswahl für Experteninterview 1 77
Tab. 23: Expertengruppe kaufmännische / technische Geschäftsführer und jeweilige Bettenanzahl in deren Verantwortungsbereich 78
Tab. 24: Ergebnisse mit lokalen Gewichten des Paarvergleichs 1 – 1. Ebene 81
Tab. 25: Ergebnisse mit lokalen Gewichten des Paarvergleichs 1 – 2. Ebene 82
Tab. 26: Ergebnisse mit lokalen Gewichten des Paarvergleichs 1 – 3. Ebene 83
Tab. 27: Ergebnisse mit lokalen Gewichten des Paarvergleichs 2 – 3. Ebene 84
Tab. 28: Ergebnisse mit lokalen Gewichten des Paarvergleichs 1 – 4. Ebene 85
Tab. 29: Ergebnisse mit lokalen Gewichten des Paarvergleichs 1 – 5. Ebene 86
Tab. 30: Ergebnisse mit lokalen Gewichten des Paarvergleichs 2 – 5. Ebene 87
Tab. 31: Ergebnisse mit lokalen Gewichten des Paarvergleichs 3 – 5. Ebene 88
Tab. 32: Ergebnisse mit lokalen Gewichten des Paarvergleichs 4 – 5. Ebene 89

Tab. 33: Ergebnisse Expertenbefragung 2: Relevanz von Phasen, Aktivitäten, Arbeitsschritten und Werkzeugen zur Bearbeitung des Schwerpunktes „VIELZAHL AN NUTZERGRUPPEN", eigene Darstellung 94
Tab. 34: Ergebnisse Expertenbefragung 2: Relevanz von Phasen, Aktivitäten, Arbeitsschritten und Werkzeugen zur Bearbeitung des Schwerpunktes „PROZESSE", eigene Darstellung 96
Tab. 35: Einordnung der Ergebnisse in 3 Kategorien 99
Tab. 36: zusammenfassende Bewertung der Ergebnisse aus Experteninterviewserie 2 99
Tab. 37: Tabellarische Auswertung der Methoden des Status Quo in Deutschland, bezogen auf erforderliche Schwerpunkte im Krankenhausbau 118
Tab. 38: Tabellarische Auswertung der Bedarfsplanungsmethoden im nordamerikanischen Raum bezogen auf erforderliche Schwerpunkte im Krankenhausbau 119
Tab. 39: Tabellarische Auswertung der Bedarfsplanung in Europa bezogen auf erforderliche Schwerpunkte im Krankenhausbau 121
Tab. 40: Tabellarische Auswertung der Bedarfsplanungsmethoden in Deutschland bezogen auf erforderliche Schwerpunkte im Krankenhausbau 122
Tab. 41: Tabellarische Auswertung der Methoden der strategischen Planung, die Gesichtspunkte der Bedarfsplanung beinhalten, bezogen auf erforderliche Schwerpunkte im Krankenhausbau 123
Tab. 42: Tabellarische Auswertung der Methodengruppe Normen und Regularien 124
Tab. 43: Tabellarische Auswertung der Methodengruppe der allgemeinen Bedarfsplanungsmethoden 126
Tab. 44: Tabellarische Auswertung der Methodengruppe der Bedarfsplanungsplanungen im Gesundheitswesen 128
Tab. 45: Vergleichsbewertung der Methoden bezogen auf behandelte Aspekte und Schwerpunkte 131
Tab. 46: Entwurf eines Auftraggeber-Fragebogens zur Festlegung von individuellen Projektschwerpunkten 133
Tab. 47: Eckdaten der Verordnung über die Honorare für Architekten- und Ingenieurleistungen (Honorarordnung für Architekten und Ingenieure – HOAI) vom 10.07.2013 146
Tab. 48: Eckdaten der „Empfehlungen zur Zielplanung" 2014 149
Tab. 49: Eckdaten „Orientierungshilfen für Antrags- und Bewilligungsverfahrens bei Krankenhausbaumaßnahmen" Rheinland-Pfalz 151
Tab. 50: Eckdaten Bedarfsplanungsmethode DIN 18205: 2016-11 154
Tab. 51: Eckdaten Bedarfsplanungsmethode „Problem Seeking" von Wiliam Peña und Steven A. Parshall 156
Tab. 52: Eckdaten Bedarfsplanungsmethode „Person-Environment Programming" von Jay Farbstein 158
Tab. 53: Eckdaten Bedarfsplanungsmethode „Programming of Facilities" von Gerald Davis 160
Tab. 54: Eckdaten Bedarfsplanungsmethode „Programming" von Herbert McLaughlin 162
Tab. 55: Eckdaten Bedarfsplanungsmethode „Architectural Programming" von Donna P. Duerk .. 164
Tab. 56: Eckdaten Bedarfsplanungsmethode „Architectural Programming" von Edward T. White . 166
Tab. 57: Eckdaten Bedarfsplanungsmethode „Architectural Programming" von Robert R. Kumlin. 168
Tab. 58: Eckdaten Bedarfsplanungsmethode „Programming for Design" von Edith Cherry 169
Tab. 59: Eckdaten Bedarfsplanungsmethode „Architectural Programming" von Henry Sanoff 171
Tab. 60: Eckdaten Bedarfsplanungsmethode „Facility Programming" von John M. Kurtz 173
Tab. 61: Eckdaten Bedarfsplanungsmethode „Environmental Programming" von Walter H. Moleski 176
Tab. 62: Eckdaten Bedarfsplanungsmethode „Facility Programming" von Mickey A. Palmer 178

Tab. 63: Eckdaten Bedarfsplanungsmethode „Programming Health Care Facilities" von George Agron – Stone, Marrachini & Petterson 180
Tab. 64: Eckdaten Bedarfsplanungsmethode „Architectural Programming" von Robert G. Hershberger 183
Tab. 65: Eckdaten Bedarfsplanungsmethode „Programming" aus dem Leistungskatalog des AIA .185
Tab. 66: Eckdaten Bedarfsplanungsmethode „Strategic Brief" aus dem RIBA Plan of Work 2020 ..187
Tab. 67: Eckdaten Bedarfsplanungsmethode „Construction Briefing" von Peter Barrett und Catherine Stanley 189
Tab. 68: Eckdaten Bedarfsplanungsmethode „Programming" von Theo JM van der Voordt und Herman BR van Wegen 191
Tab. 69: Eckdaten Bedarfsplanungsmethode „Briefing" von Alastair Blyth, John Worthington 193
Tab. 70: Eckdaten Bedarfsplanungsmethode „Usability Briefing for hospital design" von Aneta Fronczek-Munter 195
Tab. 71: Eckdaten Bedarfsplanungsmethode „Bedarfsplanung in der Projektentwicklung" von Hans-Peter Achatzi, Werner Schneider und Walter Volkmann 197
Tab. 72: Eckdaten Bedarfsplanungsmethode „Nutzerorientierte Bedarfsplanung" von Martin Hodulak und Ulrich Schramm 200
Tab. 73: Eckdaten „Lean Hospital" von M. Alkalay, A. Angerer, T. Drews, C. Jäggi, M. Kämpfer, I. Lenherr, J. Valentin, C. Vetterli und D. Walker 203
Tab. 74: Eckdaten Planungsmethode „Zukunft. Klinik. Bau" von Charsten Roth, Uwe Dombrowski und Norbert Fisch 205
Tab. 75: Eckdaten Planungsmethode „Integral Process Design (IPD)" von Tom Guthknecht 207
Tab. 76: Eckdaten Bedarfsplanungsmethode „Health Building Notes" des NHS 209
Tab. 77: Eckdaten Bedarfsplanungsmethode „Hospitals – The Planning and Design Process" von Owen Hardy und Lawrence P. Lammers 211

Zusammenfassung

Die Krankenhauslandschaft in Deutschland befindet sich in einem tiefgreifenden Wandel. Seit Jahren ist die Anzahl der Häuser rückläufig und viele zentrale Indikatoren haben sich deutlich verändert. So sind die Fallzahlen gestiegen, bei gleichzeitig deutlich gesunkener Verweildauer und Reduzierung der aufgestellten Betten. Prognosen gehen davon aus, dass es zu einer weiteren Strukturbereinigung und sinkenden Anzahl der Häuser kommen wird.

Als Ursachen für den Wandel sind Megatrends zu erkennen, die eine Herausforderung für die Zukunftsentwicklung darstellen. Zu nennen sind hier der demografischen Wandel der Gesellschaft, eine anhaltende Urbanisierung, sich immer schneller verändernde, neue Behandlungsmethoden, der Wandel der Krankenhäuser von staatlichen Gesundheitseinrichtungen zu Wirtschaftsunternehmen und deren Positionierung im Gesamtsystem des Gesundheitsnetzwerkes, neue Informations- und Kommunikationstechnologien, Umwelt- und Energieaspekte, die Veränderung technischer, sicherheitsrelevanter Anforderungen sowie eine Differenzierung von Berufsgruppen und die Veränderung von Personal- und Entscheidungsstrukturen.

Unabhängig von diesen Megatrends ist ein Krankenhaus eine Immobilie mit unterschiedlichsten Nutzungsbereichen und einer Vielzahl von unterschiedlichen Nutzergruppen, zwischen denen vielfältige räumliche, organisatorische und funktionale Abhängigkeiten bestehen. Somit hängt die Funktionalität eines Krankenhausgebäudes sehr stark von der Verknüpfung der Nutzungsbereiche, der Effizienz der Gebäudestruktur und deren Abstimmung auf das jeweilige Leistungsspektrum ab. Im Rahmen der beschriebenen Entwicklungen ist die Anpassung und Weiterentwicklung von Bestandsimmobilien sowie die Schaffung von funktionalen zukunftsfähigen Krankenhausgebäuden eine Aufgabe mit großer Volumenimportanz.

Ein entscheidendes Steuerungselement für die Entwicklung der Immobilen ist die bauliche Bedarfsplanung als Grundlage und Basis für konkrete Bauplanungen. Ausgehend von dem beschriebenen Wandel kann davon ausgegangen werden, dass eine Bedarfsplanung für den Krankenhausbau eine prozessorientierte Methode sein sollte, die, ausgehend von betriebswirtschaftlichen Entwicklungsstrategien und den daraus abgeleiteten, erforderlichen optimalen Prozessabläufen, unter Berücksichtigung aller gebäude- und nutzerspezifischer, rechtlicher und technischer Randbedingungen, maßgebliche Grundlagen für eine Gebäudeplanung und -realisierung entwickelt.

Durch die Evaluierung von Methoden der Bedarfsplanung entwickelt die vorliegende Arbeit Grundlagen für deren Weiterentwicklung und Anpassung an diese spezielle Aufgabe, leitet Methoden für spezielle Anwendungsfälle ab und entwickelt erste Ideen zur Anpassung von Bedarfsplanungsmethoden an konkrete Bauvorhaben im Krankenhausbau.

Nach einer strukturierten qualitativen Inhaltsanalyse von Literatur zu Bedarfsplanungsmethoden werden durch eine Experteninterviewserie Spezifika der Bauaufgabe sowie die Einflüsse der aktuellen Megatrends auf das Krankenhausgebäude, die Prozesse und die Wirtschaftlichkeit untersucht und daraus Schwerpunkte abgeleitet, die im Rahmen einer angepassten Bedarfsplanung besonderer Aufmerksamkeit bedürfen. In einer darauf aufbauenden, weiteren Experteninterviewserie werden Phasen, Aktivitäten und Werkzeuge herausgearbeitet, die zur Bearbeitung der ermittelten Schwerpunkte von Bedeutung sind.

Mit den Ergebnissen aus den Experteninterviewserien können die zuvor untersuchten Methoden der Bedarfsplanung einer einschätzenden Bewertung unterzogen werden, sodass Eigenschaften, bezogen auf den Einsatzbereich des Krankenhausbaus, abschätzbar sind.

Im letzten Schritt werden Methoden für unterschiedliche Schwerpunkte innerhalb von Bedarfsplanungen in Krankenhaus-Bauprojekten herausgearbeitet und ein Fragebogen für einen Auftraggeber abgeleitet, mit dessen Hilfe im Vorfeld der Bedarfsplanung eine möglichst gut an dieses konkrete Bauvorhaben angepasste Methode ausgewählt werden kann.

Abstract

The hospital landscape in Germany is in a state of profound change. The number of houses has been declining for years and many central indicators have changed significantly. The number of cases has increased, while the length of stay has decreased significantly and the number of beds has been reduced. Forecasts assume that there will be a further structural adjustment and a decreasing number of houses.

Megatrends can be identified as the causes of change, which represent a challenge for future development. Worth mentioning here are the demographic changes in society, ongoing urbanization, ever faster changing new treatment methods, the change of hospitals from state health institutions to commercial companies and their positioning in the overall system of the health network, new information and communication technologies, Environmental and energy aspects, the change of technical, security-related requirements as well as the differentiation of professional groups and the change of personnel- and decision-making structures.

Regardless of these megatrends, a hospital is a property with a wide variety of usage areas and a large number of different user groups, between which there are various spatial, organizational and functional dependencies. The functionality of a hospital building therefore depends very much on the combination of the areas of use, the efficiency of the building structure and their coordination with the respective range of services. In the context of the developments described, the adaptation and further development of existing properties, as well as the creation of functional, future-proof hospital buildings is a task with high volume import.

A decisive control element for the development of the real estate is the architectural briefing / programming, as the basis and basis for building design. Based on the described change, it can be assumed that planning requirements for hospital construction should be a process-oriented process which, based on business development strategies and the derived, necessary optimal process flows, taking into account all building and user-specific, legal and technical boundary conditions, essential foundations for building planning and realization developed.

By evaluating methods of requirements planning, the present work develops the basis for their further development and adaptation to this special task, derives methods for special applications and develops initial ideas for adapting requirements planning methods to specific construction projects in hospital building.

After a structured, qualitative content analysis of literature on briefing methods, an expert interview series examines the specifics of the construction task and the influences of the current megatrends on the hospital building, the processes and the economic efficiency. From this, the main areas of focus are derived, which are special in the context of an adapted briefing-process. In a further series of expert interviews phases, activities and tools are worked out that are important for processing the focal points identified.

With the results from the expert interview series, the previously examined briefing-methods can be assessed so that characteristics related to the area of hospital construction could be evaluated.

In the last step, methods are worked out for different focal points within the briefing process of hospital construction projects and a clients-questionnaire is derived. With its help a preferably adapted briefing-method to an individual hospital-construction project with its specific focal points can be selected.

1 Einleitung

1.1 Ausgangslage und Problemstellung

1.1.1 Das Krankenhausgebäude und die Krankenhauslandschaft in Deutschland

Das Gesundheitswesen und die damit verbundene Krankenhauslandschaft in Deutschland befinden sich seit vielen Jahren in einem tiefgreifenden Wandel. Dabei kommt den Krankenhäusern innerhalb dieser Veränderungen eine Schlüsselfunktion zu. In Deutschland existieren zur Zeit ca. 1.900 Krankenhäuser, davon rund 1.300 Plankrankenhäuser für die Grundversorgung der Bevölkerung (Statistisches Bundesamt Wiesbaden 2020, S. 25). Seit Jahren ist die Anzahl der Häuser rückläufig. So waren es 1991 mit insgesamt 2.411 Stück noch ca. 500 Häuser mehr als heute (Statistisches Bundesamt Wiesbaden 2020, S. 12).

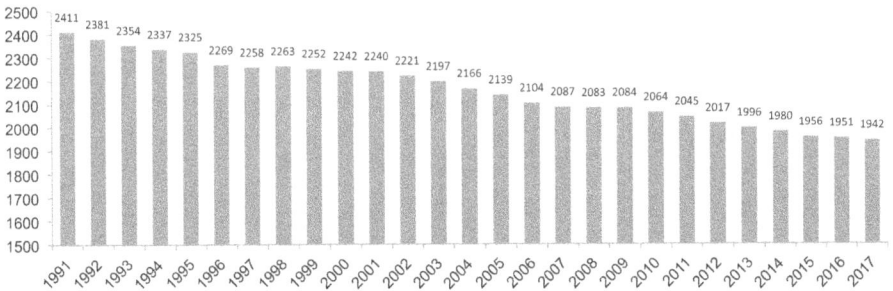

Abb. 1: Anzahl der Krankenhäuser in Deutschland insgesamt von 1991 bis 2018 (Grunddaten der Krankenhäuser 2018, Statistisches Bundesamt Wiesbaden 2020, S. 12)

Bereits 2012 machte jede dritte Klinik Verlust (von Borstel 2014) und der Krankenhaus Rating Report 2013 des Rheinisch-Westfälischen Instituts für Wirtschaftsforschung (RWI) zeigte auf, dass 27 Prozent der Häuser insolvenzgefährdet seien (Augurzky u. a. 2013). Im Krankenhaus-Report 2015 des wissenschaftlichen Instituts der AOK wurde die deutsche Krankenhauslandschaft noch immer als von Überkapazitäten geprägt charakterisiert. Aus diesem Grund wurde eine weitere Strukturbereinigung als notwendig erachtet (Klauber u. a. 2015). Ein Indikator für diese Aussagen ist die Anzahl von Krankenhausbetten je 1.000 Einwohner im internationalen Vergleich, die auch gemäß aktueller Veröffentlichungen aus dem Jahr 2020 in Deutschland mit 8,00 noch deutlich höher liegt als in anderen Ländern.

2 —— Einleitung

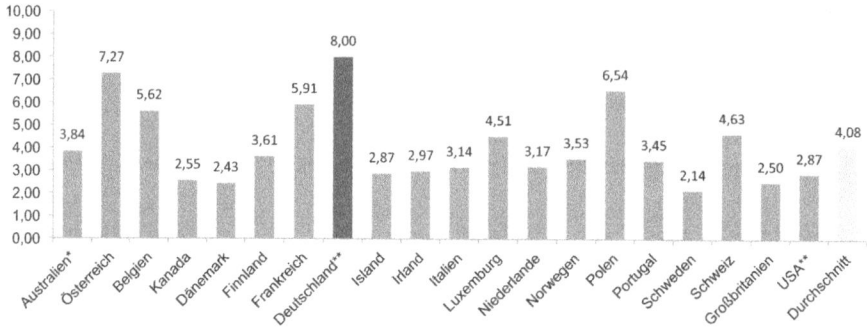

* Daten beziehen sich auf das Jahr 2016 bzw. ** auf das Jahr 2017

Abb. 2: Aufgestellte Krankenhausbetten je 1000 Einwohner im internationalen Vergleich im Jahr 2018 (OECD - Organisation for economic cooperation and development 2020), eigene Darstellung

Viele zentrale Indikatoren der Entwicklung der Krankenhäuser haben sich in den letzten Jahren deutlich verändert. So sind die Fallzahlen seit 1990 um ein Drittel gestiegen, bei gleichzeitig deutlich gesunkener Verweildauer (von 14,0 Tagen 1991 auf 7,3 Tage im Jahr 2017) und Reduzierung der aufgestellten Betten (Statistisches Bundesamt Wiesbaden 2020, S. 11).

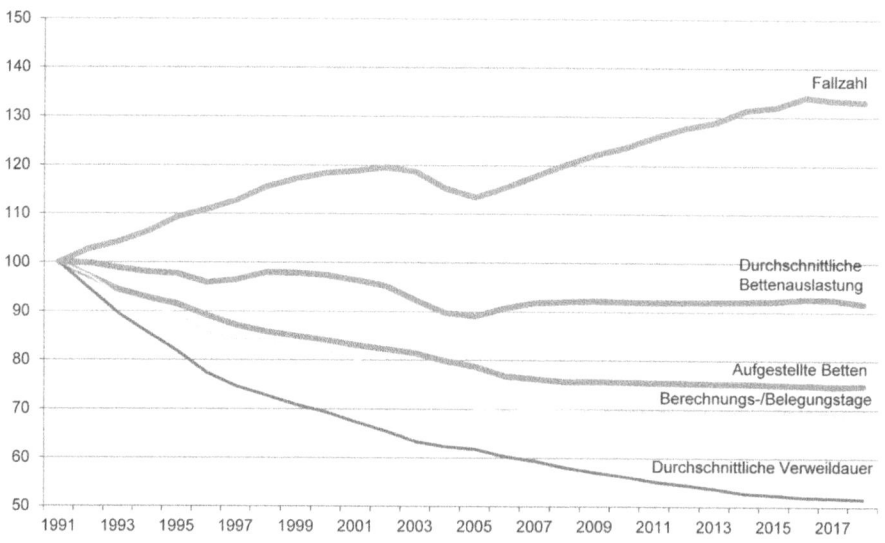

Abb. 3: Entwicklung zentraler Indikatoren der Krankenhäuser (1991 = 100) (Statistisches Bundesamt Wiesbaden 2020)

Dabei liegt im internationalen Vergleich der durchschnittlichen Verweildauern Deutschland noch deutlich über den Ländern mit vergleichbaren Vergütungssystemen wie der USA sowie über dem OECD-Durchschnitt.

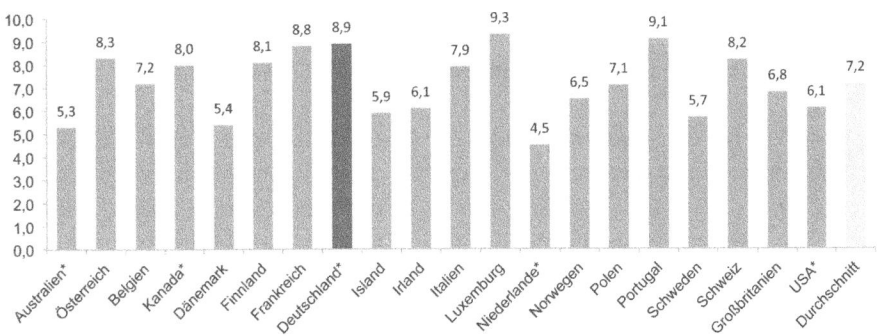

*Daten beziehen sich auf das Jahr 2017

Abb. 4: Durchschnittliche Verweildauer im internationalen Vergleich im Jahr 2017 (OECD - Organisation for economic cooperation and development 2020), eigene Darstellung

All die aufgeführten Entwicklungen deuten darauf hin, dass sich der Gesundheitsmarkt und damit auch die Krankenhauslandschaft weiter verändern werden.

Bei einem allgemeinen Krankenhausgebäude, das der Grund- und Regelversorgung der Bevölkerung dient, handelt es sich um eine Immobilie mit einem hohen Komplexitätsgrad und einer Vielzahl an unterschiedlichen Nutzungsbereichen. Hoch installierte Bereiche wie Operations- und Untersuchungseinheiten mit speziellen Großgeräten wie Magnetresonanztomographen, Computertomographen, Röntgengeräten und sehr unterschiedlichen Raumanforderungen, wie radiologische, nukleardiagnostische oder endoskopische Untersuchungsbereiche, stehen Bettentrakte unterschiedlichster Ausführung gegenüber, angepasst an die jeweilige Patientengruppe wie z. B. die Intensivstation, die Geriatrie, die Unfallchirurgie, die innere Medizin oder eine Entbindungsstation. Ergänzt werden diese Kernbereiche des Hauses von Funktionsbereichen, die zum Betrieb zwingend erforderlich sind, wie eine Großküche, ein Verwaltungsbereich, eine Apotheke, die Sterilisation oder ein Labor. Im Grundsatz sind diese Bereiche in allen allgemeinen Krankenhäusern zu finden, je nach Größe und Aufgabe des jeweiligen Hauses in unterschiedlicher, mehr oder weniger kompletter Ausprägung.

Zwischen den Bereichen bestehen vielfältige Abhängigkeiten, sodass die Funktionalität und Effizienz der Gebäudestruktur maßgeblich von der Gesamtkonzeption und der Abstimmung der Bereiche abhängt, sowohl organisatorisch, als auch räumlich, funktional und gestalterisch (Wischer und Riethmüller 2007, S. 160). Die Veränderungen im Gesundheitswesen führen so auch zu neuen Herausforderungen für die Krankenhausgebäude, an die immer mehr Forderungen von schneller und flexibler Anpassungsfähigkeit, Zukunftsfähigkeit und Wettbewerbsfähigkeit, auch unter geänderten Bedingungen, gestellt werden.

1.1.2 Megatrends als Herausforderung für die Zukunftsentwicklung

Die Ursachen für diese Veränderungen im Gesundheitswesen sind vielfältig, verflochten und liegen sowohl im technischen, im gesellschaftlichen als auch in politischen Bereichen. In der Literatur werden in zahlreichen Veröffentlichungen eine Vielzahl an Megatrends untersucht, die als maßgebliche Treiber für Veränderungen angesehen werden. Zu nennen sind hier:
1. der demografische Wandel der Gesellschaft,
2. der anhaltende Trend zur Urbanisierung,
3. steigende Kundenerwartungen,
4. der Wandel der Krankenhäuser von Gesundheitseinrichtungen zu Wirtschaftsunternehmen,
5. die Netzwerkbildungen von Gesundheitseinrichtungen,
6. eine zunehmende Differenzierung von Berufsgruppen sowie die Veränderung von Personal- und Entscheidungsstrukturen im Krankenhaus,
7. neue Behandlungsmethoden und Technologien in der Medizin mit immer kürzer werdenden Innovationszyklen,
8. die Veränderung der Medizin hin zur hochvernetzten Systemleistung,
9. die Entwicklung der Informations- und Kommunikationstechnologie,
10. Umwelt- und Energieaspekte und
11. Veränderungen von technisch sicherheitsrelevanten Anforderungen.

1.1.3 Die Bedarfsplanung als wichtiges Steuerungselement im Entwicklungsprozess einer Immobilie

Ausgehend von diesen Veränderungen im Gesundheitswesen, dem daraus entstehenden Veränderungsdruck auf die Häuser, kombiniert mit der Tatsache, dass es sich bei Krankenhausgebäuden grundsätzlich um hoch komplexe Immobilen handelt, werden auch an die Gebäudeplanung höchste Ansprüche gestellt.
Der baulichen Bedarfsplanung, als Planungsphase im Vorfeld der eigentlichen Gebäudeplanung, kommt als wichtiges Werkzeug im Entwicklungsprozess einer Immobilie in diesem Zusammenhang eine entscheidende Bedeutung zu, da die Eignung eines Gebäudes für den geplanten Nutzungszweck, seine Entwicklungs- und Anpassungsfähigkeit maßgeblich von den im Vorfeld definierten Anforderungen und Bedürfnissen abhängt. Robert G. Hershberger beschreibt die Bedarfsplanung,

im amerikanischen Sprachraum als „Programming" bezeichnet, in diesem Zusammenhang wie folgt:

> „Programming is the definitional stage of design – the time to discover the nature of the design problem, rather than the nature of the design solution." (Hershberger 1999, S. 1)

Gleichzeitig ist die Ermittlung der Anforderungen und des Bedarfs bei komplexen Bauvorhaben eine kritische Phase im Lebenszyklus eines Gebäudes (Peña und Parshall 2012). Hier werden mit der ersten Definition der Anforderungen an ein Bauprojekt die grundlegenden Weichen für den gesamten weiteren Lebenszyklus der Immobilie gestellt. Eine Vielzahl an Studien belegt die Bedeutung einer systematischen, nutzerorientierten und evidenzbasierten Bedarfsplanung (Blyth und Worthington 2010), (Barrett und Baldry 2003), (Preiser 1995), wobei eine evidenzbasierte Bedarfsplanung zunehmend an Bedeutung gewinnt (Vischer 2008). Dabei ist es heute eine allgemein akzeptierte Ansicht, dass die Bedarfsplanung grundsätzlich ein kontinuierlicher, iterativer, aus verschiedenen Phasen bestehender Prozess ist (Blyth und Worthington 2010). In einer Vielzahl an wissenschaftlichen Veröffentlichungen wurde aufgezeigt, dass die Einflussnahme auf das Gebäude und die Erstellungskosten mit zunehmendem Planungs- und Realisierungsstand deutlich abnimmt und in den frühen Planungsphasen am größten ist, was die Bedeutung der Bedarfsplanung zusätzlich unterstreicht.

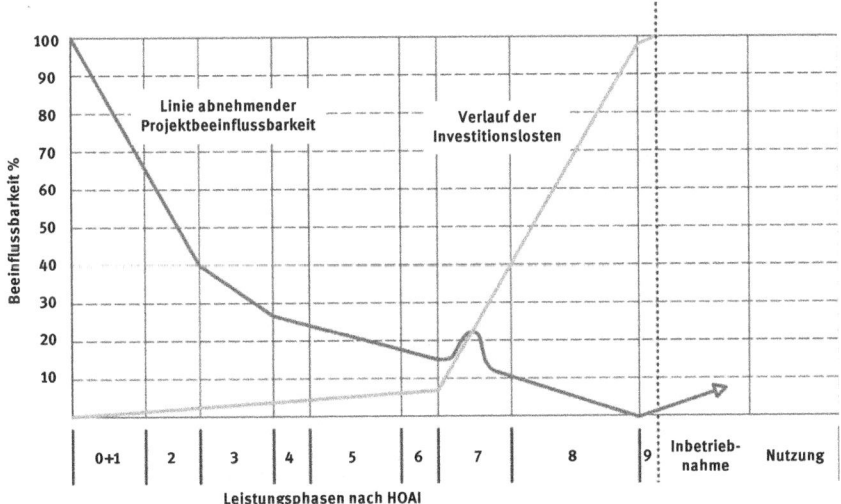

Abb. 5: Mit der Projektlaufzeit abnehmende Projektbeeinflussbarkeit (Achatzi, Schneider und Volkmann 2017, eigene Darstellung)

Bereits Forschungsergebnisse aus den 90er Jahren des letzten Jahrhunderts haben gezeigt, dass verstärkte Planungsaktivitäten in der Bedarfsplanungsphase zu einer Verbesserung der Projektergebnisse im Bezug auf Kosten, Zeitplan und Betriebseigenschaften eines Gebäudes führen (Gibson Jr und Gebken II 2003).

Darüber hinaus wurde bereits in den 80er und 90er Jahren des vergangen Jahrhunderts in den USA, wo sich das „Programming" bereits als eigenständige Planungsdisziplin zu Beginn einer Baumaßnahme etabliert hatte, aufgeführt, dass die Kosten des „Programming" im Durchschnitt ca. zwischen 0,25 % und 0,75 % der Baukosten eines Gebäudes betragen (Hershberger 1999, S. 185 ff). Somit bietet eine fundierte und professionelle Bedarfsplanung die Chance, mit einem sehr geringen Kostenaufwand die Qualität eines Bauwerks entscheidend zu beeinflussen. Noch deutlicher wird das Potential der Bedarfsplanung bei Betrachtung der Instandhaltungs- und Nutzungskosten eines Gebäudes. Der britische RIBA Plan of Work spricht davon, dass bei einer Lebenszyklusbetrachtung die Instandhaltungskosten eines Gebäudes durchschnittlich das 5-fache, die Nutzungskosten das 50 bis 200-fache der Baukosten betragen (Fletcher und Satchwell 2015). Diese Überzeugung, mit der Bedarfsplanung ein entscheidendes Werkzeug für die Entwicklung und Zukunftsfähigkeit einer Immobilie zu nutzen, findet in den USA auch Niederschlag in „The Architect's Handbook of Professional Practice" des AIA in Aussagen wie „A well-conceived program leads to high-quality design" (Hershberger 2001). Bereits Dirichlet, Labryga, Poelzig und Schlenzig weisen in Deutschland im Jahr 1987 in der ersten Auflage ihrer Veröffentlichung „Krankenhausbau – Maßkoordination, Entwurfsstrategie, Anwendungsbeispiele" auf das erhebliche Risiko von Fehlplanungskosten hin, die aus der Komplexität der Bauaufgabe resultieren und fordern eine Systematisierung der Entwurfsarbeit (Dirichlet, Labryga, und Poelzig 1987). Nicht zuletzt liefert eine Bedarfsplanung die Grundlage für eine spätere Post Occupancy Evaluation (POE), da hier Evaluationskriterien definiert (Preiser und Vischer 2005) und somit die Grundlagen für eine spätere, fundierte Evaluation gelegt werden.

1.1.4 Die Bedarfsermittlung und Zielplanung im Krankenhausbau

Seit dem Jahr 1996 existiert in Deutschland für die Bedarfsplanung die DIN 18205 (DIN Deutsches Institut für Normung e.V. 2015). Diese Norm, entwickelt aus der ISO-Norm 9699 (International Organization for Standardization (ISO) 1994), definierte lediglich Begrifflichkeiten, bot Prüflisten an und war gemäß eigener Definition allen Verfahren übergeordnet. Mit der Überarbeitung der DIN 18205 im Jahr 2016 wird nunmehr, ergänzend zu Prüflisten, auch ein Leistungsbild für die Bedarfsplanung angeboten. Danach bedeutet Bedarfsplanung: Die methodische Ermittlung der Bedürfnisse von Bauherren und Nutzern, deren zielgerichtete Aufbereitung als „Bedarf" und dessen Umsetzung in bauliche Anforderungen. Im Krankenhausbau hat sich darüber hinaus seit den 60er Jahren des vergangenen Jahrhunderts mit der Zielplanung ein spezielles Werkzeug etabliert, um im Vorfeld einer konkreten Bauplanung die Gesamtstruktur des Hauses zu untersuchen und ein Bauprojekt sinnvoll in den Gesamtkontext einzufügen. Dabei wird, bezogen auf einen zuvor definierten Zeitraum, eine Vorgehensweise bzw. eine Planungsstrategie entwickelt, die auf Basis der städtebaulichen und baulichen Randbedingungen eine strukturierte Gesamtentwicklung ermöglicht. Eine maßgebliche Grundlage der Zielplanung ist die 1987 entwickelte DIN 13080 „Gliederung des Krankenhauses in Funktionsbereiche und Funktionsstellen".

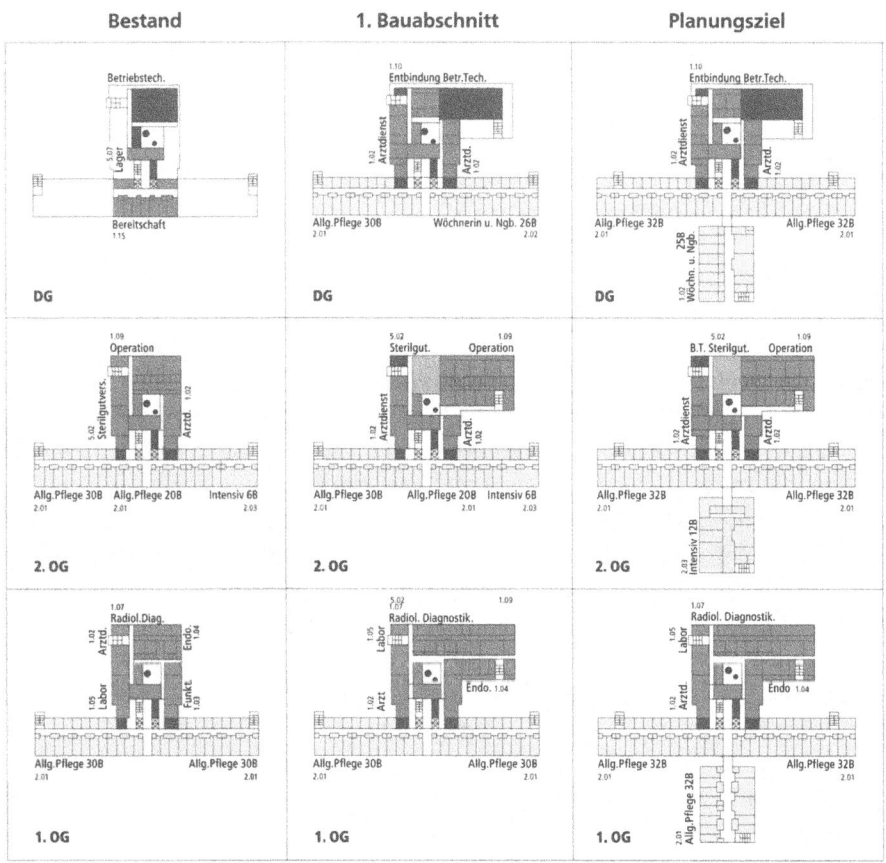

Abb. 6: Beispiel für die Darstellung einer Funktions- und Schemaplanung (in Anlehnung an DIN 13080 Beiblatt 4) (Architekten für Krankenhausbau und Gesundheitswesen e.V. (AKG) 2014)

Durch eine klare und grafisch, farblich differenzierte Darstellung von Funktionsbereichen in einem Schemagrundriss können Verhältnisse, Ausprägungen, Lage und

Beziehung der einzelnen Funktionsbereiche zueinander analysiert und bewertet werden. Entwicklungsstrategien können mit diesem Werkzeug grafisch prägnant dargestellt werden.

In vielen Fällen ist heute der Nachweis einer Zielplanung Voraussetzung für den Erhalt von öffentlichen Fördergeldern. Seit 1994 existiert ein „Positionspapier Zielplanung", das, herausgegeben vom AKG, eine kurze Leistungsbeschreibung sowie einen Vergütungsvorschlag für diese Leistungen beinhaltet. Auch in diesem Positionspapier findet die DIN 13080, Beiblatt 4 Verwendung. Die empfohlene Leistung zur Erstellung einer Zielplanung gliedert sich hier in 5 Stufen: Vorstufe, Stufe 1 – Bestandserfassung (IST), Stufe 2 – Erarbeitung von Zielvorgaben (SOLL), Stufe 3 – SOLL-IST-Abgleich und Stufe 4 – Entwicklung des Zielplans (Architekten für Krankenhausbau und Gesundheitswesen e.V. (AKG) 2014). Das Positionspapier beinhaltet viele Aspekte einer Bedarfsplanung, spezifiziert auf die Bauaufgabe „Krankenhaus".

1.2 Problem- und Fragestellung

Die aufgeführten Megatrends führen zu Veränderungen im Gesundheitswesen und wirken sich auf existierende Strukturen im Krankenhauswesen aus. Dabei ist davon auszugehen, dass die demografische Entwicklung und die Veränderung hin zu prozess- und kundenorientierten Wirtschaftsunternehmen den größten Einfluss auf diese Veränderungen haben werden. Es kommt zu räumlichen Konzentrationsprozessen und zu neuen Strukturen des Gesundheitsmarktes aufgrund der digitalen Medien. Die Leistungen steigen, die Anzahl der Häuser, die Bettenanzahl und Verweildauern sinken (D. Schmidt 2007). Durch die Zunahme von Spezialisierungen, den Wandel der medizinischen Dienstleistungen hin zur Systemleistung wandeln sich Berufsbilder, Arbeitsplätze und Prozesse. Im Rahmen dieser Entwicklung sind die Anpassung und Weiterentwicklung von Bestandsimmobilien sowie zukunftsfähige Neubauten eine Aufgabe mit großer Volumenimportanz. Die resultierenden, gestiegenen und sich verändernden Anforderungen müssen in der Bedarfsplanung berücksichtigt werden (Leamann, Stevenson, und Bordass 2010), (Steinke, Webster, und Fontaine 2010) (Ulrich u. a. 2010).

Die Bedarfs- und Zielplanung als Steuerungselement ist vor diesem Hintergrund, in Kombination mit der ohnehin hoch komplexen Bauaufgabe, ein entscheidendes Werkzeug und eine Voraussetzung der Qualitätssicherung. Je spezifischer eine Bedarfsplanung die Anforderungen und Problemstellungen analysiert desto umfassender kann das darauf aufbauende Planungskonzept werden (Hodulak und Schramm 2019, S. 45) und desto geringer ist das Risiko von Fehlplanungskosten.

In der Baupraxis wird diesem Themengebiet in weiten Bereichen zu wenig Beachtung geschenkt. Es ist zu vermuten, dass die Werkzeuge und Vorgehensweisen nicht ausreichend auf den speziellen Fall des Krankenhauses und die aktuellen Entwicklungen angepasst sind.

Die DIN 18205 „Bedarfsplanung im Bauwesen" findet in der Praxis wenig Beachtung (Volkmann 2003) und führte noch in den 2000er Jahren weitgehend ein „Schattendasein". Erst durch die Novellierung der DIN 276 „Kosten im Bauwesen" im Jahr 2006 und der Novellierung der DIN 18205 im Jahr 2016 erhält die Bedarfsplanung in der Fachöffentlichkeit etwas mehr Aufmerksamkeit (Hodulak und Schramm 2019). Die DIN 18205 bietet auch nach der Novellierung keine differenzierten und ausgearbeiteten Verfahren und Methoden zur Bedarfsermittlung an, sondern definiert 6 Prozessschritte und bietet Checklisten an, die allen Methoden übergeordnet sind. Eine Entwicklung des Raum- und Flächenbedarfs, basierend auf den avisierten Prozessen und Abläufen in einem Gebäude, wird nicht thematisiert.

Auch das „Positionspapier Zielplanung" als eigens für den Krankenhausbau erarbeitete Veröffentlichung, zeigt lediglich eine kurze Übersicht einer Vorgehensweise und nennt außer der DIN 13080 Beiblatt 4 keine konkreten Aktivitäten und Werkzeuge einer Bedarfsplanung.

Auch existieren keine gesetzlichen und berufsrechtlichen Regelungen zur Bedarfsplanung. In der Baubranche sind in Deutschland nahezu alle Planungs- und Beratungsdienstleistungen über die Honorarordnung für Architekten und Ingenieure (HOAI) geregelt, die weitgehend in der Fachwelt akzeptiert ist und vielfach Anwendung findet. Das Leistungsbild „Bedarfsplanung" ist jedoch in den Grundleistungen der HOAI nicht abgebildet. Es stellt eine eigenständige Leistung dar, deren Umfang und Vergütung individuell geregelt werden kann. Die HOAI sowie der Ausschuss der Verbände und Kammern der Ingenieure und Architekten für die Honorarordnung e.V. (AHO) haben Empfehlungen für die Einordnung der Bedarfsplanung in das Deutsche Honorarsystem entwickelt (HOAI 2013; AHO Ausschuss der Verbände und Kammern der Ingenieure und Architekten für die Honorarordnung e.V. 2009).

Gerade bei kleineren Umbau- oder Erweiterungsmaßnahmen oder wenn keine Förderbehörden involviert sind, wird die Bedarfsplanung in vielen Fällen stillschweigend vom Architekten erwartet und vom Auftraggeber als Grundleistung im Rahmen seiner Leistungserbringung gem. HOAI angesehen (Volkmann 2003). Die Leistungsphase 1 der HOAI (Grundlagenermittlung) wird jedoch ausschließlich beschrieben mit: „Klären der Aufgabenstellung / Beraten zum gesamten Leistungsbedarf / Formulieren von Entscheidungshilfen für die Auswahl anderer an der Planung fachlich Beteiligter".

In der Praxis wird bei Bauprojekten in der Regel zwar seitens der Förderbehörden eine Zielplanung gefordert, diese jedoch sehr unterschiedlich und vielfach in nur sehr reduziertem Umfang umgesetzt. Oft werden ausschließlich das konkrete Bauprojekt betreffende Randbedingungen geprüft und in den aktuellen Gesamtzusammenhang gestellt. Fehlende oder unvollständige systematische Analysen führen zu Konflikten zwischen Nutzerinteressen und Wirtschaftlichkeitsüberlegungen (Roth, Dombrowski, und Fisch 2015a).

Entscheidende betriebswirtschaftliche und medizinische Grundlagen werden im „Positionspapier Zielplanung" des AKG als „vom Krankenhausträger im Rahmen seiner Mitwirkungspflicht zu erbringen" definiert. Hier findet kaum ein Austausch oder eine interdisziplinäre Entwicklung statt. Die Zielplanung ist ein abgeschlossener Arbeitsschritt im Vorfeld der Planung. Eine kontinuierliche Fortschreibung der Ergebnisse und eine Einbringung dieser Erkenntnisse in den Planungs- und Bauprozess erfolgen in der Regel nicht, sodass eine fortlaufende Überprüfung, Ergänzung und Anpassung nicht gewährleistet ist.

Eine Bedarfsplanung, oft lediglich im Zusammenhang mit konkreten Bauprojekten betrachtet, wird nicht als Instrument der Zukunftsplanung genutzt, dass sinnvoll auf die Gesamtentwicklung des Hauses angewendet werden kann.

Das Know-how der Bedarfsplanung wird im Rahmen der Architekturausbildung an Fakultäten mit stark durch den Entwurf geprägten Studiengängen nur vereinzelt thematisiert (Hodulak und Schramm 2019). Für viele Architekten gehört die Bedarfsplanung nicht zum angebotenen Leistungsspektrum.

Gleichzeitig zeigt eine Umfrage im Bereich des Krankenhausbaus, durchgeführt 2012 vom Institut für Industriebau und Konstruktives Entwerfen der Technischen Universität Braunschweig, dass der Bedarfsplanung auch in der Wahrnehmung der Beteiligten eine große Bedeutung zukommt und somit auch eine maßgebliche Praxisrelevanz gegeben ist. In einer deutschlandweiten Online-Umfrage wurden 813 Personen, davon 83% Nutzer und 17% Planer befragt, welche Aspekte der Planung sie gerne verbessern würden. Die Bedarfsplanung hatte in dieser Umfrage mit 19,4% die größte Volumenimportanz (Sunder und Holzhausen 2013).

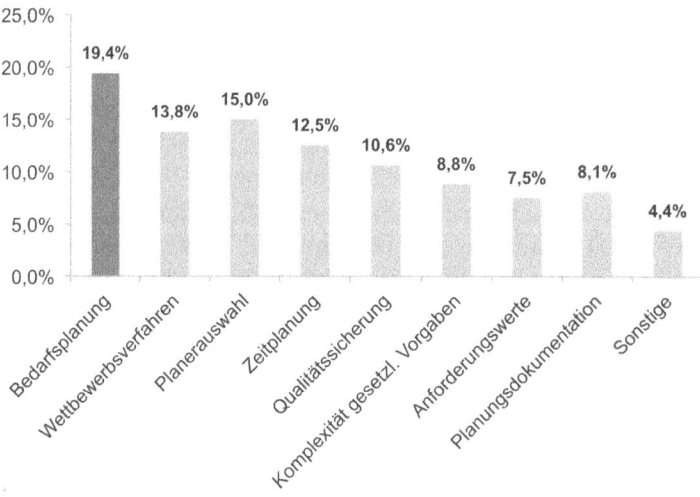

Abb. 7: Umfrageergebnis: Welche Aspekte der Planung würden Sie gerne verbessern? Durchgeführt von der TU Braunschweig (IIKE 2012, eigene Darstellung)

Auch in anderen Ländern, sind die Ergebnisse der Bedarfsplanung im Krankenhausbau oft unvollständig und berücksichtigen die Bedürfnisse der Nutzer nur unzureichend, wie beispielsweise Studien aus Schweden zeigen (Elf, Engström, und Wijk 2012) (Elf und Malmqvist 2009).

Die aufgeführte Problemstellung im Bereich der Planung verdeutlicht, dass im Krankenhausbau ein Forschungsbedarf im Bereich der baulichen Bedarfsplanung vorhanden ist. Gerade vor dem Hintergrund der geschilderten Veränderungen im Gesundheitswesen und der Krankenhauslandschaft in Deutschland gewinnt die Bedarfsplanung zusätzlich an Bedeutung und unterstreicht damit die Relevanz von wissenschaftlichen Untersuchungen auf diesem Gebiet. So lassen sich folgende Forschungsfragen ableiten:

1. Welche spezifischen, signifikanten Einflüsse und Schwerpunkte sind bei dieser Bauaufgabe im Rahmen der Bedarfsplanung zu beachten?
2. Welche maßgeblichen Vorgehensweisen (Phasen, Aktivitäten und Werkzeuge) und Schwerpunkte in der Bedarfsplanung lassen sich hieraus ableiten?
3. Wie kann eine bauliche Bedarfsplanung an die spezielle Bauaufgabe des Krankenhauses angepasst werden?

1.3 Zielsetzung

Auf Basis der geschilderten Sacherhalte und der erörterten Problem- und Fragestellungen ist die Zielsetzung der vorliegenden Arbeit die Analyse der spezifischen Randbedingungen, Schwerpunkte und Einflüsse auf eine Bedarfsplanung im Krankenhausbau, die Ableitung der daraus resultierenden Schwerpunkte, Vorgehensweisen, Werkzeuge und Arbeitsmittel sowie eine Evaluierung von Methoden der Bedarfsplanung. Ausgehend von einer Analyse existierender Bedarfsplanungsmethoden sollen möglichst gut an Krankenhaus-Bauprojekte angepasste Methoden aufgezeigt bzw. abgeleitet werden.

Aufgrund der geschilderten Problemstellung ist zu vermuten, dass im Krankenhausbau eine prozessorientierte Bedarfsplanung erforderlich sein wird, die ausgehend von der betriebswirtschaftlichen Entwicklungsstrategie, vom Businessplan und den daraus abgeleiteten, erforderlichen optimalen Prozessabläufen unter Berücksichtigung aller gebäudespezifischer, genehmigungsrechtlicher und technischer Randbedingungen ein Raumprogramm entwickelt.

Die vorliegende Arbeit soll einen Beitrag zur weiteren baulichen Entwicklung der Krankenhauslandschaft in Deutschland leisten. Sie analysiert Einflusstiefen der aufgezeigten Faktoren auf die Krankenhauslandschaft, das Krankenhausgebäude und die Prozesse im Krankenhaus und zeigt sich daraus entwickelnde Schwerpunkte in der Bedarfsplanung auf. Ziel ist damit die Grundlagenermittlung zur Auswahl oder Entwicklung von Methoden für eine an die jeweils spezifische Bauaufgabe angepasste Bedarfsplanung. Durch eine Analyse von Bedarfsplanungsmethoden sollen geeignete Methoden für spezifische Anwendungsfälle im Krankenhausbau evaluiert und ein Vorgehenskonzept abgeleitet werden, das Auftraggebern und Betreibern die Wahl einer möglichst gut an die Bauaufgabe angepassten Methode bzw. eines entsprechenden Bedarfsplaners ermöglicht.

Um eine Praxisrelevanz und die Anwendbarkeit zu gewährleisten, ist es entscheidend, dass die erarbeitete Systematik prägnant, auch für Nicht-Baufachleute verständlich und damit handhabbar im klinischen und baulichen Alltag ist. In diesem Sinne dient der Ermittlung von Schwerpunkten und die Schaffung einer auf diese Schwerpunkte hin ausgerichtete Methode, gerade bei einer hochkomplexen Bauaufgabe wie einem Krankenhaus, auch der Reduktion von Komplexität und damit der Handhabbarkeit.

1.4 Stand der Forschung

1.4.1 Stand der Forschung im Bereich Bedarfsplanung

Weltweit haben sich Forscher in der Vergangenheit mit der Thematik der baulichen Bedarfsplanung auseinandergesetzt. Bereits Anfang der 70er Jahre des letzten Jahrhunderts etabliert sich die Bedarfsplanung in den USA unter der Begrifflichkeit des „Programmings" als eigenständige Planungsdisziplin und wurde als eine verbindliche Pre-Design-Phase im AIA Handbook (American Institute of Architects 2014) aufgenommen. Auch in England ist die Bedarfsplanung als „Briefing" Teil des „Plan of Work" des Royal Institute of British Architects (RIBA). Die Methoden wurden in den vergangenen Jahrzehnten von unterschiedlichen Bedarfsplanern individuell weiterentwickelt und akzentuiert. Auch in Deutschland finden sich einige Büros, die Bedarfsplanung als eigene Methode und Planungsdisziplin anbieten. In der jüngeren Vergangenheit haben sich auf Grundlage der vorgenannten Erkenntnisse einige Experten mit der Bedarfsplanung, deren Spezifikation, Beschreibung und inhaltlichen Bearbeitung befasst. Bei Wolfdietrich Kalusche wird die Bedarfsplanung in einem Grundlagenbuch des Projektmanagement für Bauherrn und Planer behandelt (Kalusche 2011) , Sowohl Jürgen Schäfer et al. als auch Karl W. Schulte und Stephan Bone-Winkel thematisieren die Bedarfsplanung in Handbüchern für die Immobilien-Projektentwicklung (Schäfer u. a. 2013), (Schulte und Bone-Winkel 2002) und Claus Jürgen Diederichs behandelt sie im Zusammenhang mit der Thematik des Immobilienmanagements im Lebenszyklus (Diederichs 2006). Hans-Peter Achatzi, Werner Schneider und Walter Volkmann geben eine Kurzanleitung zur Bedarfsplanung auf Basis der DIN 18205 heraus (Achatzi, Schneider, und Volkmann 2017). Camila Pegoraro und Istefani Carisio De Paula untersuchen 2017 systematisch englischsprachige wissenschaftliche Veröffentlichungen aus den Jahren 1999 bis 2014 und entwickeln allgemeine Vorschläge für Schlüsselkonzepte und Ablaufschemata von Bedarfsplanungsprozessen (Pegoraro und de Paula 2017).

Martin Hodulak und Ulrich Schramm erarbeiten aus Erfahrungen aus Forschung, Lehre und Praxis 2011 die „Nutzerorientierte Bedarfsplanung" als Methode, die Nutzer in den Mittelpunkt des Bedarfsplanungsprozesses stellt (Hodulak und Schramm 2011).

Auch existieren unterschiedliche Studien, die sich mit Einzelaspekten der Bedarfsplanung auseinandersetzen. So wurde grundsätzlich gezeigt, dass die Ermittlung der Nutzeranforderungen auf Basis einer strukturierten Funktionsanalyse zu einer effizienteren und effektiveren Klärung der Anforderungen sowie zu deren Identifikation und Akzeptanz durch die Nutzer beitragen kann (Shen u. a. 2004). Darüber hinaus wurde bereits untersucht, das die Prozessmodellierung von Geschäftsprozessen eine Hilfe in der Bedarfsplanung sein kann (Stuart D. Green und Simister 1999). Auch existieren Arbeiten über die Einbindung von Auftraggebern und Nutzern in den Bedarfsplanungsprozess und deren Verständnis. So befasste sich Stuart D. Green mit der metaphorischen Analyse von Auftraggeber-Organisationen (S. D. Green 1996), Qiping Shen u.a. entwickelten einen strukturierten Rahmen zur Identifizierung und Darstellung von Nutzeranforderungen (Shen u. a. 2004) und Per Anker Jensen untersuchte Möglichkeiten der Verbesserung der Nutzereinbeziehung am Beispiel der Bedarfsplanung für ein Media Center in Dänemark (Jensen 2011). Weitere Aspekte, die in Forschungsarbeiten untersucht wurden, sind Möglichkeiten der Automatisierung von Bedarfsplanungsprozessen mittels Web-basierten Anwendungen (Hansen und Vanegas 2003) und die Bewertung des Niveaus von durchgeführten Bedarfsplanungen durch Checklisten (Gibson Jr. und Gebken II 2003).

Andere Forschungsvorhaben befassen sich schwerpunktmäßig mit der Übertragung von Problemlösungsansätzen oder Denkprinzipien wie dem „Design Thinking" (Vetterli u. a. 2013) oder von „Lean-Methoden" (Womack und Jones 2013) auf die Bedarfsplanung oder erarbeiten ein planungsmethodisches Glossar, um mit einer möglichst großen Vielfalt an Werkzeugen Lösungsmöglichkeiten für komplexe Sachverhalte anzubieten.

Außerhalb des Bauwesens existieren unterschiedliche und ausdifferenzierte Instrumente, die sich mit der Anforderungsermittlung beschäftigen, wie beispielsweise das „phasenübergreifende Requirements Engineering", eine Disziplin zur Ermittlung, Abstimmung, Kommunikation, Dokumentation und Fortschreibung von Produktanforderungen, die in der Softwareentwicklung entstanden ist (Pohl 2008). Eine weitere Zielfindungsmethode ist das „Quality Function Deployment" (QFD) (Akao 2004), erdacht von Japanern für die Entwicklung von Massenprodukten und Dienstleistungen. Diese Methoden außerhalb des Bauwesens sollen im Rahmen dieser Arbeit jedoch nicht weiter untersucht werden.

Tab. 1: Übersicht über aktuelle Studien zum Bereich der Bedarfsplanung

Studie	Land	Jahr	Studienart	Untersuchungsgegenstand
(Gibson Jr. und Gebken II 2003)	USA	2003	Paper	Entwicklung einer Checkliste für den Grad der Vollständigkeit bzw. den Umfang und damit des Niveaus einer Bedarfsplanung
(Hansen und Vanegas 2003)	USA	2003	Paper	Entwicklung eines Web-basierten Tools als Beispiel für eine Automatisierung des Bedarfsplanungsprozesses
(Womack und Jones 2003)	USA	2003	Buch	Lean Thinking[1] als Grundprinzip zur Optimierung von Prozessen und Produkten
(Schill-Fendl 2004)	Deutschland	2004	Dissertation	Methoden zur Komplexitätsbewältigung und -erfassung, Planungsmethodisches Glossar mit 130 Verfahren, Techniken und Werkzeugen der Planungs- und Entwurfsmethodik
(Shen u. a. 2004)	England	2004	Paper	Entwicklung eines strukturierten Rahmens zur Identifizierung und Darstellung von Nutzeranforderungen
(Preiser 2004)	USA	2004	Buch	Methoden der Bewertung der Gebäudewirtschaftlichkeit und Bedarfsplanung
(Both 2005)	Deutschland	2005	Dissertation	Konzeption und Umsetzung eines Projektmodells für Unikatentwicklungen im Baubereich
(Jensen 2011)	Dänemark	2011	Paper	Verbesserung der Nutzereinbeziehung am Beispiel der Bedarfsplanung für ein Media Center in Dänemark
(Mallory-Hill, Preiser, und Watson 2012)	USA	2012	Buch	Weiterentwicklung von Methoden zur nutzerorientierten Gebäudebewertung und Bedarfsplanung im Rahmen des International Building Performance Evaluation (IBPE)-Projekts
(Vetterli u. a. 2013b)	Schweiz	2013	Whitepaper	Konzeption für eine Integration der Software-Entwicklungsmethoden „Scrum[2]" und „Design Thinking[3]"

---

[1] Unter „Lean Thinking" ist die gedankliche Übertragung und Anwendung der ursprünglich aus der Automobilindustrie stammenden Lean-Prinzipien (Ausrichtung auf den Kunden, Identifikation von Wertströmen, Umsetzung eines Fluss-Prinzipes, Vermeidung von Verschwendungen und kontinuierliche Verbesserung) zu verstehen.

[2] „Scrum" ist eine Vorgehensweise der agilen Softwareentwicklung, die davon ausgeht, dass Softwareprojekte aufgrund der Komplexität nicht im Voraus detailliert planbar sind. Aus diesem Grund erfolgt die Planung nach dem Prinzip der schrittweisen Verfeinerung.

Studie	Land	Jahr	Studienart	Untersuchungsgegenstand
(Hardy 2014)	USA	2014	Buch	Betrachtung und Erarbeitung von Methoden des Zusammenspiels von architektonischem Entwurf, ökologischem/umweltgerechtem Bauen und wirtschaftlicher Leistungsdaten von Gebäuden als Basis für eine umfassende Bewertung von Architekturqualität
(Pegoraro und de Paula 2017)	Brasilien	2017	Paper	Analyse von Bedarfsplanungskonzepten und -praktiken und Entwicklung von Vorschlägen für Schlüsselkonzepte und Ablaufschemata
(Hodulak und Schramm 2019)	Deutschland	2019	Buch	Handbuch für die Bedarfsplanung, entwickelt aus Erfahrungen aus Forschung, Lehre und Praxis, mit dem Ansatz, den Nutzer und damit die Aktivitäten und Arbeitsprozesse in den Mittelpunkt der Bedarfsplanung zu stellen.

1.4.2 Stand der Forschung im Bereich Krankenhausbau

Viele Buchveröffentlichungen und Planungshandbücher in der Bundesrepublik Deutschland, wie beispielsweise „Krankenhausbau, Maßkoordination, Entwurfsstrategie, Anwendungsbeispiele" (Dirichlet, Labryga, und Poelzig 1987) sind mehrheitlich Wissenssammlungen für die Umsetzung und das Entwerfen. Sie setzen ein bereits feststehendes Raum- und Funktionsprogramm voraus und klammern die Ermittlung von Anforderungen aus. Andere Werke, wie z. B. „Angewandte Entwurfsmethodik für Architekten" (Joedicke 1976) oder „Zur Methodik der Krankenhausplanung, Optimierungsmöglichkeiten bei der Planung von Krankenhäusern mit Hilfe einer planungsbegleitenden, systematischen Funktionsanalyse" (Lohfert 1973), die Aspekte der Bedarfsermittlung berücksichtigen, entstanden bereits in den 70er Jahren des letzten Jahrhunderts.

Aufgrund des Wandels im Gesundheitswesen rücken die Zukunftsentwicklung der Krankenhäuser und damit auch Organisationsmodelle und die Bedarfsplanung seit einigen Jahren in den Fokus der Forschung. So wurden in unterschiedlichen wissenschaftlichen Veröffentlichungen verschiedenste Einzelthematiken, wie beispielsweise die Qualität von Bedarfsplänen untersucht (Elf, Engström, und Wijk 2012), allgemeine

---

3 „Design Thinking" ist eine systematische Herangehensweise an komplexe Problemstellungen, in deren Mittelpunkt Nutzerwünsche und -bedürfnisse sowie nutzerorientiertes Erfinden stehen (Hasso-Plattner-Institut 2020).

Verbesserungsstrategien für die bauliche Qualität von Krankenhausgebäuden entwickelt (Mills u. a. 2015) oder die Nutzereinbeziehung (Herriott 2018) und die Integration einer öffentlichen Beteiligung (Payne u. a. 2015) thematisiert.

Auch über das einzelne Gebäude hinaus gehende Konzeptionen zur Struktur des Krankenhauswesens, wie das „Core Hospital Concept" (Venhoeven, Arts, und Gross 2004) und die zukünftige Rolle der Institution Krankenhaus (HWP Planungsgesellschaft mbH 2007) wurden untersucht.

Ferner wird der Versuch der Verknüpfung von Gebäudeplanung und betriebswirtschaftlicher Planung unternommen (Guthknecht 2014). In dem im Jahr 2015 veröffentlichen Handbuch „Zukunft.Klinik.Bau" des Instituts für Industriebau und konstruktives Entwerfen (IIKE) der TU Braunschweig wird, bezogen auf die Bauaufgabe Krankenhaus, herausgearbeitet, dass medizinische Abläufe und Prozesse im Fokus stehen müssen, um sinnvolle bauliche Projekte entwickeln zu können (Roth, Dombrowski, und Fisch 2015, S. 189). Dort wurde eine Planungssystematik erarbeitet, welche die Rahmenbedingungen und medizinischen Leistungen in den Mittelpunkt stellt und strukturiert nach Phasen eine Vielzahl an Werkzeugen aufführt. Auch die „Lean Hospital-Strategie", als eine Philosophie für die gesamte Organisation, den Betrieb und die Entwicklung eines Krankenhauses, stellt die Prozesse, ausgehend vom Patienten, in den Mittelpunkt aller Betrachtungen (Kenney 2010) (Walker 2015) (Angerer u. a. 2018).

Tab. 2: Übersicht über aktuelle Studien zum Bereich Krankenhausbau

Studie	Land	Jahr	Studienart	Untersuchungsgegenstand
(Venhoeven, Arts, und Gross 2004)	Niederlande	2004	Wettbewerb	Entwicklung des „Core Hospital-Concepts", ein kompaktes Kern-Krankenhaus, das in einer Netzwerkstruktur mit Satelliten in Verbindung steht
(Marquardt 2006)	Deutschland	2006	Dissertation	Entwicklung eines Kriterienkataloges für demenzfreundliche Krankenhausarchitektur
(HWP Planungsgesellschaft mbH 2007)	Deutschland	2007	Studie	Betrachtung von Aspekten, die für zukünftige Entwicklungen im Krankenhausbereich relevant sein könnten. Standpunkt zur zukünftigen Rolle der Institution Krankenhaus
(Kenney 2010)	USA	2010	Buch	Neuausrichtung von Krankenhäusern vor dem Hintergrund des Lean-Gedankens
(Guthknecht 2014)	Schweiz	2014	Habilitation	Synthetisierung der Gebäudeplanung und betriebswirtschaftlichen Planung von Gebäuden der Gesundheitsversorgung

Studie	Land	Jahr	Studienart	Untersuchungsgegenstand
(Elf, Engström, und Wijk 2012)	Schweden	2012	Paper	Bewertung von 29 Bedarfsplänen im Krankenhausbau mittels einer Messmethode und eines Qualitäts-Ratings, basierend auf einem evidenzbasierten Modell
(Payne u. a. 2015)	England	2015	Paper	Entwicklung eines Interior-Bedarfsplanes für Gesundheitsgebäude unter Einbeziehung öffentlicher Beteiligung
(Mills u. a. 2015)	England	2015	Paper	Entwicklung einer nationalen Strategie zur Verbesserung der Gebäudequalität von Gesundheitsbauten in England
(Roth, Dombrowski, und Fisch 2015)	Deutschland	2015	Buch	Entwicklung integraler Planungskonzepte durch Methoden und Werkzeuge für frühe Planungsphasen und die aktive Vernetzung aller Beteiligten und Interessensgruppen
(Walker 2015)	Schweiz	2015	Buch	Übertragung der Lean-Strategie als Management-Strategie auf das Krankenhaus
(M. Schmidt u. a. 2011)	Schweiz	2015	Buch	Vorstellung und Erörterung der „Lean Hospital"-Strategie als Basis für das Krankenhaus der Zukunft
(Roth u. a. 2016)	Deutschland	2016	Forschungsarbeit	Interdisziplinäres Forschungsprojekt mit Experten aus den Bereichen Bauwesen, Prozessplanung und Energiedesign. Optimierung des Planungsprozesses durch eine rollenbasierte Vorgehensweise. Ziel: Entwicklung wandlungsfähiger und energieeffizienter Lösungsansätze für Planer und Betreiber
(Angerer u. a. 2018)	Schweiz	2018	Buch	Wissenskompendium für die Umsetzung der „Lean-Hospital"-Strategie
(Herriott 2018)	Dänemark	2018	Paper	Untersuchung der Nutzereinbeziehung bei Krankenhausneubauten in Dänemark

1.4.3 Schlussfolgerungen aus dem aktuellen Stand der Forschung

Im Bereich der Bedarfsplanung wurden in den letzten Jahren viele Arbeiten zu unterschiedlichen Einzelaspekten verfasst, die teilweise auch neue methodische Ansätze, wie das „Lean Thinking" oder das „Design Thinking" integrieren. Nicht untersucht wurde die mögliche Anpassung der Bedarfsplanung als Methode an eine spezielle Bauaufgabe, wie das Krankenhaus.

Im Bereich des Krankenhausbaus finden sich in den vergangen Jahren verstärkt Untersuchungen zu aktuellen Thematiken, ausgelöst durch die andauernden Veränderungen im Gesundheitswesen. Diese reichen von der Betrachtung von unterschiedlichsten Einzelaspekten bis hin zu Entwicklung von Planungssystematiken. Dabei zeigen die Planungssystematiken oft eine Vielzahl von Möglichkeiten und Werkzeugen auf und sind nicht konkret, spezifisch auf die bauliche Bedarfsplanung und deren erforderliche Schwerpunkte im Krankenhaus bezogen.

1.5 Abgrenzungen des Untersuchungsbereichs

Die vorliegende Arbeit befasst sich mit der baulichen Bedarfsplanung von Krankenhausgebäuden. Dabei wird für die Bedarfsplanung die Begrifflichkeit der DIN 18205:2016-11 zugrunde gelegt:

> Der gesamte Prozess der methodischen Ermittlung eines Bedarfs, einschließlich der hierfür notwendigen Erfassung der maßgeblichen Informationen und Daten, und deren zielgerichtete Aufbereitung als quantitativer und qualitativer Bedarf.

Der Untersuchungsgegenstand beschränkt sich auf „Allgemeine Krankenhäuser" gemäß der Definition des Statistischen Bundesamtes[4] (Statistisches Bundesamt Wiesbaden 2020, S. 3). Somit handelt es sich um Häuser, die der allgemeinen Versorgung der Bevölkerung dienen. Diese Abgrenzung wurde gewählt, da diese Häuser aufgrund ihrer Anzahl und der flächendeckenden Erfordernis zur Gesundheitsversorgung die größte Volumenimportanz besitzen und aufgrund des erforderlichen Leistungsspektrums der medizinischen Grundversorgung eine gewisse Vergleichbarkeit gegeben ist. Spezialkliniken, Kurkliniken, Bundeswehrkrankenhäuser sowie Ärztehäuser und Praxiskliniken, die der ambulanten Versorgung von Patienten dienen, sind nicht Gegenstand des Untersuchungsbereichs.

Auch beschränkt sich die Arbeit aufgrund der im Folgenden befragten Experten aus der Gesundheitsbranche auf die Situation in Deutschland, wobei auf Basis der im Rahmen dieser Arbeit untersuchten Literatur durchaus vermutet wird, dass in weiten Teilen der westlichen Welt ähnliche Problemstellungen existieren, sodass

---

4 Definition der Begrifflichkeit der „Allgemeinen Krankenhäuser" durch das statistische Bundesamt: „Allgemeine Krankenhäuser sind Krankenhäuser, die über Betten in vollstationären Fachabteilungen verfügen, wobei Betten nicht ausschließlich für psychiatrische, psychotherapeutische oder psychiatrische, psychotherapeutische und neurologische Patienten und Patientinnen vorgehalten werden."

durchaus von einer Relevanz auch außerhalb von Deutschland ausgegangen werden kann.

1.6 Aufbau der Arbeit

Die vorliegende Arbeit gliedert sich in 7 Kapitel. In **Kapitel 1** werden die Grundlagen für die Erstellung dieser Arbeit erläutert: Ein sich wandelndes Gesundheitssystem, in dem auch die Anpassung und Weiterentwicklung der Krankenhausgebäude eine Herausforderung für die Zukunft darstellt und die Bedarfsplanung als Steuerungselement für die Entwicklung und Planung von Immobilien.

Im **Kapitel 2** werden die Vorgehensweise und die methodischen Grundlagen dargelegt. Dabei liegt der Schwerpunkt auf der Erläuterung der angewendeten wissenschaftlichen Methoden, der strukturierenden, qualitativen Inhaltsanalyse von Literatur, des Experteninterviews und des Analytischen Hierarchieprozesses als Methode zur Bewertung der Einflüsse auf die Bauaufgabe Krankenhaus.

In **Kapitel 3** werden Methoden der Bedarfsplanung mittels der qualitativen Inhaltsanalyse untersucht und systematisch erläutert. Die Untersuchung reicht von internationalen Methoden aus dem amerikanischen und britischen Raum bis hin zu Methoden in Deutschland und der Schweiz. Es sind sowohl allgemeine als auch speziell im Krankenhausbau angewendete Methoden aufgeführt. Dabei werden die jeweiligen Phasen, Aktivitäten und Werkzeuge der einzelnen Methoden herausgearbeitet.

Kapitel 4 umfasst die Analyse von maßgeblichen Einflussfaktoren auf die spezifische Bauaufgabe Krankenhaus sowie eine darauf aufbauende Untersuchung von wichtigen Phasen, Aktivitäten und Werkzeugen zur Bearbeitung dieser Schwerpunkte. Beide Analysen wurden mittels Experteninterviewserien durchgeführt.

Gegenstand von **Kapitel 5** ist eine wertende Beschreibung der in Kapitel 3 untersuchten Methoden der Bedarfsplanung bezogen auf die in Kapitel 4 ermittelten maßgeblich wichtigen Phasen, Aktivitäten und Werkzeuge für eine Bedarfsplanung im Krankenhausbau. Somit können auf dieser Basis Schwerpunkte, Stärken und Schwächen, Vor- und Nachteile der untersuchten Methoden einer ersten Einschätzung unterzogen werden.

Kapitel 6 zeigt durch die Herausarbeitung von Methoden für spezielle Anwendungsfälle und Schwerpunkte erste Möglichkeiten der Anwendung dieser Erkenntnisse auf. Zudem wird eine Vorgehensweise der Auswahl einer möglichst an die konkreten Anforderungen des jeweiligen Projektes angepassten Bedarfsplanungsmethode für den Auftraggeber bzw. Bauherrn abgeleitet.

Das abschließende **Kapitel 7** fasst die Erkenntnisse und Schlussfolgerungen zusammen und gibt ein Ausblick auf weiteren Forschungsbedarf in diesem Bereich.

2 Grundlagen der Untersuchung und Methodik

Nach Darlegung der Problemstellung und einer Einführung in die Thematik in Kapitel 1, sollen im folgenden Kapitel die methodischen Grundlagen der Arbeit erläutert werden.

Der Darlegung der Vorgehensweise und Struktur dieser Arbeit folgen Beschreibungen der angewendeten wissenschaftlichen Methoden. Es werden die strukturierende, qualitative Inhaltsanalyse und das Experteninterview als Methode der empirischen Sozialforschung sowie eine Einführung in die Thematik der Methoden zur Unterstützung mehrkriterieller Entscheidungen beschrieben, bevor die im Rahmen dieser Arbeit verwendete Entscheidungsmethode des Analytischen Hierarchieprozesses (AHP) eingehender erläutert sowie auf die Gründe für deren Auswahl eingegangen wird.

2.1 Vorgehensweise

Im Rahmen der Arbeit sollen Methoden der Bedarfsplanung untersucht und auf Ihre Schwerpunkte in Bezug auf die spezifische Bauaufgabe „Krankenhaus" hin analysiert werden. Ziel ist eine Evaluierung, um geeignete Methoden für spezifische Anwendungsfälle herauszuarbeiten und auf Basis der gewonnenen Erkenntnisse die Auswahl einer möglichst gut an das konkrete Projekt angepassten Methode zu ermöglichen.

Die Vorgehensweise wurde in 6 Schritte gegliedert und ist im nachfolgenden Ablaufschema dargestellt. Im Anschluss werden die einzelnen Schritte kurz erläutert.

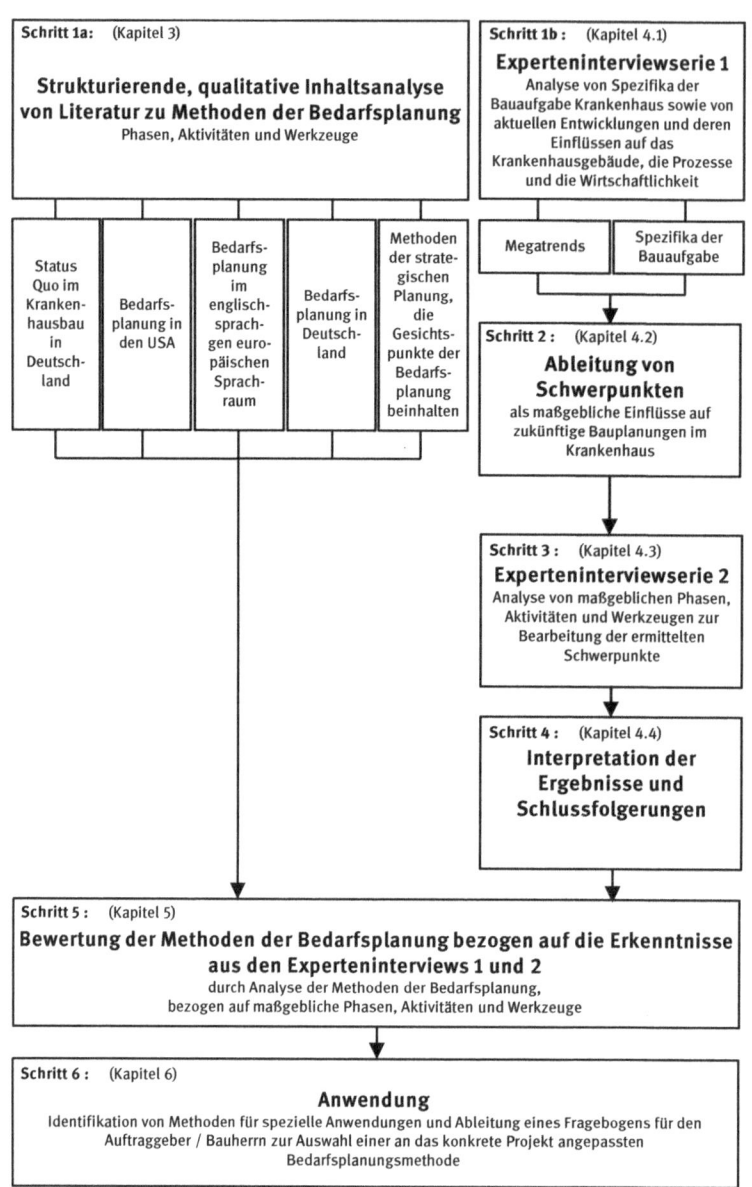

Abb. 8: Schematische Darstellung der Vorgehensweise (eigene Darstellung)

Schritt 1a: Literaturanalyse zu existierenden Methoden der Bedarfsplanung (Kapitel 3)
In einem ersten Schritt werden, unabhängig von der spezifischen Bauaufgabe Krankenhaus, existierende Methoden der Bedarfsplanung zusammengetragen und einer strukturierenden, qualitativen Inhaltsanalyse unterzogen. Dabei werden zunächst die Entstehung der einzelnen Methoden, die jeweiligen Spezifika und besonderen Merkmale erläutert. Danach erfolgt eine Analyse der Vorgehensweisen, Prozessabläufe, Phasen, Aktivitäten sowie der verwendeten Werkzeuge. Ziel dieses Schrittes ist es, einen möglichst breiten Überblick über angewendete Methoden der Bedarfsplanung zu erhalten und die betrachteten Methoden durch eine vergleichende, tabellarische Darstellung und Analyse systematisch aufzubereiten.

Schritt 1b: Experteninterviewserie 1 (Kapitel 4.1)
Parallel zur Analyse von Methoden der Bedarfsplanung wird der Fragestellung nachgegangen, welche maßgeblichen Gegebenheiten das Krankenhaus als Bauaufgabe charakterisieren und welche aktuellen Entwicklungen auf diese Aufgabe Einflüsse haben, die das Gebäude, die Prozessabläufe und die Wirtschaftlichkeit betreffen.

Schritt 2: Interpretation der Ergebnisse aus Experteninterviewserie 1 und Ableitung von Schwerpunkten (Kapitel 4.2)
Aus den Ergebnissen der 1. Experteninterviewserie werden Schwerunkte abgeleitet, die in der Bedarfsplanung im Krankenhausbau von besonderer Bedeutung sind und somit einer gezielten Beachtung bedürfen.

Schritt 3: Experteninterviewserie 2 (Kapitel 4.3)
Auf Basis der ermittelten Schwerpunkte für eine Bedarfsplanung im Krankenhausbau und der Analyse von Methoden der Bedarfsplanung aus Schritt 1a, werden im dritten Schritt Experten aus der Bedarfsplanung zu Phasen, Aktivitäten und Werkzeugen befragt, denen zur Bearbeitung der unter Schritt 2 ermittelten Schwerpunkte eine besondere Bedeutung beigemessen wird, bzw. welche Phasen, Aktivitäten und Werkzeuge von geringerer Bedeutung sind.

Schritt 4: Interpretation der Ergebnisse aus Experteninterviewserie 2 und Schlussfolgerungen (Kapitel 4.4)
Ableitung von Empfehlungen, welche Phasen, Aktivitäten und Werkzeuge bei einer Bedarfsplanung für Krankenhausgebäude von besonderer Bedeutung sind.

Schritt 5: Bewertung von Methoden der Bedarfsplanung bezogen auf die Erkenntnisse aus Schritt 4 (Kapitel 5)
Durch die Ergebnisse aus Schritt 3 können die zuvor analysierten Methoden der Bedarfsplanung auf die erforderlichen Schwerpunkte hin untersucht werden. Es

folgt eine erste Einschätzung zu Stärken und Schwächen im Bezug auf den Einsatz bei einer Bedarfsplanung im Krankenhausbau.

Schritt 6: Anwendung (Kapitel 6)
Auf der Grundlage der Erkenntnisse aus Schritt 5 können nun zunächst einzelne Methoden für unterschiedliche Anwendungen mit spezifischen Anforderungen identifiziert werden. Darüber hinaus wird ein Fragebogen für den Auftraggeber / Bauherrn abgeleitet, der es ermöglicht, noch vor der Beauftragung eines Bedarfsplaners, eine möglichst gut an die individuellen Projektcharakteristika angepasste Bedarfsplanungsmethode bzw. einen entsprechenden Bedarfsplaner zu identifizieren.

2.2 Methoden

Als wissenschaftliche Methoden kommen die qualitative Inhaltsanalyse und theoriegenerierende Experteninterviewserien zur Anwendung. Eine der durchgeführten Experteninterviewserien wurde kombiniert mit der AHP-Methode, einer Vorgehensweise zur Entscheidungsunterstützung. Die einzelnen verwendeten wissenschaftlichen Methoden werden nachfolgend näher erläutert.

2.2.1 Qualitative Inhaltsanalyse

Die qualitative Inhaltsanalyse will Texte systematisch analysieren, indem sie das Material schrittweise mit theoriegeleitet am Material entwickelten Kategoriensystemen bearbeitet. Durch das Kategoriensystem werden die Aspekte festgelegt, die aus dem Material herausgefiltert werden sollen. (Mayring 2016). Nach Philipp Mayring werden 3 Grundformen qualitativer Inhaltsanalyse vorgeschlagen (Mayring 2015):
- Zusammenfassung: Reduzierung des Materials auf die wesentlichen Inhalte
- Explikation: Zusammentragung von zusätzlichem Material zur Erweiterung und Erläuterung von einzelnen fraglichen Textteilen
- Strukturierung: Herausfiltern von bestimmten Aspekten unter vorher festgelegten Ordnungskriterien, um einen Querschnitt durch das Material zu legen oder das Material auf Grund bestimmter Kriterien einzuschätzen.

Der Vorteil der qualitativen Inhaltsanalyse liegt darin, dass auch große Mengen von Textmaterial bewältigt werden können. Es handelt sich jedoch um eine theoriegeleitete Textanalyse, die ihre Schwächen in der explorativ-interpretativen Erschließung des Materials hat.
Im Rahmen der vorliegenden Arbeit soll eine strukturierende qualitative Inhaltsanalyse zum Einsatz kommen. Um eine bestimmte Struktur oder inhaltliche

Aspekte aus dem Material herauszufiltern, ist das Herzstück dieser Technik das aus den Strukturierungsdimensionen zusammengestellte Kategoriensystem, das so genau definiert wird, dass eine eindeutige Zuordnung von Textmaterial zu den Kategorien möglich ist. Dabei wird in der Literatur folgendes Verfahren für die Erstellung des Kategoriensystems erläutert:

1. Definition der Kategorien: Es wird definiert, welche Textbestandteile unter welche Kategorie fallen
2. Ankerbeispiele: Es werden Textstellen als Beispiele für die jeweiligen Kategorien angegeben
3. Kodierregeln: Dort wo es zu Abgrenzungsproblemen zwischen Kategorien kommt, werden Regeln für eine eindeutige Zuordnung formuliert.

Alle Bestimmungen werden als Leitfaden für die Auswertung in einem Kodierleitfaden gesammelt. In einem ersten Materialdurchgang werden die Kategorien und der Kodierleitfaden erprobt und wenn erforderlich überarbeitet. Der Materialdurchgang wird dabei in 2 Schritten durchgeführt. Zunächst werden die Textstellen durch Notierungen oder verschiedenfarbige Unterstreichungen bezeichnet, in denen eine bestimmte Kategorie angesprochen wird. Im zweiten Schritt wird das gekennzeichnete Material herausgefiltert und aufgearbeitet (Mayring 2016). Zusammengefasst kann der Prozess wie im nachfolgenden Ablaufmodell dargestellt, abgebildet werden. Zur weiterführenden Vertiefung zu Arten von Kategorien, des Kodiervorgangs, der Terminologie des Kategoriensystems und des Kategorienleitfadens sowie Gütekriterien und Beispielanwendungen sei auf die weiterführende Literatur von Udo Kuckartz und Philipp Mayring verwiesen (Kuckartz 2018), (Mayring 2015).

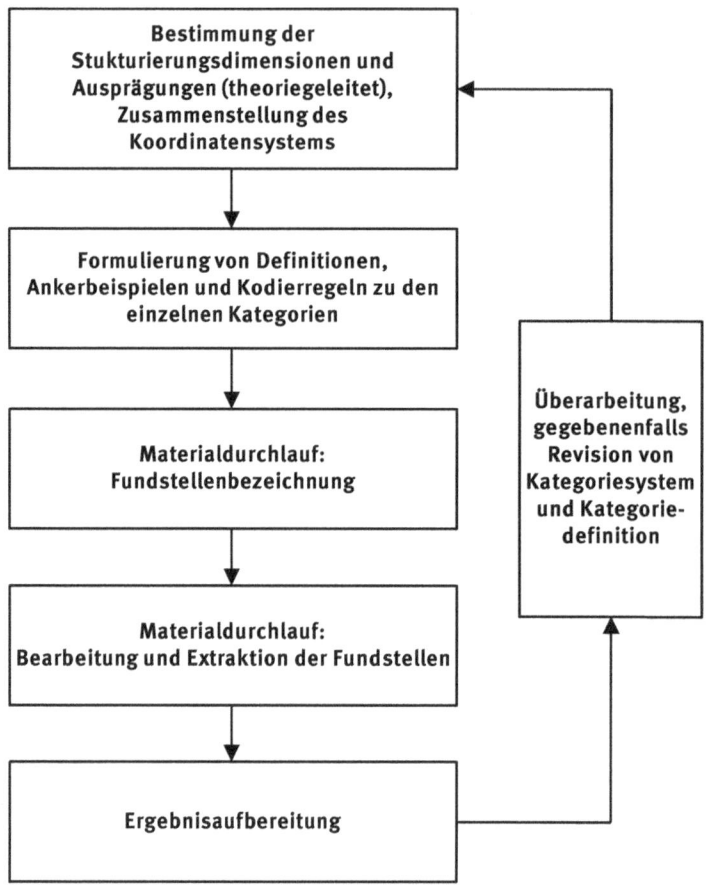

Abb. 9: Ablaufmodell strukturierender qualitativer Inhaltsanalyse (Mayring 2016)

Die in der vorliegenden Arbeit angewendete, strukturierende qualitative Inhaltsanalyse der Literatur zu Bedarfsplanungsmethoden ist in Kapitel 3 näher beschrieben.

2.2.2 Experteninterview

Das Experteninterview ist eine qualitative Methode der sozialwissenschaftlichen Disziplinen von hoher Praxisrelevanz, mittels derer das Wissen von Interviewpartnern, die als Quelle von Spezialwissen zum zu erforschenden Sachverhalt dienen, erschlossen werden kann (Gläser und Laudel 2010). Dabei herrscht unter den empirisch Forschenden eine Art „stillschweigender Konsens" darüber, dass unter einem Experteninterview ein „Leitfadeninterview" zu verstehen ist (Trinczek 2009). Bei einem Experteninterview handelt es sich um ein sehr voraussetzungsvolles und aufwendiges Instrument zur Datengenerierung, da die Identifizierung von Experten mitunter problematisch sein kann und auch der Interviewer ein hohes Maß an thematischer Kompetenz benötigt (Pfadenhauer 2009).

2.2.2.1 Der Expertenbegriff

Es herrscht wenig Einigkeit in den Sozialwissenschaften darüber, wer und was Experten sind. In der Soziologie wird der Expertenbegriff von der gesellschaftlichen Funktion her bestimmt. Somit gehören insbesondere Personen, die an gesellschaftlichen Entscheidungs- und Gestaltungsprozessen beteiligt sind zum Expertenkreis. In der Psychologie hingegen steht die Frage nach der Kompetenz im Vordergrund, sodass Personen mit besonderem Wissen zu einem Sachverhalt oder mit entsprechenden Fertigkeiten zur Expertengruppe gezählt werden. Entscheidend dabei ist, dass dies unabhängig ist von persönlichen Generalfertigkeiten, da die Expertenleistung als strikt bereichsabhängig für den zu untersuchenden Sachverhalt angesehen wird (Mieg und Näf 2006).

Der „Experte" unterscheidet sich jedoch vom „Spezialisten" dadurch, dass er einen Überblick über einen Sonderwissensbereich besitzt und somit Kenntnisse darüber hat, was Spezialisten auf diesem Gebiet wissen. In Abgrenzung zum Spezialisten verfügt der Experte somit über ein umfassendes Spezialwissen, dass ihn zur Problemlösung sowie zur Erkenntnis und Begründung von Problemursachen und Lösungsprinzipien befähigt (Pfadenhauer 2009).

Darüber hinaus geht mit der Expertendefinition auch immer eine langjährige Erfahrung einher, was sich aus Forschungen der Kognitionspsychologie schließen lässt. Man geht davon aus, dass das Erlangen von Expertenkompetenz etwa 10 Jahre benötigt (Mieg und Näf 2006).

Im Rahmen dieser Arbeit findet die aus der Psychologie hergeleitete Expertenrolle Anwendung, die sich auch in vielen praxisorientierten Lehrbüchern zur qualitativen Sozialforschung findet. So bezeichnen auch Alexander Bogner, Beate Littig und Wolfgang Menz Experten in der Regel als Personen, die sachkundig sind und über Spezialwissen verfügen. Dabei definiert sich der Expertenbegriff immer über das jeweilige, spezifische Forschungsinteresse (Bogner, Littig und Menz 2014, S. 9 ff). Alexander Bogner, Beate Littig und Wolfgang Menz entwickeln folgende, weiterführende Definition des Expertenbegriffs:

> Experten lassen sich als Personen verstehen, die sich – ausgehend von einem spezifischen Praxis- oder Erfahrungswissen, das sich auf einen klar begrenzten Problemkreis bezieht – die Möglichkeit geschaffen haben, mit ihren Deutungen das konkrete Handlungsfeld sinnhaft und handlungsanleitend für Andere zu strukturieren.

Die Auswahl der Experten entscheidet maßgeblich über die Art und Qualität der Informationen, die man erhält und bedarf daher größter Sorgfalt. Von zentraler

Bedeutung ist es Experten auszuwählen, deren umfassendes, spezifisches Wissen zum vorliegenden Sachproblem passt.

Die Auswahl der Experten für die vorliegende Arbeit wird in Kapitel 4 näher beschrieben.

2.2.2.2 Arten und Durchführung des Experteninterviews

Man unterscheidet zwischen explorativen, systematisierenden und theoriegenerierenden Interviews. Während beim explorativen Interview das Ziel lediglich in einer ersten Orientierung und möglichen Hypothesengenerierung besteht, zielt das systematisierende Interview auf eine möglichst weitgehende und umfassende Erhebung des Sachwissens ab. Im theoriegenerierenden Interview zielt die Erhebung auf das Deutungswissen der Experten, sodass auch nicht vollständig reflexives Wissen, implizites Wissen, Routinen, Weltbilder und Wahrnehmungsmuster der Experten von Interesse sind. Diese Art des Experteninterviews bedarf einer systematischen Interpretation in der Auswertung.

Experteninterviews bedürfen einer sorgfältigen Planung. Dazu gehört neben der nachvollziehbaren Auswahl der zu befragenden Experten auch eine sorgfältige Entwicklung eines Interviewleitfadens als Checkliste und Richtschnur des Interviews (Bogner, Littig und Menz 2014).

Grundsätzlich ist das Interview eine komplexe soziale Interaktionssituation und stellt keine neutrale Methode zur Generierung allgemeinen Wissens dar. Äußerungen im Interview stehen immer im Zusammenhang des Verhältnisses von Interviewer zu Experten und haben somit immer einen Adressatenbezug. Sie hängen von den Wahrnehmungen und den Zuschreibungen gegenüber dem Interviewer ab hinsichtlich seiner fachlichen Kompetenz, der Vermutung über die normative Bewertung und die Rolle des Interviewers oder Annahmen zu den Folgen des Interviews. Üblicherweise wird in der Literatur zum Experteninterview die Wahrnehmung des Interviewers als „Co-Experte" bevorzugt und als Ideal für die Gesprächsführung propagiert, da so der Interviewer als gleichberechtigter Partner betrachtet und eine Gesprächsführung auf Augenhöhe ermöglicht wird. Alternativen wären der Interviewer wahrgenommen als Laie, als Kritiker, als Evaluator oder als fachliche Autorität. Alle Konstellationen haben grundsätzlich Vor- und Nachteile, je nachdem welche Erkenntnisziele erreicht werden sollen und mit welchen Erwartungen Personen in ein Interview gehen. Auch Gender-Aspekte sind von Bedeutung und können Einfluss auf die Ergebnisse haben, sodass in der Literatur dazu geraten wird, sofern es die forschungspraktischen Rahmenbedingungen zulassen, Interviews mit Expertinnen und Experten in unterschiedlichen geschlechtlichen Zusammensetzungen durchzuführen (Bogner, Littig und Menz 2014).

In der vorliegenden Arbeit wurden 2 aufeinander aufbauende theoriegenerierende Experteninterviewserien durchgeführt, die in Kapitel 4 einhegend beschrieben werden.

2.2.2.3 Der Interviewleitfaden

Als Leitfaden bezeichnet man ein mehr oder weniger grob strukturiertes, schriftliches Frageschema, das dem Interviewer Als Gedächnisstütze dient und sicherstellt, dass die Fragen vollständig und hinreichend spezifisch im Gespräch behandelt werden. Die wohl gebräuchlichste Form des Interviewleitfadens ist ein stark strukturierter Fragebogen. Dabei wird bei Fragen grundsätzlich in offene und geschlossene Fragen unterschieden. Offene Fragen ermöglichen freie Antworten zu einem Problemfeld, während geschlossene Fragen durch die Vorgabe von Antwortkategorien zur Klärung heikler Punkte geeignet sind, auf die eine eindeutige und vergleichbare Antwort erforderlich ist (Mieg und Näf 2006). Offene Fragen helfen Unwissenheit, Missverständnisse oder unerwartete Bezugssysteme aufzudecken und kommen einer alltäglichen Gesprächssituation nahe. Somit können sie den Gesprächskontakt, das Interesse am Interview und die Wertschätzung des Befragten fördern. Geschlossene Fragen erbringen dagegen eine größere Einheitlichkeit der Antworten, sie erhöhen damit die Vergleichbarkeit und erleichtern die Aufnahmearbeit sowie die Auswertung. In der Literatur werden in der Regel mehrere Arten von geschlossenen Fragen aufgezählt. Der *Identifikationstyp*, der die Nennung einer Gruppe, Person, eines Ortes, einer Zeit, Nummer etc. verlangt, der *Selektionstyp*, bei dem aus vorgegebenen Alternativen eine oder mehrere Antworten zu wähnen sind und der *Ja-Nein-Typ*, bei dem eine Frage lediglich durch Ja oder Nein beantwortet werden kann (Atteslander 2010).

Für die vorliegende Arbeit wurden 2 stark strukturierte Fragebögen mit geschlossenen Fragen erarbeitet, bei denen bei lediglich einer Fragestellung der Ja-Nein Typ zum Einsatz kam. Alle übrigen Fragen wurden in Form des Identifikationstyps gestellt. In der ersten der beiden durchgeführten Interviewserien (und damit beim ersten Fragebogen) wurde darüber hinaus mit dem Analytischen Hierarchieprozess eine Methode zur Entscheidungsunterstützung verwendet, mit deren Hilfe die Experten die Beurteilung der thematisierten, komplexen Sachverhalte im Rahmen der geschlossenen Fragen des Identifikationstyps vornehmen sollen. Die Auswahl des Verfahrens zur Entscheidungsunterstützung und seine Grundzüge werden im Folgenden näher erläutert.

Die Entwicklung der verwendeten beiden Interviewleifäden ist in Kapitel 4 erläutert. Die Leitfäden sind als Anhänge B und C dieser Arbeit beigefügt.

2.2.3 Verfahren zur Entscheidungsunterstützung

Viele Entscheidungsprobleme sind charakterisiert durch mehrere Ziele oder Eigenschaften sowie durch Zielkonflikte, sodass eine Verbesserung hinsichtlich eines Zieles das Ergebnis bezüglich eines anderen Zieles verschlechtert. Oft liegen darüber hinaus nicht vergleichbare Einheiten oder gar eine fehlenden Quantifizierbarkeit von Zielen oder Eigenschaften vor.

Gelöst werden können diese Entscheidungsprobleme durch die Berechnung oder Auswahl der besten Handlungsalternative. Als beste Alternative wird dabei die Alternative bezeichnet, die der Entscheider im Hinblick auf alle Ziele am meisten bevorzugt (Zimmermann und Gutsche 1991). Um Entscheidungen bei solchen Mehrzielproblemen herbeizuführen und die geeignetsten Alternativen auszuwählen, können Verfahren zur Unterstützung mehrkriterieller Entscheidungen (Multiple Criteria Decision Making, MCDM) eingesetzt werden. Innerhalb der mehrkritieriellen Entscheidungsverfahren wird zwischen Multiple Objective Decision Making (MODM) und Multiple Attribute Decision Making (MADM) differenziert. Die beiden Arten der Verfahren unterscheiden sich in der Struktur des zugrundeliegenden Problems und durch die Art der Problemlösung. Während bei MODM-Verfahren aus einer stetigen Menge an Alternativen unter Berücksichtigung von Zielfunktionen eine optimale Lösung mittels mathematischer Verfahren errechnet wird, löst ein MADM-Verfahren ein Problem durch Auswahl einer Handlungsalternative aus einer voneinander abgrenzbaren Menge bereits bekannter Alternativen.

Ziel des MADM ist es somit nicht, bezüglich festgelegter Präferenzen das Optimum zu ermitteln (das aufgrund von auftretenden Zielkonflikten möglicherweise nicht existiert), sondern zwischen zu realisierenden Alternativen eine bestmögliche Auswahl zu treffen, die in der Regel eine Kompromisslösung darstellt, wenn nicht eine dominierende Alternative existiert. Ein Vorteil des MADM ist es, dass die einbezogenen Kriterien auf unterschiedlichen Skalenniveaus berücksichtigt werden können. Dies bedeutet, dass Kriterien nicht in eine identische Messskala überführt werden müssen, sondern in unterschiedlichen Einheiten bei der Bewertung berücksichtigt werden können und erst anschließend in sogenannte Nutzwerte oder Präferenzwerte umgerechnet werden (Geldermann und Lerche 2014).

Innerhalb der MADM-Verfahren wird noch einmal unterschieden in Klassische Ansätze (NWA, AHP/ANP, MAUT / MAVT) und Outranking Ansätze (ELECTRE, PROMETHEE, ORESTE). Die klassischen Ansätze gehen davon aus, dass sich alle Präferenzen über die Aufstellung einer entsprechenden Nutzenfunktion darstellen lassen sowie korrekt und exakt formuliert und kommuniziert werden können. Die Outranking Ansätze hingegen basieren auf der Grundlage, dass die einzelnen Präferenzen nicht ausreichend bekannt sind und somit nicht exakt abgebildet werden können.

2.2.3.1 Verfahrenswahl

Im Rahmen dieser Arbeit soll mittels eines mehrkriteriellen Entscheidungsverfahrens eine Analyse von grundlegenden Einflussfaktoren und Auswirkungen auf die Prozesse und die Wirtschaftlichkeit im Krankenhaus durchgeführt und so die Wichtigkeit der einzelnen Einflüsse und Entwicklungen bewertet werden. Da die einzelnen Sachverhalte in der Regel konkret benannt werden können, unterschiedlichste Skalenniveaus und nicht quantifizierbare Kriterien berücksichtigt werden müssen und die rechnerische Ermittlung eines optimalen Lösungsansatzes für diese Analyse nicht zielführend ist, soll ein MADM-Verfahren aus der Gruppe der klassischen Ansätze zur Anwendung kommen. Grundsätzlich wären verschiedene Methoden, wie die Nutzwertanalyse (NWA), der Analytische Hierarchieprozess (AHP) oder der Analytische Netzwerkprozess (ANP) anwendbar.

Gewählt wurde der Analytische Hierarchieprozess (AHP), da er ein leicht verständliches und flexibles Modell zur Lösung unstrukturierter, komplexer Probleme darstellt und auch eine mathematische, logische Skala zur Messung immaterieller Dinge liefert. Darüber hinaus berücksichtigt er relative Wichtigkeiten von Faktoren eines Systems und auch die logische Konsistenz von Beurteilungen. Es können quantitative Analyseergebnisse auf Basis von qualitativen Informationen erarbeitet werden. Auch handelt es sich um eine weithin anerkannte und bewährte Methode, die im anglo-amerikanischen und asiatischen Raum weite Verbreitung gefunden hat (Meixner und Haas 2015, S. 175) (Schneeweiß 1991, S.107 f). Dabei ist nach Oliver Meixner und Rainer Haas der entscheidende Vorteil, dass es sich um eine einfach und rasch anzuwendende Methode handelt, die sich in der Praxis in tausenden von Problemstellungen in verschiedensten Fachdisziplinen bewährt hat, obgleich sie natürlich, wie alle Methoden der Entscheidungsunterstützung, auch methodische und strukturelle Schwächen aufweist.

Im vorliegenden Untersuchungsbereich kommen eine Vielzahl von Einflussfaktoren zum Tragen, deren Zusammenhänge komplex und nicht quantifizierbar sind und deren Einflusstiefe sehr unterschiedlich sein kann. Aufgrund von Literaturanalysen kann die gesamte Problemlage jedoch vereinfacht und idealisiert als Hierarchie formuliert werden. Es wird weiterhin davon ausgegangen, dass Experten in der Lage sind jeweils 2 Elemente (Einflussfaktoren oder Auswirkungen) in Form eines Paarvergleichs miteinander in Beziehung zu setzen. Auch wird die Annahme zugrunde gelegt, dass keiner der Einflussfaktoren und Auswirkungen absolut dominierend sein wird. Somit sind die grundlegenden Axiome für die Anwendung der AHP-Methode erfüllt, sodass sie im vorliegenden Fall sinnvoll angewendet werden kann.

Auf weitere theoretische Grundlagen zu MCDM-Methoden, die Vor- und Nachteile der anderen MADM-Verfahren sowie deren struktureller Eigenschaften soll im Rahmen dieser Arbeit nicht eingegangen werden. Hierzu sei auf entsprechende Veröffentlichungen, vor allem auf die bereits zitierte Literatur von Hans Jürgen

Zimmermann und Lothar Gutsche sowie von Jutta Geldermann und Nils Lerche verwiesen.

2.2.3.2 Der Analytische Hierarchieprozess (AHP)

Der analytische Hierarchieprozess ist eine Methode zur Entscheidungsunterstützung, die vom US-amerikanischen Mathematiker Thomas L. Saaty in den 70er Jahren des letzten Jahrhunderts entwickelt wurde.

Ziel ist es durch Strukturierung und Evaluierung von komplexen Entscheidungen zu einer systematischen, optimalen und rational nachvollziehbaren Lösung zu gelangen. Dabei spiegelt die Namensgebung der Methode die grundsätzliche Vorgehensweise wider: Eine Problemlage wird analysiert und die einzelnen Elemente werden in eine hierarchische Struktur gebracht. Dabei gibt die Methode einen prozessualen Ablauf zur Strukturierung und Analyse vor.

Die Durchführung des analytischen Hierarchieprozesses erfolgt in 5 Schritten, die in nachfolgendem Flussdiagramm dargestellt sind.

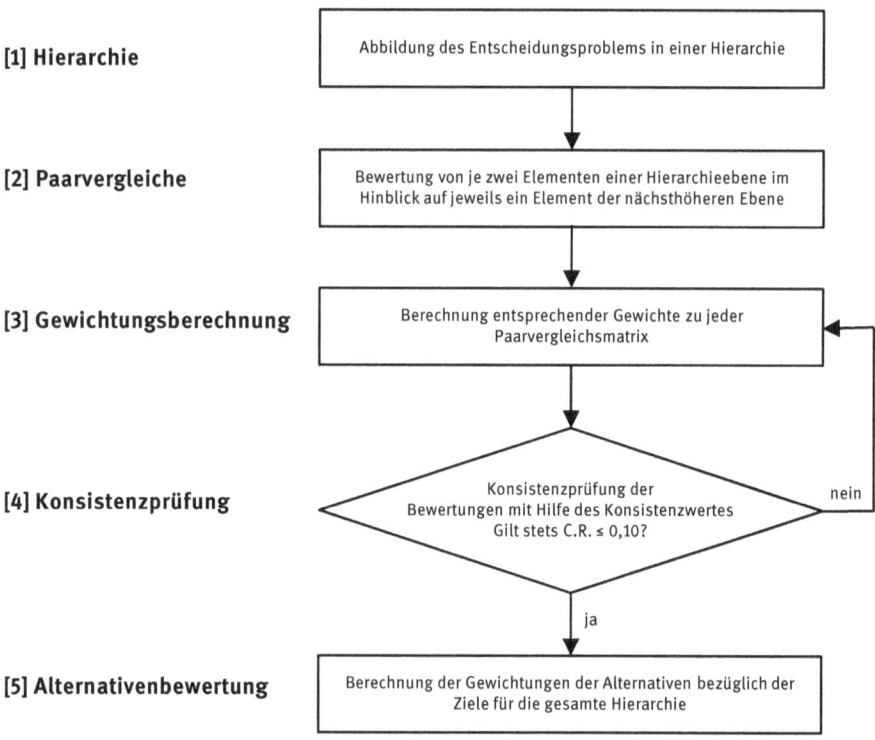

Abb. 10: Flussdiagramm zum analytischen Hierarchieprozess (Strunk 2017)

(1) Hierarchie

Ausgangspunkt der Durchführung des AHP ist die Aufstellung einer Entscheidungshierarchie mit mindestens 3 Ebenen. Durch eine Strukturierung der Problemlage soll ein möglichst realitätsnahes Abbild der tatsächlichen Situation geschaffen werden. Dabei wird in der ersten Ebene ein Oberziel definiert, aus dem sich in der 2. Ebene verschiedene Teilziele ableiten lassen bzw. das in Teilziele zerlegt werden kann. In der 3. Ebene werden mögliche Alternativen, Optionen oder Lösungswege angegeben (Pommer 2007) (Meixner und Haas 2015). Dabei ist es wichtig, dass eine eindeutige Abgrenzung zwischen den Alternativen und Teilzielen erfolgt und zwischen den Elementen einer Ebene keine bzw. nur geringfügige relevante Beziehungen bestehen (Götze 2014).

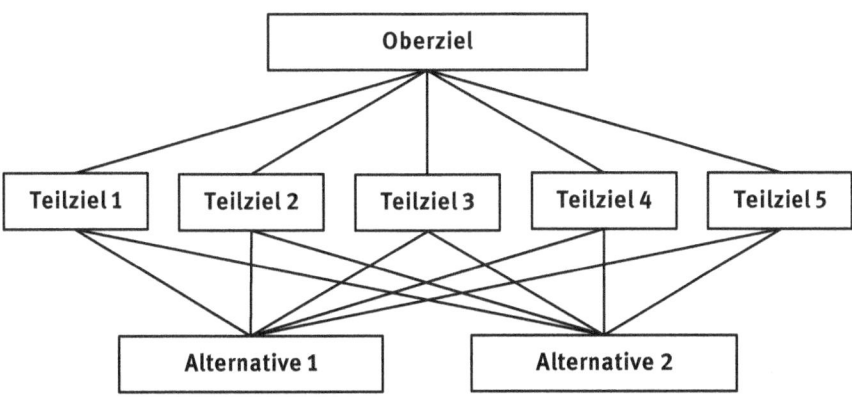

Abb. 11: Entscheidungshierarchie mit 3 Ebenen (Pommer 2007), eigene Darstellung

(2) Paarvergleiche

Durch Paarvergleiche werden die relativen Bedeutungen der einzelnen Elemente einer Hierarchieebene im Hinblick auf die nächst höhere Ebene bestimmt. Zur Bewertung kann die von Saaty entwickelte 9-Punkte-Skala verwendet werden (vgl. Tabelle 3), die als qualitative Beurteilung mithilfe der numerischen Zuordnung eine Transformation von qualitativen Informationen in ein Verhältnisskalenniveau ermöglicht. Sie hat sich aufgrund jahrelanger Anwendung als geeignet erwiesen und liefert stabile, differenzierte Ergebnisse (Pommer 2007, S. 132). Der Paarvergleich in Kombination mit der 9-Punkte-Skala liefert eine entscheidende Reduktion der Komplexität der Wirklichkeit, setzt jedoch voraus, dass die beurteilenden Personen über ein ausrechendes Expertenwissen verfügen (Meixner und Haas 2015).

Tab. 1: 9-Punkte-Skala nach Saaty für die Paarvergleiche (Strunk 2017)

Skalenwert	Definition	Interpretation
1	Gleiche Bedeutung	Beide verglichenen Elemente haben die gleiche Bedeutung.
3	Etwas größere Bedeutung	Erfahrung und Einschätzung sprechen für eine etwas größere Bedeutung eines Elements im Vergleich zu einem anderen.
5	Erheblich größere Bedeutung	Erfahrung und Einschätzung sprechen für eine erheblich größere Bedeutung eines Elements im Vergleich zu einem anderen.
7	Sehr vielgrößere Bedeutung	Die sehr viel größere Bedeutung eines Elements hat sich in der Vergangenheit klar gezeigt.
9	Absolut dominierend	Es handelt sich um den größtmöglichen Bedeutungsunterschied zwischen zwei Elementen.
2,4,6,8	Zwischenwerte	

Ein umgekehrtes Verhältnis zwischen 2 Elementen wird durch Reziprokwerte (Kehrwerte) ausgedrückt.

Tab. 2: Umgekehrte Relation in der AHP-Skala (Meixner und Haas 2015), eigene Darstellung

Skalenwert	Definition
1	Gleiche Bedeutung
1/3	Etwas größere Bedeutung
1/5	Erheblich größere Bedeutung
1/7	Sehr viel größere Bedeutung
1/9	Absolut dominierend
1/2,1/4,1/6,1/8	Zwischenwerte

Die Paarvergleiche werden in Form von Matrizen aufgetragen und dargestellt und stellen die Basis für die Berechnung der Gewichte der Kriterien und Alternativen dar.

Tab. 3: Beispielmatrize (Die angegebenen Paarvergleichswerte dienen lediglich der Darstellung der Vorgehensweise)

Paarvergleichsmatrix für die Kriterien der n. Hierarchieebene

	Teilziel 1	Teilziel 2	Teilziel 3	Teilziel 4	Teilziel 5
Teilziel 1	1	3	3	3	3
Teilziel 2	1/3	1	1/3	1	1
Teilziel 3	1/3	3	1	3	3
Teilziel 4	1/3	1	1/3	1	1
Teilziel 5	1/3	1	1/3	1	1

Die Diagonale der Matrize hat immer den Wert 1, da gleiche Teilziele miteinander verglichen werden. Durchgeführt werden müssen bei n Teilzielen lediglich n-1 Paarvergleiche (in der obigen Beispielmatrize der grau hinterlegte Bereich). Der untere Teil der Matrix besteht aus den Reziprokwerten der oberen Paarvergleiche (Pommer 2007 S. 83).

(3) Gewichtsberechnung

Durch die Berechnung der Gewichte werden die prozentualen Anteile der einzelnen Elemente abgeleitet. Die Berechnung dieser Gewichte kann mittels eines Näherungsverfahrens oder durch eine exakte Berechnung in einem iterativen Prozess erfolgen. Da das Näherungsverfahren unter der Voraussetzung einigermaßen konsistenter (d. h. logisch im Vergleich zueinander) Paarvergleiche brauchbare Ergebnisse liefert (Meixner und Haas 2015 S. 219) und eine exakte Berechnung wesentlich aufwendiger ist, wird nachfolgend lediglich das Näherungsverfahren beschrieben, das auch im Rahmen dieser Arbeit angewendet wurde[5].

Das Näherungsverfahren wird in 4 Schritten durchgeführt, die in der nachfolgenden Tabelle dargestellt sind (Pommer 2007 S. 85):
1. Ermittlung der Spaltensummen der Paarvergleichsmatrix
2. Normierung der Spaltensummen
3. Ermittlung der Zeilensummen aus Schritt 2
4. Ermittlung der Gewichte durch Division der Zeilensummen aus Schritt 3 durch die Anzahl der Elemente

---

[5] Für Informationen zur exakten Berechnung sei auf die Veröffentlichungen von (Saaty 2013) und (Meixner und Haas 2015) verwiesen.

Tab. 4: Näherungsverfahren zur vereinfachten Gewichtsberechnung

| | Schritt 1 | | | Schritt 2 | | | Schritt 3 | Schritt 4 |
| | --- Paarvergleichsmatrix --- | | | -------- Normierung -------- | | | Zeilensummen | Gewicht |
	a_1	a_2	... a_n	a_1	a_2	... a_n	r_i	w_i
a_1	$a_{11}=1$	a_{12}	... a_{1n}	a_{11}/c_1	a_{12}/c_2	... a_{1n}/c_n	$r_1 = \sum_{i=1}^{n} \frac{a_{1i}}{c_i}$	$w_1 = r_1/n$
a_2	$a_{21}=1/a_{12}$	1	a_{2n}	a_{21}/c_1	a_{22}/c_2	... a_{2n}/c_n	$r_2 = \sum_{i=1}^{n} \frac{a_{2i}}{c_i}$	$w_2 = r_2/n$
⋮	⋮	⋮	⋮	⋮	⋮	⋮	⋮	⋮
a_n	$a_{n1}=1/a_{1n}$	a_{2n}	... $a_{nn}=1$	A_{n1}/c_1	a_{n2}/c_2	... a_{nn}/c_n	$r_n = \sum_{i=1}^{n} \frac{a_{ni}}{c_i}$	$w_n = r_n/n$
c_i	$c_1 = \sum_{i=1}^{n} a_{i1}$	$c_2 = \sum_{i=1}^{n} a_{i2}$	... c_n	1	1	... 1	$n = \sum_{i=1}^{n} r_i$	1

Voraussetzungen zur Anwendung der AHP-Methode ist die Akzeptanz von 4 Voraussetzungen, sogenannten Axiomen:
1. Der Entscheider ist in der Lage jeweils zwei Elemente im Rahmen eines Paarvergleichs sinnvoll miteinander in Beziehung zu setzen und auf Basis einer metrischen Skala zu bewerten.
2. Der Entscheider erachtet niemals ein Element eines Paarvergleiches als unendlich viel besser als das andere.
3. Das Entscheidungsproblem kann als Hierarchie formuliert werden.
4. Alle Kriterien und Alternativen sind in der Entscheidungshierarchie enthalten (Meixner und Haas 2015 S. 181 f).

(4) Konsistenzprüfung

Bei der Anwendung des AHP ist es erforderlich, dass die einzelnen Bewertungen der Paarvergleiche zueinander weitgehend konsistent, das bedeutet widerspruchsfrei, sind (Saaty 2003). Gerade bei einer großen Anzahl von Paarvergleichen sind die Befragten oft nicht in der Lage vollständig konsistente Einschätzungen zu treffen. Entscheidungen mit hoher Inkonsistenz sind widersprüchlich und könnten auf eine Zufallsentscheidung hindeuten. Ein gewisses Maß an Inkonsistenz ist jedoch unschädlich und tolerierbar (Meixner und Haas 2015).

Die Überprüfung der Konsistenz erfolgt in 3 Schritten:
1. Berechnung der Durchschnittmatrix
2. Ermittlung des maximalen Eigenwertes der Durchschnittsmatrix λ_{max}
3. Ermittlung des Konsistenzindex CI (Consistency Index)
4. Ermittlung des Konsistenzverhältnisses CR (Consistency Ratio)

Schritt 1: Berechnung der Durchschnittsmatrix
Die Berechnung der Durchschnittsmatrix beruht auf der Multiplikation der Paarvergleichswerte mit den zugehörigen Gewichten, wie in der nachfolgenden Tabelle dargestellt.

Tab. 5: Berechnung der Durchschnittsmatrix (Meixner und Haas 2015, S.240)

	a_1	a_2	...	a_n	$\bar{r}_i$
a_1	$w_1 \cdot a_{11}$	$w_2 \cdot a_{12}$	...	$w_n \cdot a_{1n}$	$\bar{r}_1 = \sum_{i=1}^{n} w_i \cdot a_{1i}$
a_2	$w_1 \cdot a_{21}$	$w_2 \cdot a_{22}$	...	$w_n \cdot a_{2n}$	$\bar{r}_2$
⋮	⋮	⋮		⋮	⋮
a_n	$w_1 \cdot a_{n1}$	$w_2 \cdot a_{n2}$	...	$w_n \cdot a_{nn}$	$\bar{r}_n$

Schritt 2: Ermittlung des maximalen Eigenwertes der Durchschnittsmatrix λ_{max}
Im Folgenden werden die Eigenwerte der Durchschnittmatrix bestimmt. Der maximale durchschnittliche Eigenwert ergibt sich aus der Summe der Eigenwerte dividiert durch die Anzahl der Elemente der betrachteten Matrizen.

$$\begin{bmatrix} \bar{r}_1 \\ \bar{r}_2 \\ \vdots \\ \bar{r}_n \end{bmatrix} \div \begin{bmatrix} w_1 a_{11} \\ w_2 a_{22} \\ \vdots \\ w_n a_{nn} \end{bmatrix} = \begin{bmatrix} \lambda_1 \\ \lambda_2 \\ \vdots \\ \lambda_n \end{bmatrix} \rightarrow \lambda_{max} = \frac{\sum_{i=1}^{n} \lambda_i}{n}$$

Schritt 3: Ermittlung des Konsistenzindex CI (Consistency Index)
Um die Konsistenz zu überprüfen wird zunächst ein Konsistenzindex ermittelt:

$$CI = \frac{\lambda_{max} - n}{n - 1}$$

CI gibt Aufschluss über die Konsistenz der Bewertung. Je größer die Diskrepanz zwischen λ_{max} und n, desto inkonsistenter ist die Matrix und desto mehr weicht der Konsistenzindex von 0 ab.

Schritt 4: Ermittlung des Konsistenzverhältnisses CR (Consistency Ratio)
Im letzten Schritt wird geprüft, ob sich die ermittelte Konsistenz innerhalb der als zulässig definierten Grenzen bewegt, indem die Verhältniszahl CR als relatives Konsistenzmaß ermittelt wird.

$$CR = \frac{CI}{RI}$$

RI wird hierbei als Zufallsindex (Random index) bezeichnet, ein Wert, der empirisch ermittelt wurde und abhängig von der Matrizengröße aus einer Tabelle abgelesen werden kann.

Tab. 6: Zufallsindex nach Saaty (Saaty 1980)

n	1	2	3	4	5	6	7	8	9	10
RI	0,00	0,00	0,58	0,90	1,12	1,24	1,32	1,41	1,45	1,49

Nach Saaty sind CR-Werte bis 0,10 akzeptabel (Saaty 1980), was bedeutet, dass eine Beurteilung höchstens 10% dessen entspricht, was das Resultat einer Zufallsverteilung wäre. Überschreiten die errechneten Konsistenzmaße den gegebenen Richtwert, so ist die Matrix nicht ausreichend konsistent. Sie muss in diesem Fall einer Überprüfung unterzogen und die Ursachen beseitigt werden.

Andere Autoren sind der Auffassung, dass bei komplexen Hierarchien und solchen, die einer unmittelbaren Modifikation während des Bewertungsvorganges nicht zugänglich sind, auch ein Grenzwert von 0,20 akzeptiert werden kann (Mühlbacher und Kaczynski 2013). In der vorliegenden Arbeit wurden in Anlehnung an Saaty lediglich Bewertungen mit einem CR-Wert von maximal 0,10 als ausreichend konsistent gewertet.

Relatives Konsistenzmaß für die gesamte Hierarchie
Abschließend kann für die gesamte Hierarchie ein relatives Konsistenzmaß berechnet werden, indem die CI-Werte der einzelnen Paarvergleichsmatrizen jeweils mit der Priorität desjenigen Elements der Hierarchie, auf das sich der entsprechende Paarvergleich bezieht, gewichtet und die gewichteten Werte aufaddiert werden. Mit den RI-Werten ist analog zu verfahren. Durch die Bildung des Quotienten aus den aggregierten CI- und RI-Werten ergibt sich das Gesamtkonsistenzverhältnis CRH (Consistency Ratio ot the Hierarchy), das analog zum CR interpretiert werden kann (Saaty 1980, S 83 f.).

(5) Alternativenbewertung
Weisen die Paarvergleichsmatrizen keine oder akzeptable Inkonsistenzen auf, so erfolgt im letzten Schritt die Berechnung der Gewichtung der Alternativen bezüglich der Ziele für die gesamte Hierarchie. Hierfür werden aus den ermittelten lokalen Gewichten der einzelnen Hierarchieelemente je Ebene die globalen Gewichte aggregiert (Mühlbacher und Kaczynski 2013). Die Ermittlung dieser globalen Gewichte

erfolgt mittels Multiplikation der Kriterien / Alternativen einer jeden Ebene mit dem jeweils lokalen Zielgewicht des Kriteriums der darüber liegenden Ebene. Das globale Gewicht eines Elementes zeigt die konkrete Bedeutung des jeweiligen Hierarchieelementes im Kontext der Gesamthierarchie. Die Gesamtgewichte der Alternativen in der untersten Ebene erhält man schließlich durch Addition der errechneten globalen Gewichte für die jeweiligen Alternativen. Aus den ermittelten Gewichten kann somit eine Rangfolge der Alternativen abgeleitet werden, wobei die Alternative mit dem höchsten Wert den ersten Rang erhält und präferiert wird.

Bei der Interpretation der Ergebnisse ist zu berücksichtigen, dass die absoluten Gewichte der einzelnen Varianten mit der Anzahl der Varianten sinken, da die Summe aller Gesamtgewichte immer 100 % ergibt. Entscheidend ist somit nicht die absolute Höhe des Gewichts, sondern vielmehr der Abstand der Gesamtgewichte der Varianten untereinander. Wenn der Abstand der Gesamtgewichte der Alternativen zueinander sehr gering ist, so kann aus dem Ergebnis kein Entscheidungsvorschlag abgeleitet werden und es bietet sich die Durchführung einer Sensitivitätsanalyse an (Pommer 2007, S. 98).

Sensitivitätsanalyse
Mittels der Sensitivitätsanalyse kann untersucht werden, in welchem Maße Änderungen in der Gewichtung der Kriterien Auswirkungen auf die Reihenfolge der Alternativen haben. Durch eine kontinuierliche Veränderung der Kriteriengewichtungen werden sensitive Grenzen definiert, bei denen sich die Rangfolge der Alternativen umkehren würde. Ein stabiles Ergebnis liegt vor, wenn marginale Änderungen der Gewichte das Endergebnis nicht beeinflussen. Können keine stabilen Ergebnisse bestätigt werden, so kann dies eine Prüfung oder die Wiederholung des Beurteilungsprozesses erfordern.

3 Analyse von Methoden der Bedarfsplanung

3.1 Grundlagen zur Bedarfsplanung

3.1.1 Begriffe und Definitionen

An nahezu alle Gebäude werden unterschiedlichste Anforderungen gestellt, die bereits bei Vitruv erstmalig in der Literatur beschrieben werden. Er beschreibt diese Anforderungen mit den Begrifflichkeiten firmitas, utilitas und venustas (Vitruv 2015). Bereits hier wird zum Ausdruck gebracht, dass Gebäude in der Regel errichtet werden, mit dem Zweck bestimmte Anforderungen und Eigenschaften zu erfüllen. Diese Anforderungen sind individuell unterschiedlich und abhängig vom Bestimmungszweck, den zukünftigen Nutzern, dem Bauort etc. und können sich auf eine Vielzahl von Bereichen erstrecken. So können beispielsweise funktionale, wirtschaftliche, technische, gestalterische, formale und ökologische Sachverhalte ein Anforderungsprofil an ein Gebäude prägen. Nur wenn die gestellten Anforderungen weitgehend erfüllt werden, wird das Gebäude den angestrebten Zweck erfüllen können und auch bei den Nutzern auf Akzeptanz stoßen. Ein entscheidender Schritt hin zu einem solchen bedarfsgerechten Gebäude ist die Kenntnis und die Kommunikation der Anforderungen. Vor Beginn der Gebäudeplanung muss sich der Bauherr über die gewünschten Anforderungen an das Gebäude im Klaren sein und diese müssen definiert und kommuniziert werden, sodass sie zur Grundlage für die Gebäudeplanung werden. In diesem Sinne hat sich die Bedarfsplanung als frühe Definitionsphase im Gebäudelebenszyklus etabliert.

Bedarfsplanung
Die maßgeblichen Begrifflichkeiten zur Bedarfsplanung sind in Deutschland in der DIN 18205 zu finden. Hier wird die Bedarfsplanung definiert als

> „gesamter Prozess der methodischen Ermittlung eines Bedarfs, einschließlich der hierfür notwendigen Erfassung der maßgeblichen Informationen und Daten, und deren zielgerichtete Aufbereitung als quantitativer und qualitativer Bedarf." (Nomenausschuss Bauwesen im DIN Deutsches Institut für Normung e.V. 2016).

Ferner finden sich in dieser Norm auch entsprechende Definitionen für den „Bedarfsplaner" als

> „Person, Gruppe oder Organisation, welche die Aufstellung des Bedarfsplans durchführt"

und den „Bedarfsplan" als

> „Arbeitsdokument, das als Ergebnis der Bedarfsplanung zum frühestmöglichen Anlass und Ziele von Planungsprozessen, die der Planung zugrunde liegenden Anforderungen sowie die verwendete Methode darstellt"

Auch in aktuellen wissenschaftlichen Veröffentlichungen zur Bedarfsplanung werden ähnliche Beschreibungen verwendet. So beschreiben auch Martin Hodulak und Ulrich Schramm die Ziele der Bedarfsplanung wie folgt:

> „Es geht um die Definition des Bauvorhabens und die Aufstellung eines verbindlichen qualitativen und quantitativen Anforderungsprofils" (Hodulak und Schramm 2019, S. 5)

Ausgangsbasis für diese Begrifflichkeiten und die Definitionen ist die ISO-Norm 9699 „Performance standards in building – checklist for briefing – contents of brief for building design" und deren Nachfolgenorm ISO 19208:2016-11 „Framework for specifying performance in buildings"[6].

In Deutschland wird mit Bezug auf die HOAI, die als Honorarordnung für Architekten und Ingenieure das Leistungsbild der Gebäudeplanung in 9 sogenannte Leistungsphasen einteilt, auch von der sogenannten „Leistungsphase 0" gesprochen.

Briefing

In den meisten englischsprachigen Ländern findet für das deutsche Wort „Bedarfsplanung" der Begriff „Briefing" Verwendung, so auch in der ISO-Norm 9699 und der Nachfolgenorm ISO 19208:2016-11 (International Organization for Standardization (ISO) 1994), (International Organization for Standardization (ISO) 2016). Entsprechend werden der Bedarfsplan als „Brief for building design" und der Bedarfsplaner als „Author of the Brief" bezeichnet.

Programming

Im amerikanischen Sprachraum ist als Begriff für die deutsche Bezeichnung „Bedarfsplanung" das „Programming" bzw. „Architectural Programming" verbreitet. Entsprechend werden der Bedarfsplan als „Program" und der Bedarfsplaner als „Programmer" bezeichnet. Die Definitionen unterschiedlicher Autoren ähneln denen in Deutschland, wie die nachfolgend aufgeführte Definition von Robert G. Hershberger zeigt:

> „Architectural Programming is the first stage of the architectural design process in which the relevant values of the client, user, architect, and society are identified; important project goals are articulated; facts about the project are uncovered; and facility needs are made explicit. It follows that: The architectural program is the document in which the identified values, goals, facts and needs are presented." (Hershberger 1999, S. 5)

---

[6] Für weitere Informationen zur Entwicklung der ISO-Norm 9699 und der DIN 18205 siehe Hodulak, Schramm 2019, S. 20.ff

Gemäß des AIA Handbook ist das Programming Teil der „pre-design-phases", im Vorfeld der Gebäudeplanung und dient der Festlegung von Projektzielen und Anforderungen (The American Institute of Architects 2013).
Zur Durchführung der Bedarfsplanung wurden in der Vergangenheit unterschiedliche Methoden entwickelt. Der Begriff der Methode geht zurück auf das griechische Wort „méthodos" und beschreibt ein nach festen Regeln und Grundsätzen geordnetes Verfahren zur Erlangung von Erkenntnissen oder praktischen Ergebnissen bzw. zur Lösung praktischer oder theoretischer Aufgaben (Duden 2014), (Brockhaus 2019b).

Methoden der Bedarfsplanung sind in der Regel charakterisiert durch eine Abfolge von Phasen sowie durch Aktivitäten und die Anwendung verschiedener Werkzeuge.

Phase
Als Phase wird ein Abschnitt bzw. eine Stufe innerhalb einer stetig verlaufenden Entwicklung oder eines zeitlichen Ablaufs bezeichnet (Brockhaus 2019c). Im Rahmen der vorliegenden Arbeit wird somit als Phase ein Abschnitt innerhalb der jeweiligen Methode benannt.

Aktivität
Der Begriff der Aktivität bezeichnet die Tätigkeit bzw. ein aktives Verhalten (Brockhaus 2019a) und beschreibt die konkreten Tätigkeiten im Rahmen der Methoden und der jeweiligen Phasen.

Werkzeug
Als Werkzeuge werden allgemein Hilfsmittel zur leichteren Handhabung, zur Herstellung oder zur Bearbeitung von Gegenständen bezeichnet, die im Arbeitsprozess verwendet werden (Brockhaus 2019d). Im Rahmen dieser Arbeit werden, abgeleitet aus dieser Definition, mit dem Begriff des Werkzeugs die Hilfsmittel zur Durchführung der Bedarfsplanung, wie Listen, Vorlagen, Leitfäden, Berechungstools, Diagramme etc. beschrieben.

3.1.2 Entwicklung der Bedarfsplanung

Bis zur Mitte des letzten Jahrhunderts war die Bedarfsplanung ein integrativer Teil der Architektenleistung, indem der Planer mehr oder weniger intuitiv den Bedarf der Bauherren im Entwurf erfasste oder diese Bedarfsermittlung in Entwurfsgesprächen erfolgte. Für viele Gebäude existierten auch entweder mehr oder weniger klare Vorgaben, da Veränderungsprozesse von Institutionen und Firmen langsam erfolgten, oder die spätere Nutzung wurde den vom Architekten geschaffenen Planungsvorgaben angepasst. Erst mit komplexer werdenden Gebäuden und sich schneller wandelnden Anforderungen begannen in den USA erste Architekturbüros (Herbert Swinborne 1958, Nathanial Becker 1959 oder Louis Demoll 1965) Bedarfsplanung als Leistungsbild anzubieten (Hershberger 1999). Seit dem Ende der 1960er Jahre entwickelten sich die ersten Bedarfsplanungsmethoden in den USA weiter durch den Einfluss der Verhaltensforschung und der Sozialforschung, deren Erkenntnisse zunehmend Eingang fanden in die Methoden. In der 70er Jahren wurde die Bedarfsplanung in den USA in das Leistungsbild des „AIA-Handbooks" aufgenommen. Auch in England hat sich die Bedarfsplanung etabliert und ist Teil des „Plan of Work" des „Royal Institute of Architects". In Deutschland wurde erst im Jahr 1996 die erste Fassung der DIN 18205 – Bedarfsplanung im Bauwesen veröffentlicht, die im Jahr 2016 überarbeitet wurde. Grundsätzlich bieten weltweit eine Vielzahl an Büros und Organisationen die Bedarfsplanung als Leistungsbild an, wobei unzählige Methoden und Variationen zur Anwendung kommen. Edith Cherry formuliert dies in Ihrem Lehrbuch aus dem Jahr 1999 wie folgt:

> „There are almost as many architectural programming formats in use today as there are groups offering architectural programming services." (Cherry 1999)

3.2 Analyse von Methoden der Bedarfsplanung

3.2.1 Methodik der qualitativen Inhaltsanalyse – Bestimmung der Strukturdimensionen und Ausprägungen sowie Zusammenstellung des Kategoriensystems

Die nachfolgende qualitative Inhaltsanalyse von Methoden der Bedarfsplanung wurde auf Basis einer Literaturrecherche durchgeführt.

Wie bereits erörtert werden Bedarfsplanungen grundsätzlich in einer Abfolge von Phasen durchgeführt. Innerhalb der Phasen gibt es unterschiedliche Aktivitäten und es kommen verschiedene Werkzeuge zum Einsatz. Untersucht wurden in der Literatur aufgeführte Informationen zu Phasen, Aktivitäten und Werkzeugen der einzelnen Methoden, wobei zur Strukturierung bei Aktivitäten und Werkzeugen wiederum Gruppen gebildet wurden.

3.2.1.1 Phasen
Bei nahezu allen in der Literatur behandelten Methoden der Bedarfsplanung ist eine Einteilung des Ablaufs der Bedarfsplanung in Phasen festzustellen. Die benannten Phasen sind jedoch nicht gleich und es werden sehr unterschiedliche Schwerpunkte gesetzt. Nachfolgende unterschiedliche charakteristische Phasen, bzw. Merkmale der Phasendurchführung wurden auf Basis der analysierten Literatur als Kategorien für die qualitative Inhaltsanalyse festgelegt.

Tab. 7: Grundsätze zur Strukturierung - Phasen

Nr.	Kategorie / Unterkategorie	Ankerbeispiele
1.	Stufenweise Erarbeitung (von grob nach fein)	Grob- und Feinprogramm Basisprogramm – Finales Programm Functional-, Technical-, und Designprogram
2.	Programmiterationen (Wiederholungen von Phasen)	–
3.	Schnittstellenphase am Übergang von der Bedarfsplanung zur Planung	–
4.	Interaktive Verzahnung von Bedarfsplanung und Gebäudeplanung	Organisatorische und zeitliche Verzahnung
5.	Prozessbegleitende Qualitätssicherung als Phase	Prüfbericht mittels Nutzerbefragung, Monitoring, Bewertung der Effizienz, Fortschreibung der Bedarfsplanung
6.	Evaluation des Programms	Evaluation mittels Indikatoren, Befragungen, Monitoring-Methoden und Workshops nach der Gebäudefertigstellung

3.2.1.2 Aktivitäten

Um die in der untersuchten Literatur behandelten Aktivitäten zu strukturieren wurden sie in 3 thematische Gruppen als Kategorien eingeteilt. Aufgeführt wurden Überbegriffe der Aktivitäten, die in den einzelnen Methoden durchaus unterschiedlich ausdifferenziert werden. Innerhalb der thematischen Gruppen wurden auch die einzelnen Aktivitäten wiederum mittels Sammelbegriffen zu Unterkategorien zusammengefasst. Wo erforderlich sind diese Unterkategorien mit Ankerbeispielen spezifiziert. Diese Art der Zusammenfassung und Strukturierung wurde gewählt, um die Anzahl der Begriffe auf ein handhabbares Maß zu reduzieren und somit eine systematische Auswertung zu ermöglichen.

Tab. 8: Teilaspekte und Schwerpunkte – Aktivitäten

Nr.	Kategorie / Unterkategorie	Ankerbeispiele
	Aktivitäten zur Ermittlung von Grundlagen	
7.	Recherchen	Literatur-, Datenbank-, Zeitungs- und Bibliotheksrecherchen

Nr.	Kategorie / Unterkategorie	Ankerbeispiele
8.	Besichtigungen	Besuch ähnlicher Projekte und vergleichbarer Strukturen, sowie von „Best-Practice"-Beispielen
9.	Befragungen	zu Zielen, Problemen oder zum Status-Quo auf unterschiedlichen Ebenen, Befragungen der Lokalpolitik etc.
	Aktivitäten zur Einbindung der Nutzer	
10.	Workshops, Interviews	Teambildung, Arbeits-Sessions, Workshops, individuelle Interviews, Gruppeninterviews, Audio- und Videokonferenzen
11.	Rollen- und Auktionsspiele	Design Games, Rollenmodelle, Simulationszonen
12.	Ergebnisprüfung	Überprüfungen des Programm-Ergebnisses
	Aktivitäten zur Ergebnisableitung	
13.	Strategieentwicklungen	zu Raum, Zeit, Zentralisation/Dezentralisation, Flexibilität, Fluss, Energie, Synchronisierung, Qualitäten, Prioritäten etc.
14.	Prozessentwicklungen	Bestimmung der Basisprozesse, Ableitung der Ablaufprozesse und der Kapazitäten
15.	Festlegung von Projektgrößen und Quantitäten	Raumgrößen und -zuschnitte, Nutzungs-, Konstruktions-, Verkehrs- und Technikflächen
16.	Entwicklung Kosten und Zeit	Zeitplanung, Kostenrahmen, Prüfung der ökonomischen Machbarkeit

3.2.1.3 Werkzeuge

Auch die Werkzeuge wurden in thematische Kategorien eingeteilt. Innerhalb dieser Kategorien sind, analog zu den Aktivitäten, Werkzeuggruppen als Unterkategorien aufgeführt, da die Auswertung aller möglicher, einzelner Werkzeuge, die in der untersuchten Literatur benannt werden, aufgrund ihrer Vielzahl im Rahmen einer solchen Untersuchung nicht handhabbar ist. Auch hier werden die Unterkategorien durch Ankerbeispiele spezifiziert.

Tab. 9: Teilaspekte und Schwerpunkte – Werkzeuge

Nr.	Kategorie / Unterkategorie	Ankerbeispiele
	Werkzeuge zur Datenaufnahme, Datenauflistung	
17.	Listen, Fragebögen	Interview-Fragebögen, Nutzungsformulare, Datensammlungs-Fragebögen
18.	Benchmarking	Leesmann-Index, Workplace-Analysis, Clusteranalyse
19.	Observationen	Verhaltens-Mapping, Soziologisches Mapping, Planwertverfahren, Shadowing
	Werkzeuge zur Datenvisualisierung, Darstellung von Verknüpfungen und Abläufen	
20.	Darstellung von Bereichen und Strukturen	Brown Sheets, Stapeldiagramme, Strukturdiagramme, Organigramme
21.	Verknüpfung von Bereichen	Bubble-Diagramme, Interaktions-Matrix, Von-Nach-Matrix
22.	Prozessvisualisierung und -entwicklung	Flussdiagramme, Business-Process-Modelling, Story-Lines
23.	Rating-/Auswahl- und Ausschlusswerkzeuge	Paarvergleichsmethoden, Ranking Charts, Präferenzmatrix, morphologische Matrix, ideales Funktionsschema, Schätzverfahren
24.	Rollenspiele	Designgames, Rollenmodelle, Simulationszonen
	Werkzeuge für Prognosen und Wirtschaftlichkeitsbetrachtungen	
25.	Prognosen	Entwicklungsprognosen, Delphi-Methode, Risikoanalyse, Szenario-Technik, Globale Bedarfsprognose, Regressionsanalyse
26.	Wirtschaftlichkeitsbetrachtungen	Break-Even-Analyse, Lebenszyklusanalyse, Standortanalyse
	Werkzeuge zur Ergebnisableitung	
27.	Ermittlung Flächenbedarfe	Flächenbedarfsermittlung mittels Kennzahlen, funktionale Flächenermittlung, Raumbuch
28.	Ermittlung Personal- und Materialbedarf	Personalbedarfsermittlung über Prozesse, Kennzahlenmethode oder über Stellenplanmethode, Betriebsmittelbedarfsermittlung
29.	Businessentwicklung	Betriebs- und Organisationskonzept,

Nr.	Kategorie / Unterkategorie	Ankerbeispiele
		Transition Assistance, Joker-Area-Definition, Embrace Plan, operative Flussplanung, Grey-Performance-Analysis
30.	Visualisierung und Simulation	Kartentechnik, grafische Werkzeuge, Prototypenlayout
31.	Kosten	Gesamtkostenaufstellung, Investitionskostenaufstellung, Nutzungskostenprognose
32.	Zeitplan	Idealzeitplan
33.	Gebäudebewertung	Vergleichsanalysen, bauphysikalische Effizienz
34.	Dokumentation und Kontrolle	Programm-Report, Prüflisten, Clusteranalyse, Korrelationsanalyse

Um den Umfang der Analyse zu begrenzen und auf die in Kapitel 1 beschriebenen Schwerpunkte zu fokussieren, wurden Werkzeuge zu stadtplanerischen Themen, zur städtebaulichen Umfeldanalyse, zum Themenkomplex der Ökologie und zur ökologischen Nachhaltigkeit nicht aufgenommen.

Die aufgeführten Phasen, Aktivitäten und Werkzeuge der jeweiligen Methoden erheben dabei keinen absoluten Anspruch auf Vollständigkeit, da lediglich in der untersuchten Literatur benannte Sachverhalte aufgeführt sind. In der praktischen Anwendung sind durchaus Abwandlungen und Erweiterungen möglich. Um eine Vergleichbarkeit zu erreichen und die Methode in ihrer theoretischen Form zu betrachten, wurde auf eine Einbeziehung der praktischen Anwendung und den damit verbundenen Variationen, Modifikationen, Weiterentwicklungen und Abwandlungen verzichtet. Eine solch umfassende Analyse der Methoden würde darüber hinaus den Rahmen dieser Arbeit bei Weitem überschreiten.

Alle definierten Kategorien, Unterkategorien und zugehörige Ankerbeispiele wurden im Rahmen der später folgenden Experteninterviewserie 2 durch die Experten auf Sinnhaftigkeit überprüft, indem sie aufgefordert waren im Rahmen der Interviews Unstimmigkeiten, Ergänzungen oder ihrer Auffassung nach erforderliche Veränderungen zu kommunizieren, sodass eine entsprechende, rückwirkende Korrektur der qualitativen Inhaltsanalyse vorgenommen werden könnte. Die in dieser Ausarbeitung dargelegten Kategorien, Unterkategorien und zugehörige Ankerbeispiele stellen den abschließenden Stand nach Durchführung der Experteninterviewserie 2 dar.

3.2.2 Methodik der qualitativen Inhaltsanalyse – Definition von Kodierregeln zu den einzelnen Kategorien

Zur Bewertung der Phasen, Aktivitäten und Werkzeuge in der Literatur wurde nachfolgende Systematik mit den zugehörigen Symbolen verwendet:

- – Aspekt wird in der untersuchten Literatur nicht erwähnt
- ○ Aspekt wird in der untersuchten Literatur lediglich erwähnt
- ● Aspekt wird in der untersuchten Literatur erörtert und ist Teil der Methode
- ⬤ Aspekt ist ein Schwerpunkt in der untersuchten Literatur

Da es sich bei nahezu allen untersuchten Punkten um nicht quantifizierbare Sachverhalte handelt, stellt diese Bewertung lediglich eine Einschätzung auf Basis der Ausführlichkeit und Detailtiefe dar, mit der Aspekte (Phasen, Aktivitäten und Werkzeuge) in der jeweiligen Literatur behandelt werden und versucht Schwerpunkte und kaum bzw. nicht behandelte Aspekte vergleichbar visuell darzustellen.

3.2.3 Weitere Analysen zum tieferen Verständnis der Methoden

Um ein tieferes Verständnis für die einzelnen Methoden zu entwickeln, werden für jede untersuchte Methode die gleichen Grundinformationen in tabellarischer Form aufgeführt. So wird auch vergleichend deutlich, wann die Methoden entwickelt wurden, wann die letzten bekannten Veröffentlichungen erschienen sind, wer die Methode entwickelt hat, mit welchen Zielen und für welche Adressaten.

Auch wird im Rahmen der Analyse der jeweils dargelegte Ablauf der Bedarfsplanung in grafischer Form, auf einem Zeitstrahl abgebildet, der durch eine standardisierte Einteilung in markante Abschnitte strukturiert ist. Dabei ist davon auszugehen, dass jede Entwicklung eines Bauprojektes grundsätzlich die nachfolgend dargestellten Phasen durchläuft, in mehr oder weniger starker Ausprägung und Art:

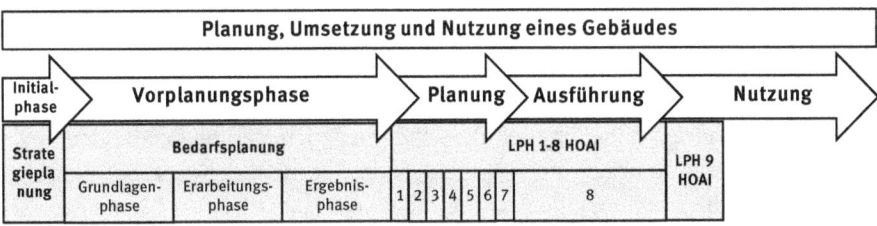

Abb. 12: Auszug: Phasen im Gebäudelebenszyklus, eigene Darstellung

Am Beginn steht dabei die Initialphase als Ausgangspunkt eines Projektes, die mit einer Strategieplanung den Rahmen und langfristige Entwicklungen betrachtet. Auch die Bedarfsplanung selbst ist grundsätzlich meist durch die dargestellte Abfolge von Grundlagenphase – Erarbeitungsphase - Ergebnisphase charakterisiert, die je nach Methode unterschiedliche Ausprägungen haben und verschiedene Bezeichnungen tragen können. Durch die grafische Darstellung auf einem standardisierten Zeitstrahl können sowohl lineare Abläufe, als auch Rückbezüge und iterative Prozesse abgebildet und prägnant vergleichbar dargestellt werden. Für die grafische Darstellung wurden nachfolgende Symbole verwendet:

   Phase der Bedarfsplanung im Zeitraum der Vorplanung

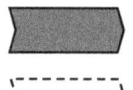   Phase der Bedarfsplanung im Zeitraum der Gebäudeplanung, -realisierung oder -nutzung

   Zur Erläuterung aufgeführte Phase, die jedoch nicht der Bedarfsplanung zuzurechnen ist.

Die grafische Darstellung des Ablaufs dient dem grundsätzlichen Verständnis der einzelnen Methoden und wird in der nachfolgenden Ergebniszusammenfassung der qualitativen Inhaltsanalyse nicht weiter beschrieben. Die gesamte Analyse mit textlichen Beschreibungen, den Eckdaten und der grafischen Darstellung des Ablaufs der Bedarfsplanung jeder untersuchten Methode ist als Anhang A dieser Arbeit beigefügt.

3.2.4 Untersuchte Methoden

Ausgehend vom Status Quo der angewendeten Methoden im Krankenhausbau in Deutschland werden Methoden der Bedarfsplanung in Nordamerika, Europa, mit Schwerpunkt Großbritannien und in Deutschland untersucht. Dabei existieren gerade in Nordamerika eine Vielzahl an sehr ausgearbeiteten und gut dokumentierten Methoden, die auch Vorbild und Grundlage für Methoden in Deutschland sind. Am Ende der Untersuchung stehen Methoden der strategischen Planung, die Gesichtspunkte der Bedarfsplanung beinhalten.

Betrachtet wurden dabei in allen Bereichen lediglich Methoden, zu denen aussagekräftige Literatur vorlag, die eine Analyse in der beschriebenen Form ermöglicht. Somit ist die nachfolgende Analyse nicht vollständig in dem Sinne, dass sie alle bekannten Bedarfsplanungsmethoden aufführt. Über die analysierten Beispiele hinaus existieren eine Vielzahl weiterer Methoden der Bedarfsplanung oder der strategischen Planung. Als Beispiele seinen in Deutschland das Programming® von Gunther Henn, oder in Großbritannien das NHS CIM[7] genannt. Eine Vielzahl an aktiven Bedarfsplanungsbüros haben darüber hinaus eigne, individuelle, auch zum Teil an die Aufgabenstellung des Krankenhauses angepasste Methoden entwickelt.

3.2.5 Zusammenfassung der Ergebnisse der Inhaltsanalyse

Es wurden folgende Bedarfsplanungsmethoden untersucht:

Tab. 10: Auflistung der untersuchten Methoden der Bedarfsplanung

Nr.	Methodenbezeichnung	Autor(en)
Methoden des Status Quo in Deutschland		
1.	Verordnung über die Honorare für Architekten- und Ingenieurleistungen (Honorarordnung für Architekten und Ingenieure – HOAI) vom 10.07.2013	Bundesregierung der Bundesrepublik Deutschland
2.	Empfehlungen zur Zielplanung	Architekten für Krankenhausbau und Gesundheitswesen e.V. (AKG)
3.	Antragsverfahren zur Landeskrankenhausbauförderung am Beispiel des Bundeslandes Rheinland-Pfalz	Ministerium für Soziales, Arbeit, Gesundheit und Demographie Rheinland-Pfalz (MSAGD)
4.	DIN 18205:2016-11	Normenausschuss im Bauwesen (NABau) im DIN Deutsches Institut für Normung e.V.
Bedarfsplanungsmethoden im nordamerikanischen Raum		
5.	Problem Seeking	William M. Peña, Steven A. Parshall
6.	Person-Environment Programming	Jay Farbstein
7.	Programming of Facilities	Gerald Davis
8.	Programming	Herbert McLaughlin - Architekturbüro Kaplan, McLaughlin, Diaz (KMD)
9.	Architectural Programming	Donna P. Duerk
10.	Architectural Programming	Edward T. White
11.	Architectural Programming	Robert R. Kumlin
12.	Programming for Design	Edith Cherry

---

[7] Das CIM (Capital Investment Manual), herausgegeben vom NHS (National Health Service) ist ein Leitfaden zur Planung, Ausführung und Bewertung von öffentlichen Bauvorhaben, insbesondere im Bereich der Sozial- und Gesundheitsbauten.

Nr.	Methodenbezeichnung	Autor(en)
13.	Architectural Programming	Henry Sanoff
14.	Facility Programming	John M. Kurtz
15.	Environmental Programming	Walter H. Moleski
16.	Facility Programming	Mickey A. Palmer
17.	Health-Care-Facility-Programming	George Agron - Stone, Marrachini & Petterson, ab 1985 (nach dem Tod George Agrons) Tusler, Schraishuhn & Meyer)
18.	Architectural Programming	Robert G. Hershberger
19.	Programming	AIA (American Institute of Architects)
Bedarfsplanungsmethoden in Europa		
20.	Strategic Brief	RIBA Royal Institute of British Architects
21.	Construction Briefing	Peter Barrett und Catherine Stanley
22.	Programming	Theo JM van der Voordt und Herman BR van Wegen
23.	Briefing	Alastair Blyth, John Worthington
24.	Usability Briefing for hospital design	Aneta Fronczek-Munter
Bedarfsplanungsmethoden in Deutschland		
25.	Bedarfsplanung in der Projektentwicklung	Hans-Peter Achatzi, Werner Schneider, Walter Volkmann
26.	Nutzerorientierte Bedarfsplanung	Martin Hodulak und Ulrich Schramm
Methoden der strategischen Planung, die Gesichtspunkte der Bedarfsplanung beinhalten		
27.	Lean Hospital	M. Alkalay, A. Angerer, T. Drews, C. Jäggi, M. Kämpfer, I. Lenherr, J. Valentin, C. Vetterli, D. Walker
28.	Zukunft. Klinik. Bau	Carsten Roth, Uwe Dombrowski, Norbert Fisch
29.	Integral Process Design (IPD)	Tom Guthknecht
30.	Health Building Notes (HBNs)	NHS (National Health Service Estates)
31.	Hospital Planning and Design Process	Owen Hardy und Lawrence P. Lammers

Die detaillierten qualitativen Inhaltsanalysen der einzelnen Bedarfsplanungsmethoden sind dem Anhang A dieser Arbeit zu entnehmen. Die nachfolgenden tabellarischen Aufstellungen zeigen eine Zusammenfassung der Ergebnisse aller 34 untersuchten Kategorien bzw. Unterkategorien, bewertet nach den erläuterten Kodierregeln.

Tab. 11: Zusammenfassende Ergebnisdarstellung der qualitativen Inhaltsanalyse von Planungsmethoden des Status Quo in Deutschland

	Phasen					Aktivitäten											Werkzeuge																	
Stufenweise Bedarfsplanung	Programmiterationen	Schnittstellenphase	Verzahnung mit Gebäudeplanung	Qualitätssicherung	Evaluation	Recherchen	Besichtigungen	Befragungen	Workshops, Interviews	Rollen- und Auktionsspiele	Ergebnisprüfung	Strategieentwicklung	Prozessentwicklung	Ermittlung Projektgrößen + Quantitäten	Entwicklung Kosten + Zeit	Listen, Fragebögen	Benchmarking	Observationen	Darstellung von Bereichen und Strukturen	Verknüpfung von Bereichen	Prozessvisualisierung + -entwicklung	Rating- /Auswahl- und Ausschlusswerkzeuge	Rollenspiele	Prognosen	Wirtschaftlichkeitsbetrachtungen	Ermittlung Flächenbedarfe	Ermittlung Material- + Personalbedarf	Businessentwicklung	Visualisierung + Simulation	Ermittlung Kosten	Zeitplan	Gebäudebewertung	Dokumentation und Kontrolle
1	2	3	4	5	6	7	8	9	10	11	12	13	14	15	16	17	18	19	20	21	22	23	24	25	26	27	28	29	30	31	32	33	34

Methoden des Status Quo in Deutschland

Honorarordnung für Architekten und Ingenieure – (HOAI) vom 10.07.2013
– –

Empfehlungen zur Zielplanung 2014 der AKG
– – – – – – – – – – o – – o – o – – – – – o – – – – – o – – ● o – – –

Landesförderung am Beispiel des Bundeslandes Rheinland-Pfalz
– – – – – – – – – – – o o o – – – – – o – – – – – – o – – – – – – –

DIN 18205:2016-11 - DIN Deutsches Institut für Normung e. V.
● – – – – ● o o o o – – o o o o – – – – o o – – – – o o o – o o – o

Tab. 12: Zusammenfassende Ergebnisdarstellung der qualitativen Inhaltsanalyse von Bedarfsplanungsmethoden im nordamerikanischen Raum

	Phasen						Aktivitäten										Werkzeuge																	
Nr.	1	2	3	4	5	6	7	8	9	10	11	12	13	14	15	16	17	18	19	20	21	22	23	24	25	26	27	28	29	30	31	32	33	34

Spaltenlegende:
1. Stufenweise Bedarfsplanung
2. Programmiterationen
3. Schnittstellenphase
4. Verzahnung mit Gebäudeplanung
5. Qualitätssicherung
6. Evaluation
7. Recherchen
8. Besichtigungen
9. Befragungen
10. Workshops, Interviews
11. Rollen- und Auktionsspiele
12. Ergebnisprüfung
13. Strategieentwicklung
14. Prozessentwicklung
15. Ermittlung Projektgrößen + Quantitäten
16. Entwicklung Kosten + Zeit
17. Listen, Fragebögen
18. Benchmarking
19. Observationen
20. Darstellung von Bereichen und Strukturen
21. Verknüpfung von Bereichen
22. Prozessvisualisierung + -entwicklung
23. Rating-/Auswahl- und Ausschlusswerkzeuge
24. Rollenspiele
25. Prognosen
26. Wirtschaftlichkeitsbetrachtungen
27. Ermittlung Flächenbedarfe
28. Ermittlung Material- + Personalbedarf
29. Businessentwicklung
30. Visualisierung + Simulation
31. Ermittlung Kosten
32. Zeitplan
33. Gebäudebewertung
34. Dokumentation und Kontrolle

Bedarfsplanungsmethoden im nordamerikanischen Raum

Methode	1	2	3	4	5	6	7	8	9	10	11	12	13	14	15	16	17	18	19	20	21	22	23	24	25	26	27	28	29	30	31	32	33	34
Problem Seeking – Peña, Parshall	●	●	-	○	-	●	○	○	●	●	-	○	○	-	●	○	●	○	○	●	●	-	-	-	●	-	●	●	-	○	●	-	○	●
Personal-Environment Programming – Farbstein	●	-	●	-	●	●	○	○	●	●	-	●	○	-	●	●	○	-	○	●	●	-	-	-	●	●	-	-	●	●	○	-	●	●
Programming of Facilities – Davis	●	-	-	●	○	●	○	-	●	●	-	○	○	-	○	○	○	○	-	●	○	-	-	-	-	○	○	-	○	●	○	○	-	○
Programming – McLaughlin	-	-	-	-	-	●	○	●	○	●	-	○	○	-	○	○	○	○	○	○	○	-	-	-	-	-	○	○	-	-	○	○	○	-
Architectural Programming – Duerk	●	○	-	●	●	●	●	●	●	●	○	●	○	○	-	○	○	●	-	●	●	●	○	-	●	-	-	-	○	-	-	●	●	-
Architectural Programming – White	●	-	-	-	●	●	○	○	●	●	-	○	○	-	○	○	○	○	○	○	○	-	-	○	-	-	○	-	-	○	○	○	-	●
Architectural Programming – Kumlin	●	●	-	-	●	-	-	○	●	●	-	●	○	-	●	●	●	-	○	●	○	○	○	-	-	○	●	-	-	●	●	●	-	●
Programming for Design – Cherry	●	-	-	●	-	-	●	●	●	●	-	-	●	-	●	●	○	-	●	●	●	●	-	-	●	●	●	-	○	●	●	●	●	●
Architectural Programming – Sanoff	○	●	-	○	-	●	○	●	●	●	●	-	-	-	○	○	●	●	●	●	○	●	-	-	●	-	-	●	-	-	●	-	-	-
Facility Programming – Kurz	●	●	-	●	●	●	○	-	●	●	-	●	●	-	-	○	○	-	●	●	●	-	-	-	-	-	-	-	-	○	-	●	-	○

Analyse von Methoden der Bedarfsplanung — 55

Environmental Programming for Human Needs – Moleski

Facility Programming – Palmer

Health–Care–Facility–Programming – Agron

Architectural Programming – Hershberger

Programming – Leistungskatalog des AIA

Tab. 13: Zusammenfassende Ergebnisdarstellung der qualitativen Inhaltsanalyse von Bedarfsplanungsmethoden in Europa

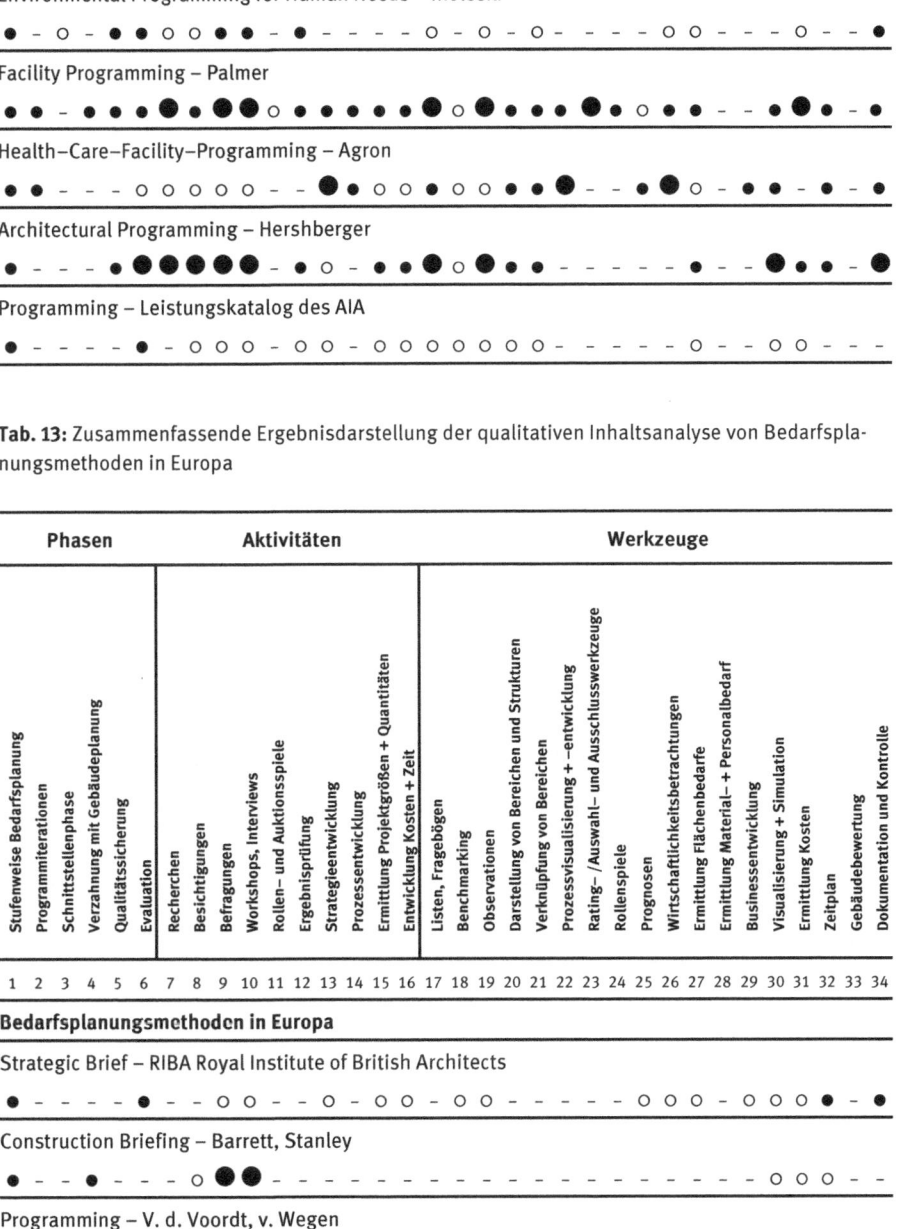

Bedarfsplanungsmethoden in Europa

Strategic Brief – RIBA Royal Institute of British Architects

Construction Briefing – Barrett, Stanley

Programming – V. d. Voordt, v. Wegen

Briefing – Blyth, Worthington

● ● – ●●● ○ ● ● ● ○ ● ● – ○ ○ ○ – ● – ● – – ○ ○ – – – ○ ● – ● – ●

Usability Briefing for hospital design – Fronczek–Munter

● – – – ●● ● ●● ●●● ○ ● ● ● – – ○ ● ● – – – ○ – ○ – – – – – – ● – – ●●

Tab. 14: Zusammenfassende Ergebnisdarstellung der qualitativen Inhaltsanalyse von Bedarfsplanungsmethoden in Deutschland

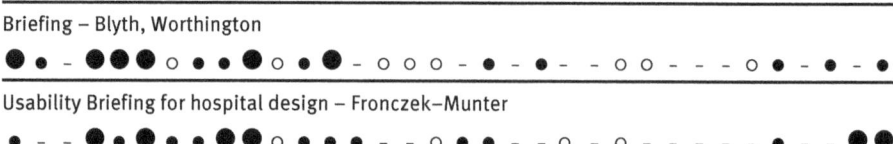

Bedarfsplanungsmethoden in Deutschland

Bedarfsplanung in der Projektentwicklung – Achatzi, Schneider, Volkmann

● ● – – – ● ○ ○ ○ ○ ○ – ○ ○ – ○ ○ ○ ○ ○ ● ● ○ ● – – ○ ● – ○ – ● ○ – ○

Nutzerorientierte Bedarfsplanung – Hodulak, Schramm

● ● – – – – ● ○ ○ ● ● – – – ● – ● ● ● – ○ ● ● ○ – – – ○ ● – ○ ● ● ● – ●

Tab. 15: Zusammenfassende Ergebnisdarstellung der qualitativen Inhaltsanalyse von Methoden der strategischen Planung, die Gesichtspunkte der Bedarfsplanung beinhalten

Phasen	Aktivitäten	Werkzeuge

#	Kategorie
1	Stufenweise Bedarfsplanung
2	Programmiterationen
3	Schnittstellenphase
4	Verzahnung mit Gebäudeplanung
5	Qualitätssicherung
6	Evaluation
7	Recherchen
8	Besichtigungen
9	Befragungen
10	Workshops, Interviews
11	Rollen- und Auktionsspiele
12	Ergebnisprüfung
13	Strategieentwicklung
14	Prozessentwicklung
15	Ermittlung Projektgrößen + Quantitäten
16	Entwicklung Kosten + Zeit
17	Listen, Fragebögen
18	Benchmarking
19	Observationen
20	Darstellung von Bereichen und Strukturen
21	Verknüpfung von Bereichen
22	Prozessvisualisierung + -entwicklung
23	Rating-/Auswahl- und Ausschlusswerkzeuge
24	Rollenspiele
25	Prognosen
26	Wirtschaftlichkeitsbetrachtungen
27	Ermittlung Flächenbedarfe
28	Ermittlung Material- + Personalbedarf
29	Businessentwicklung
30	Visualisierung + Simulation
31	Ermittlung Kosten
32	Zeitplan
33	Gebäudebewertung
34	Dokumentation und Kontrolle

Methoden der strategischen Planung, die Gesichtspunkte der Bedarfsplanung beinhalten

- Lean Hospital – Alkalay, Angerer, Drews, Jäggi, Kämper, Lenherr, Valentin, Vetterli, Walker
- Zukunft. Klinik. Bau – Roth, Dombrowski, Fisch
- Integral Process Design (IPD) – Guthknecht
- Health Building Notes (HBNs) – NHS
- Hospital Planning and Design Process – Hardy, Lammers

Es wird erkennbar, dass die Methoden sehr unterschiedliche Ausdifferenzierungen aufweisen. Dabei beinhalten die in Deutschland standardmäßig angewendeten Methoden lediglich wenige Phasen, Aktivitäten und Werkzeuge, während die Bedarfsplanungsmethoden im nordamerikanischen Raum und in Europa weit umfangreicher und ausformulierter sind. Der Umfang von Methoden der strategischen Planung im Bereich der Bedarfsplanung ist sehr unterschiedlich.

Bereits diese erste qualitative Inhaltsanalyse zeigt, dass ein großer Teil der untersuchen Methoden sehr punktuelle Stärken aufweist, sich schwerpunktmäßig mit Teilbereichen dezidiert befasst, bzw. nur einen begrenzten Teil der Sachverhalte aufgreift. Es ist zu vermuten, dass je nach individuellen Schwerpunkten eines Projektes unterschiedliche Methoden mehr oder weniger geeignet sein werden. Bei Aufgabenstellungen, die eine Vielzahl an Schwerpunkten aufweisen, werden wahrscheinlich Methoden gut geeignet sein, die eine weitreichende Ausdifferenzierung und eine möglichst große Abdeckung vieler Phasen, Aktivitäten und Werkzeuge zeigen, wobei zu betrachten sein wird, welche Phasen, Aktivitäten und Werkzeuge grundsätzlich im Krankenhausbau von großer Bedeutung sind. Im Folgenden soll durch 2 aufeinander aufbauende Experteninterviewserien diese Fragestellung untersucht werden. Phasen, Aktivitäten und Werkzeuge, die weniger wichtig für diese spezifische Aufgabe sind, können so für die Auswahl von Methoden vernachlässigt werden.

4 Einflüsse auf den Krankenhausbau und resultierende Schwerpunkte der Bedarfsplanung

Um Phasen, Aktivitäten und Werkzeuge, die bei einer Bedarfsplanung im Krankenhausbau von besonderer Bedeutung sind, herauszuarbeiten und so die untersuchten Bedarfsplanungsmethoden einer weiteren Bewertung zu unterziehen, wurden zwei aufeinander aufbauende Experteninterviewserien durchgeführt.

Die erste Interviewserie befasst sich mit der Befragung von Experten aus der Gesundheitsbranche mittels des AHP nach Einflüssen und Entwicklungen im Krankenhausbau sowie deren Bedeutung für die Wirtschaftlichkeit und die Prozesse im Krankenhaus. Ziel ist es Schwerpunkte zu erkennen, die im Rahmen einer Bedarfsplanung im Krankenhausbau von besonderer Bedeutung sind.

Im zweiten Schritt wurden Experten aus der Bedarfsplanung nach den zur Bearbeitung dieser ermittelten Schwerpunkte maßgeblich erforderlichen Phasen, Aktivitäten und Werkzeugen befragt.

4.1 Experteninterviewserie 1: Einflüsse auf Gebäude, Wirtschaftlichkeit und Prozesse

4.1.1 Experteninterviewserie 1 – Entwicklung des Fragebogens auf Basis einer Entscheidungsmatrix für ein AHP-Verfahren

Zur Durchführung von Experteninterviewserie 1 wurde die AHP-Methode (Analytic Hierarchy Process) angewendet. Ziel des AHP-Verfahrens ist es eine fundierte Einschätzung zur Einflusstiefe der einzelnen, komplexen und in der Regel nicht quantifizierbaren Sachverhalte auf das Krankenhausgebäude und die Prozesse zu erhalten und somit Schwerpunkte aufzuzeigen, deren Bearbeitung von großer Bedeutung sind. Hierfür ist die Entwicklung einer Entscheidungsmatrix auf Basis von maßgeblichen Einflüssen erforderlich.

4.1.1.1 Megatrends als Herausforderungen für die Zukunftsentwicklung

Auf Basis von Literaturrecherchen zu Entwicklungen im Gesundheitswesen wurden die im Folgenden aufgeführten und näher beschriebenen Megatrends identifiziert, die Einfluss auf die prozessualen Abläufe und damit auf die zukünftige Entwicklung der Krankenhausgebäude haben bzw. haben werden.

4.1.1.1.1 Demographischer Wandel
Die 14. koordinierte Bevölkerungsvorausberechnung des Statistischen Bundesamtes der Bundesrepublik Deutschland prognostiziert eine Abnahme der Bevölkerung von ca. 83 Millionen Menschen im Jahr 2018 auf 74,4 bis 78,2 Millionen im Jahr 2060, je nach Zuwanderung, Entwicklung der Lebenserwartung und Geburtenhäufigkeit. Die Relation zwischen den Altersgruppen wird sich der Berechnung zufolge bis 2060 zudem deutlich verschieben. Der Anteil der unter 20-jährigen wird von derzeit 18% auf 16% sinken, während 30% der Bevölkerung (anstatt 15,9% im Jahr 2018) älter als 67 Jahre sein werden. Während 2018 6% der Bevölkerung (5,4 Millionen) über 80 Jahre alt waren, werden es 2060 13% sein. Die Anzahl der hochbetagten Menschen wird sich demzufolge verdoppeln (Statistisches Bundesamt Wiesbaden 2019). Dieser demographische Wandel der Gesellschaft führt nicht zwangsläufig zu einem vermehrten Behandlungsbedarf. In einzelnen Fachgebieten sind völlig gegenläufigen Tendenzen zu beobachten (Holzgreve und Jaeger 2009). So kommt es zu einer Zunahme bestimmter, altersbedingter Krankheitsbilder und zu einem Patientenspektrum das deutlich multimorbider sein wird (Lux u. a. 2013).

4.1.1.1.2 Urbanisierung
Die anhaltende Urbanisierung führt dazu, dass sich der Bedarf an Gesundheitsdienstleistungen sehr unterschiedlich entwickelt. Für ländliche Regionen im Osten Deutschlands werden bis 2030 sinkende Fallzahlen prognostiziert, während in allen andren Regionen der Bedarf stark ansteigt (Schlömer und Pütz 2011). Dabei sollte die Konzentration der Bevölkerung in urbanen Räumen auch eine Konzentration der stationären Krankenhauskapazitäten nach sich ziehen, mit der Chance der Bündelung von Kompetenzen und Bildung effizienter Großstrukturen. Gleichzeitig entsteht dadurch jedoch auch die Problematik der Aufrechterhaltung der flächendeckenden Gesundheitsversorgung in ländlichen Räumen (Reifferscheid u. a. 2015).

4.1.1.1.3 Kundenerwartungen
Der moderne Patient will als Kunde wahrgenommen werden und hat Erwartungshaltungen. Er vergleicht vor einer Behandlung Krankenhäuser, ist informiert und versteht sich zunehmend als Kunde mit Kompetenz und gesteigerter Eigenverantwortung. Marketing und Kommunikation, Patientenbeziehungsmanagement, Werbung und PR werden so für Anbieter von Gesundheitsdienstleitungen zu Erfolgsfaktoren (Füllgraf und Debatin 2006).

4.1.1.1.4 Wandel von Gesundheitseinrichtungen zu Wirtschaftsunternehmen
Die deutsche Krankenhausversorgung ist von ihrem Ursprung her ordnungspolitisch ein staatliches Planungssystem. Mit Einführung eines leistungsbezogenen

Vergütungssystems in den späten 90er-Jahren begann ein wirtschaftlicher Konkurrenzkampf der Häuser, deren Entscheidungsfreiheit und Flexibilität jedoch bedingt durch den staatlichen Versorgungsauftrag eingeschränkt ist (Neubauer und Gmeiner 2015). Der entstehende Wettbewerbsdruck, der die Krankenhäuser mehr und mehr zu Wirtschaftsunternehmen am freien Markt macht, wird überlagert vom staatlichen Versorgungsauftrag. Das in diesem System bisher existierende duale Finanzierungsprinzip, in dem die Krankenhausplanung und Investitionsförderung durch die Bundesländer erfolgt, die Betriebskosten jedoch über die Einnahmen aus den privaten und gesetzlichen Versicherungen abgerechnet werden, schränkt die Entscheidungsfreiheit und Flexibilität der Häuser und damit ihr eigenes wirtschaftliches Handeln ein. Ferner führt es häufig zu Investitionsentscheidungen, die aus politischen Gesichtspunkten getätigt werden, sodass freie, wirtschaftliche Abwägungen ausbleiben. Dieser Dualismus ist eine Ursache für Defizite und eine mangelnde Effizienz der Häuser (Neubauer und Gmeiner 2015). Zukünftig ist mit einem weiteren Rückzug der Bundesländer aus den Investitionsentscheidungen und mit zunehmendem Wettbewerbsdruck zu rechnen, der die Häuser zu einer klaren strategischen Ausrichtung am Markt und zu mehr Effizienz zwingt.

Dies alles vor dem Hintergrund, dass die bestehenden Strukturen vielfach problematisch scheinen. So kommen Studien immer wieder zu dem Ergebnis, dass vielfältige Ineffizienzen und Überangebote vorliegen. Beispielhaft sei hier ein Bericht aus dem Krankenhaus-Report 2019 aufgeführt, der aufgrund von Simulationen zur Standortoptimierung der Notfallversorgung zu dem Ergebnis kommt, dass von den derzeit ca. 1450 Krankenhäusern, die an der Notfallversorgung teilnehmen, lediglich ca. 740 Häuser erforderlich wären, bei Bündelung auf versorgungstechnisch notwendige Standorte (Augurzky u. a. 2019). Dieses Beispiel verdeutlicht, dass der Wandel der Häuser zum Wirtschaftsunternehmen auch aufgrund der bestehenden Ausgangssituationen die Krankenhauslandschaft verändern wird und einen maßgeblichen Einfluss auf die einzelnen Krankenhäuser haben muss.

4.1.1.1.5 Netzwerke

Krankenhäuser schließen sich vor dem Hintergrund des steigenden wirtschaftlichen Druckes zu Netzwerken zusammen und bilden feste Allianzen, um Synergie-Effekte zu nutzen, die Leistungsfähigkeit zu steigern, Kosten zu sparen und das eigene Leistungsangebot strategisch besser positionieren zu können (Quante 2006).

Das Krankenhaus als Gesundheitseinrichtung ist Teil eines Gesundheits-Netzwerkes aus ambulanten und klinischen (stationären) Einrichtungen, die sich im Rahmen einer integrierten Versorgung durchdringen können. Dabei wird der größere Teil der Gesundheitsversorgung der Bevölkerung außerhalb des Krankenhauses erbracht, durch niedergelassene Ärzte und Therapeuten, ambulante Behandlungszentren, häusliche Krankenpflege, durch Sozial- bzw. Diakoniestationen, Tagespflege-Einrichtungen, Krankenwohnen und Hospizeinrichtungen.

In diesem System entwickelt sich das klassische, multidisziplinäre Krankenhaus als stationäre Einrichtung zunehmend zu einem gemischten Gesundheitszentrum mit der Tendenz der Belegung mit Akutkranken zunehmenden Schweregrades einerseits, in dem andererseits aber auch vermehrt ambulante Leistungen angeboten werden. (Stüve 2007)

Die Spezialisierung in der Medizin und die damit verbundene Schaffung neuer Disziplinen führt darüber hinaus zur Entstehung monodisziplinärer Spezialkrankenhäuser für lukrative Einzelfächer. (Wischer und Riethmüller 2007a).

4.1.1.1.6 Differenzierung von Berufsgruppen, Änderung von Personal- und Entscheidungsstrukturen

Die Führungs- und Entscheidungsstrukturen in Krankenhäusern sowie das klassische Berufsbild des Arztes sind im Wandel begriffen. Nicht mehr der einzelne Arzt mit seinen individuellen Stärken und Vorlieben steht im Mittelpunkt der Klinikorganisation, sondern die personenunabhängige, wirtschaftliche Ergebnisqualität. In diesem Zusammenhang wird von den Ärzten über die medizinische Kompetenz hinaus unternehmerisches Handeln im Sinne der Klinik gefordert. Tradierte hierarchische Strukturen und berufsgruppenorientiertes Denken werden aufgelöst.

Medizinische Spezialisierungen und die Optimierung von Prozessen führen zudem zu immer mehr Fachdisziplinen und zur weiteren Differenzierung von Tätigkeiten. (Füllgraf und Debatin 2006). Ständig fortschreitende Vertiefung des medizinischen Wissens, die Zunahme von diagnostischen und therapeutischen Möglichkeiten, neue Forschungsansätze und viele andere Einflüsse führen zu einer immer weiter fortschreitenden Arbeitsteilung, zu immer mehr, aber kleiner werdenden Abteilungen. Dies erhöht die Anzahl von Schnittstellen und damit auch die hiermit einhergehende Problematik, diese Schnittstellen zu koordinieren und zu organisieren, was die Gefahr von Desorganisation und einer Erhöhung der Fehlerquote mit sich bringt (Lohfert 2013).

4.1.1.1.7 Neue Behandlungsmethoden und Technologien in der Medizin

Technische und wissenschaftliche Weiterentwicklungen führen zu neuen Behandlungsmethoden und Technologien in der Medizin. Auch werden deren Innovationszyklen immer kürzer (Thiede und Gassel 2005). Das Angebot an medizinischen Leistungen wird ständig erweitert, was zum Anstieg der Fallzahlen beiträgt. Gleichzeitig sinken durch neue Behandlungsmethoden die Verweildauern (Reifferscheid u. a. 2015). Der medizinisch-technische Fortschritt wird so zu einem starken Treiber für Veränderungen (Walker 2015a, 155).

4.1.1.1.8 Medizin als Systemleistung

Traditionell ist ein Krankenhaus eine Organisation von unterschiedlichen, wenig vernetzten Experten. Die Medizin wird sich jedoch in Zukunft mehr und mehr zur hochvernetzten Systemleistung entwickeln, hauptsächlich bedingt durch den stetigen medizinisch-technischen Fortschritt, der zunehmend ein komplexes Zusammenspiel von Spezialisten, Technologien, Prozessen und Infrastrukturen voraussetzt sowie durch die Ökonomisierung der Medizin, die optimale und effiziente Prozessabläufe erfordert. Standardisierung wird so eine wichtige Voraussetzung für diesen Wandel. Schnittstellen sind risikobehaftet, wenn keine Standardisierung vorhanden ist (Walker 2015b).

Ein Wandel vom ärztezentrierten zum patientenzentrieten und prozessorientierten Krankenhaus ist erforderlich (Mentges 2006).

4.1.1.1.9 Informations- und Kommunikationstechnologie

Die informationstechnische Ausstattung eines Krankenhauses sowie das EDV-Funktionskonzept unterliegen einer stetigen Weiterentwicklung mit der Tendenz der umfassenden Digitalisierung hin zum papierlosen Krankenhaus (Greger 2006). Ziel der Entwickler ist es, europa- oder gar weltweit über alle wichtigen medizinischen Informationen eines Patienten digital verfügen zu können (Böhm 2006).

Digitale Daten eines Patienten von Untersuchungen, Diagnosen und Behandlungen aus verschiedenen medizinischen Einrichtungen können gespeichert, verknüpft und visualisiert werden. Es wird möglich, Untersuchungsergebnisse, unabhängig vom Ort der Untersuchung, auszuwerten und weltweit Expertenmeinungen einzuholen (Gassel 2006).

Die Entwicklung der Informations- und Kommunikationstechnologie und das Internet als Basistechnologie für die Datenkommunikation ermöglichen es, den Patienten in den Mittelpunkt der Medizin zu stellen. Traditionell ist die Rolle des Patienten passiv als Objekt der Behandlung. Über den Patienten wurden Daten gesammelt, ausgewertet und für eine bestmögliche Therapie genutzt. Er selber wurde aber immer nur als „zu behandelnde", nicht jedoch als selbst handelnde Person betrachtet. Heute jedoch sind Patienten mündige Konsumenten, proaktiv und informiert. Sie fordern Mitspracherecht, Qualitäten und sind oft auch bereit, selbst einen finanziellen Beitrag zu leisten (Folter 2007).

Die statistische Auswertung aller digitalen Patientendaten kann in einem weiteren Schritt zur Prozessoptimierung des Gesundheitswesens genutzt werden. Das Versorgungssystem könnte optimiert und die Investitionspräzision verbessert werden. Man kann somit von einer Industrialisierung des Gesundheitswesens durch digitale Prozesssteuerung sprechen. (Münch 2007).

Dabei hält die Digitalisierung gemäß eines Fachartikels im Krankenhaus-Report 2019 in Deutschland nur langsam Einzug und ca. 40 % der Krankenhäuser arbeiten im klinischen Bereich noch gar nicht bzw. kaum digital. (Stephani, Busse, und

Geissler 2019). Auch im EU-weiten Vergleich im Rahmen des European Hospital Survey – Benchmarking Deployment of eHealth Services (EHS) aus dem Jahr 2014, wird deutlich, dass die Ausprägungen der analysierten 13 Merkmale für Deutschland in vielen Bereichen sogar unter dem EU-Durchschnitt liegen und deutlich unter dem Standard von Estland, dem Land, mit dem nach der Logik dieser Untersuchung höchsten Krankenhaus-Digitalisierungsgrad.

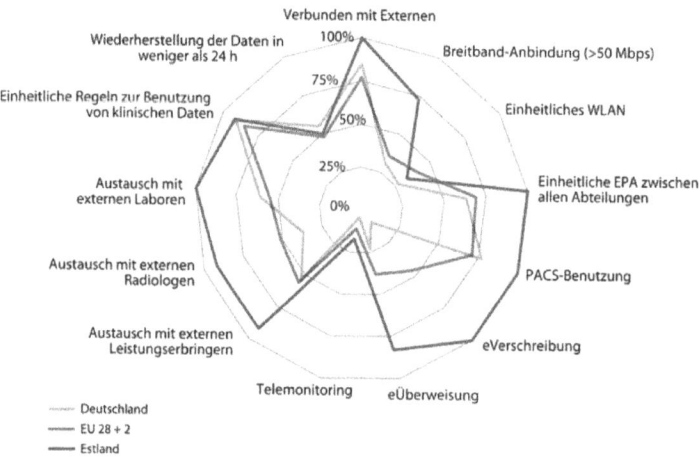

Abb. 13: EHS[8]-Ergebnisse der einzelnen Parameter in Deutschland, der EU und Estland (Benchmarking der Krankenhaus-IT: Deutschland im internationalen Vergleich, Krankenhaus-Report 2019, S. 28)

Gleichzeitig werden der Digitalisierung in der Gesundheitswirtschaft große betriebswirtschaftliche Chancen beigemessen, da so sinnvolle Prozessketten mit schnellen und flexiblen Informations- und Kommunikationsströmen gerade in multidisziplinären Behandlungsprozessen entwickelt werden können (Oswald und Goedereis 2019). Aufgrund dieser Schlussfolgerungen kann davon ausgegangen werden, dass dieser Bereich als Megatrend auch zukünftig von großer Bedeutung ist und die Prozesse und Abläufe im Krankenhaus maßgeblich verändern wird.

4.1.1.1.10 Umwelt- und Energieaspekte
Krankenhäuser haben aufgrund der spezifischen Anforderungen an die Versorgungstechnik betriebsbedingt einen hohen Energieverbrauch. Dem steht ein großes

---

8 European Hospital Survey – Benchmarking Deployment of eHealth Services: Von der EU-Kommission in Auftrag gegebener Bericht zur Ausbreitung und Analyse von eHealth in Krankenhäusern, basierend auf Krankenhausdaten der Jahre 2012 und 2013.

Einsparpotential gegenüber (Schmidt u. a. 2011). Die Ressourcenverknappung und damit einhergehend stetig steigende Energiekosten sind bereits seit Jahren Treiber für die Energieeffizienzsteigerung. So sind die Betriebskosten für Energie deutscher Krankenhäuser von 0,86 Mrd. € im Jahr 2000 auf 1,80 Mrd. € im Jahr 2009 angestiegen (Schmidt u. a. 2011). Gestiegene energetische Anforderungen an Gebäude kommen auch in der bundesdeutschen Gesetzgebung der letzten Jahre zum Ausdruck. So wurden durch die Einführung und mehrmalige Novellierung der Energieeinsparverordnung die Anforderungen an die thermische Gebäudehülle sowie an die Heiztechnik und die Verwendung regenerativer Energien erhöht. Bei Sanierungen sind auch bestehende Gebäude neuen Anforderungen anzupassen.

4.1.1.1.11 Veränderung technisch sicherheitsrelevanter Anforderungen

Veränderte Anforderungen auf den Gebieten des Brandschutzes, der Lüftungs- und Klimatechnik, der Hygiene und der Sicherheitstechnik bedingen bauliche und technische Anpassungen. Die normative und technische Entwicklung auf diesen Gebieten hat in den letzten Jahrzehnten eine kontinuierliche Entwicklung erfahren, was Niederschlag auch in gesetzlichen Regelungen gefunden hat. So erfüllen Bestandsgebäude oft nicht mehr die aktuellen brandschutztechnischen Anforderungen an Baustoffe oder Bauteile, was bei baulichen Änderungen zu einem bauordnungsrechtlichen Anpassungsverlangen führen kann (Geburtig 2014). Im Bereich der Raumluft- und Hygienetechnik wurde im Jahr 2008 die DIN 1946, Teil 4 – „Raumlufttechnische Anlagen in Gebäuden und Räumen des Gesundheitswesens" komplett überarbeitet (DIN Deutsches Institut für Normung e.V. 2008). Sie ersetzte damit die bis dahin gültige Norm aus dem Jahr 1999. Auch die VDI 6022 – Hygiene-Anforderungen an Raumlufttechnische Anlagen – eine Normenreihe, die als anerkannte Regel der Technik gilt, lag seit 2007 im Hauptteil in der 3. überarbeiteten Fassung vor (Verein Deutscher Ingenieure 2011). Alle Teile dieser Normenreihe wurden zudem in den Jahren 2011 bis 2018 sukzessive weiter überarbeitet, was beispielhaft die kontinuierliche Entwicklung in diesem Teilbereich der Gebäudetechnik zeigt.

4.1.1.2 Zusammenfassung der Megatrends

Die dargelegten Megatrends lassen sich in 2 Gruppen zusammengefasst darstellen:

Tab. 16: Megatrends als Einflüsse auf das Krankenhausgebäude

1.	Gesellschaftlich-/wirtschaftliche Megatrends	2.	Technologische Megatrends
1.1.	Demografischer Wandel	2.1	Neue Behandlungsmethoden
1.2.	Urbanisierung	2.2	Medizin als System

1.	Gesellschaftlich-/wirtschaftliche Megatrends	2.	Technologische Megatrends
1.3	Kundenerwartungen	2.3	Informations- und Kommunikationstechnologie
1.4	Wandel zum Wirtschaftsunternehmen	2.4	Umwelt- und Energieaspekte
1.5	Netzwerke	2.5	Technisch-, sicherheitsrelevante Anforderungen
1.6	Differenzierung von Berufsgruppen		

4.1.1.3 Mögliche Auswirkungen der Megatrends

Die beschriebenen Megatrends können Auswirkungen auf unterschiedliche Bereiche des Krankenhauses haben. Die im Folgenden aufgeführten Bereiche, die möglicherweise von den Auswirkungen betroffen sein könnten, wurden aus der Literatur abgeleitet:

4.1.1.3.1 Auswirkungen auf Personal- und Entscheidungsstrukturen

Auch in der Vergangenheit haben sich Veränderungen auf Personalstrukturen im Krankenhaus ausgewirkt. So führen Wischer und Riethmüller an, dass sich von 1960 bis 2002 die Anzahl der Pflegepersonen pro Bett vervierfacht hat, gleichzeitig haben sich neue Berufsfelder entwickelt, wie die Reinigung, die Wiederaufbereitung und Transportdienste, die früher der Pflege zugeordnet waren (Wischer und Riethmüller 2007b). Dabei ist im internationalen Vergleich der Gesamtwert des Krankenhauspersonals in Deutschland mit 47 Personen pro 1000 behandelten Fällen sehr gering (Zander, Köppen, und Busse 2017). Auch die Anforderungen an das Personal haben sich verändert, da vom medizinischen Personal oft Managementqualifikationen gefordert werden, was sich beispielsweise auch in einem großen, diesbezüglichen Fortbildungsangebot zeigt (Sailer 2007). Eine Studie im Auftrag der Robert-Bosch-Stiftung aus dem Jahr 2007 zeigt darüber hinaus auf, dass sich die Mitarbeiterstruktur aufgrund der Megatrends weiter verändern wird. So führt der demografische Wandel auch zu einem Anstieg an älteren Mitarbeitern. Parallel wird aufgrund eines allgemeinen gesellschaftlichen Wertewandels ein sich änderndes Verständnis der Balance zwischen Beruf und Privatleben prognostiziert (HWP Planungsgesellschaft mbH 2007). Abgeleitet wird in dieser Studie hieraus eine erforderliche Veränderung der Zusammenarbeit zwischen den unterschiedlichen Berufsgruppen, was mit der Schaffung von Teamkulturen, Dezentralisierung und neuen Arbeitsmodellen einhergeht.

Zusammenfassend kann aus diesen Betrachtungen gesagt werden, dass sich die Megatrends somit auf die **Personal- und Entscheidungsstrukturen** auswirken werden. Differenzierter betrachtet könnten Auswirkungen auf die **Mitarbeiterstruktur** und die **Mitarbeiterführung** die Folge sein.

4.1.1.3.2 Auswirkungen auf die Prozesse

Unterschiedliche Studien haben sich mit der Entwicklung der Krankenhausversorgung in Deutschland beschäftigt und Prognosen veröffentlicht. So wird prognostiziert, dass sich die aktuellen Trends auf Prozesse, allem voran auf die Behandlungsprozesse auswirken werden (Neubauer 2017). Auch lässt dabei ein Zusammenhang von Prozess- und Ergebnisqualität der Behandlung aufzeigen (Zander, Köppen, und Busse 2017). Dabei ist das Krankenhaus eine Organisation, die aus einer Vielzahl an Einzelexperten und Fachgebieten besteht. Forscher sehen das größte Problem in der Entwicklung von Systemlösungen für Prozesse unter Einbeziehung aller Experten, da die Behandlungsprozesse innerhalb der einzelnen Expertenbereiche oft gut organisiert seien, die Kommunikation und Entwicklung einer Systemleistung über den Einzelbereich hinaus aber oft problematisch sei (Walker 2015b). Auch reichen Prozesse vielfach über das einzelne Krankenhaus hinaus und werden durch Kooperationen und strategische Partnerschaften zu Netzwerkprozessen (Quante 2006). Somit lassen sich die Auswirkung von Veränderungen und Trends auf Prozesse differenzieren in Auswirkungen auf die **Kernprozesse** in den jeweiligen Expertenbereichen, auf die **Schnittstellenprozesse** zwischen den Expertenbereichen und auf die **Netzwerkprozesse**, die Leistungen außerhalb des Krankenhauses und die Vernetzung mit anderen Leistungsbereichen des Gesundheitsmarktes berücksichtigen.

4.1.1.3.3 Auswirkungen auf das Krankenausgebäude

Eine Vielzahl an Studien fordert seit vielen Jahren bei der Planung und dem Bau von Krankenhausgebäuden die Realisierung von möglichst offenen, anpassungsfähigen baulichen Strukturen, um auf Veränderungen reagieren zu können (Dirichlet, Labryga, und Poelzig 1987), (Wischer und Riethmüller 2007b). So werden Tragstrukturen auf ein notwendiges Minimum reduziert und der gesamte Innenausbau erfolgt heute bereits in der Regel in Leichtbauweise. Es wurden Maßordnungen, Raster und Standardabmessungen entwickelt, um das Gebäude auf Ausstattungen und Nutzungen sowie deren Veränderungen hin zu optimieren. Hinter dieser Forderung und den vielfach in der Praxis bereits umgesetzten Konstruktionsweisen steht die Erkenntnis, dass sich Trends und Veränderungen im Gesundheitswesen auch auf die baulichen Erfordernisse auswirken und gerade Massivbaustrukturen aus der Vergangenheit heute oft nur mit Mühen, hohen Kosten und teilweise mit Einschränkungen an aktuelle Bedürfnisse angepasst werden können.

Auch im Bereich der Gebäudetechnik werden durch neue Erkenntnisse, und Entwicklungen, sich dadurch ändernde Normen und Vorschriften, Anpassungen und Veränderungen erforderlich. Somit kann gesagt werden, dass sich auch die Megatrends möglicherweise auf das Krankenhausgebäude als Immobilie auswirken werden. Differenziert betrachtet könnten sie sich im einfachsten Fall lediglich auf die Möblierung und **Ausstattung**, im Weiteren auch auf die **Gebäudestruktur** und die **Gebäudetechnik** auswirken.

4.1.1.4 Zusammenfassung der Auswirkungen

Die dargelegten, aus der Literatur zusammengestellten möglichen Auswirkungen der Megatrends lassen sich wie folgt zusammengefasst darstellen:

Tab. 17: Auswirkungen der Megatrends

3.	Mögliche Auswirkungen der Megatrends auf				
3.1	das Krankenhausgebäude	3.2	Personal- und Entscheidungsstrukturen	3.3	Prozesse
3.1.1	die Gebäudestruktur	3.2.1	die Mitarbeiterstruktur	3.3.1	die Kernprozesse
3.1.2	die Gebäudetechnik	3.2.2	die Mitarbeiterführung	3.3.2	die Schnittstellen
3.1.3	die Ausstattung	3.2.3		3.3.3	die Netzwerke

Im Rahmen der einzelnen Experteninterviews wurden zur Überprüfung der erarbeiteten Struktur mit allen Experten die aufgeführten, Megatrends und deren mögliche Auswirkungen besprochen. Die Experten waren angehalten diese auf ihre Sinnhaftigkeit und Vollständigkeit zu prüfen. Im Rahmen des Interviews bestand zudem bei jeder Fragestellung die Möglichkeit Megatrends oder Auswirkungen zu ergänzen, die nach Auffassung des Experten nicht erfasst sind. Keiner der befragten Experten hat Ergänzungen vorgenommen. Die Sinnhaftigkeit wurde von allen Experten bestätigt.

4.1.1.5 Spezifika eines Krankenhausgebäudes

Darüber hinaus ist das Krankenhaus grundsätzlich eine spezifische Bauaufgabe, die auch ohne das Auftreten der aktuellen Megatrends eigene Spezifika und Charakteristika aufweist. Hans-Ulrich Riethmüller beschreibt das Krankenhaus als

> „Organismus, der kaum durch eine andere betriebliche Einrichtung an Komplexität und an Kompliziertheit übertroffen wird"

mit einer Vielzahl von medizinischen Fachgebieten, Betriebsorganismen, Dienstleistungs-Fachgebieten, fächerübergreifenden Funktionsstellen, Verflechtungen und Wechselwirkungen (Wischer und Riethmüller 2007b). Bereits 1961 bezeichnete Prof. Hassenpflug im „Handbuch für den neuen Krankenhausbau" das Krankenhaus als

> „eine kleine Stadt für sich"

mit vielen unterschiedlichen Nutzergruppen und Nutzungsbereichen (Vogler und Hassenpflug 1962). So analysieren Dirichlet, Labryga, Poelzig und Schlenzig in den 80er Jahren des vergangenen Jahrhunderts durchschnittlich 60 Betriebsstellen[9] mit unterschiedlichen Organisationsformen und Nutzern je Krankenhaus (Dirichlet, Labryga, und Poelzig 1987). Zusammenfassend lässt sich somit festhalten, dass die **Vielzahl der unterschiedlichen Nutzergruppen** und die **Vielzahl der unterschiedlichen Nutzungsbereiche** maßgebliche Spezifika der Bauaufgabe sind.

Allein aufgrund der Größe eines Krankenhausgebäudes und der Vielzahl der Nutzungsbereiche kann man von einer **komplexen Gebäudestruktur** sprechen. Die Größe und die spezielle Nutzung führen in den Landesgesetzgebungen zu hohen baulichen Anforderungen an Materialien, den baulichen und technischen Brandschutz, Erdbebensicherheit etc., was sich in den jeweiligen Landesbauordnungen der Bundesländer und den ergänzenden Normen zeigt. Diese Anforderungen und das bereits zuvor thematisierte Bestreben eine baulich anpassungsfähige Struktur zu errichten tragen weiter zur Komplexität der Gebäudestruktur bei.

Darüber hinaus ist kaum ein anderes Gebäude technisch so hoch installiert wie ein Krankenhaus. Zusätzlich zu der in nahezu allen Gebäuden erforderlichen Technik für die Beheizung, die Wasserversorgung, Entwässerung und die Elektroinstallation kommt im Krankenhaus eine aufwendige Lüftungs- und Klimatisierungstechnik mit unterschiedlichen Anforderungen an die Reinheit, bis hin zu Reinsträumen zum Einsatz (DIN Deutsches Institut für Normung e.V. 2018), (Deutsches Institut für Bautechnik (DIBt) 2016a)[10]. In der Elektrotechnik sind Sicherheitsstromversorgungen unterschiedlicher Kategorien und Ersatzstromversorgungsanlagen zu errichten, bis hin zu einer unterbrechungsfreien Stromversorgung in den sensibelsten Bereichen im Falle eines Netzausfalls (DIN Deutsches Institut für Normung e.V. 2012b), (Deutsches Institut für Bautechnik (DIBt) 2016b). Im Bereich der Sicherheitstechnik kommen flächendeckende Brandmeldeanlagen (DIN Deutsches Institut für Normung e.V. 2014), Feuerlöschanlagen (DIN Deutsches Institut für Normung e.V. 2012a), Gebäudefunkanlagen (AK VB/G der AGBF und des Fachausschusses Vorbeugender Brandschutz des DFV 2010), sowie Patientenrufsysteme (DIN Deutsches Institut für Normung e.V. 2016) zum Einsatz. Es werden eigene Netze mit medizinischen Gasen, wie Sauerstoff, Druckluft, Vakuum und Lachgas zur Patientenversorgung aufgebaut (DIN Deutsches Institut für Normung e.V. 2019). Nicht zuletzt wird oft hochempfindliche Medizintechnik mit sehr spezifischen Anforderungen, wie beispielsweise Mag-

---

[9] Als Betriebsstellen bezeichnen die Autoren die Zusammenfassung von Funktionseinheiten und notwendigen ergänzenden Räumen zur Durchführung ausgewählter (kombinierbarer) Leistungsspektren.

[10] Alle in diesem Kapitel zitierten technischen Normen sind lediglich als Beispiele zu verstehen. Die Anzahl der zu beachtenden Normen und Richtlinien in den einzelnen Bereichen ist weitaus größer und eine vollständige Auflistung ist Rahmen dieser Arbeit nicht möglich, auch da die zu beachtenden Normen von Bundesland zu Bundesland differieren können.

netresonanztomographen, Linearbeschleuniger etc. eingesetzt, deren Installation und Betrieb eigenes Expertenwissen erfordern. All dies zeigt, dass die Bauaufgabe Krankenhaus vom Grundsatz her bereits seit Jahrzehnten durch eine **komplexe Gebäudetechnik** charakterisiert ist.

Zusammenfassend lassen sich, wie an diesen Beispielen aufgeführt, aus der Literatur zum Krankenhausbau der vergangenen Jahrzehnte folgende Spezifika dieser Bauaufgabe darstellen:

Tab. 18: Spezifika der Bauaufgabe Krankenhaus

4.	Spezifika der Bauaufgabe
4.1	Komplexe Gebäudestruktur
4.2	Vielzahl an Nutzungsbereichen
4.3	Vielzahl an Nutzergruppen
4.4	Komplexe Gebäudetechnik

Im Rahmen der einzelnen Experteninterviews wurde mit allen Experten die erarbeiten, zusammengefassten Spezifika der Bauaufgabe besprochen. Die Experten waren angehalten die Spezifika der Bauaufgabe auf ihre Sinnhaftigkeit und Vollständigkeit zu prüfen. Im Rahmen des Interviews bestand zudem bei jeder Fragestellung die Möglichkeit Spezifika zu ergänzen, die nach Auffassung des Experten nicht erfasst sind. Keiner der befragten Experten hat Ergänzungen vorgenommen. Die Sinnhaftigkeit wurde von allen Experten bestätigt.

4.1.1.6 Ableitung der Entscheidungsmatrix

Aus diesen Spezifika der Bauaufgabe, den aktuellen Megatrends und deren möglichen Auswirkungen wurde die nachfolgende Entscheidungsmatrix für das AHP-Verfahren abgeleitet.

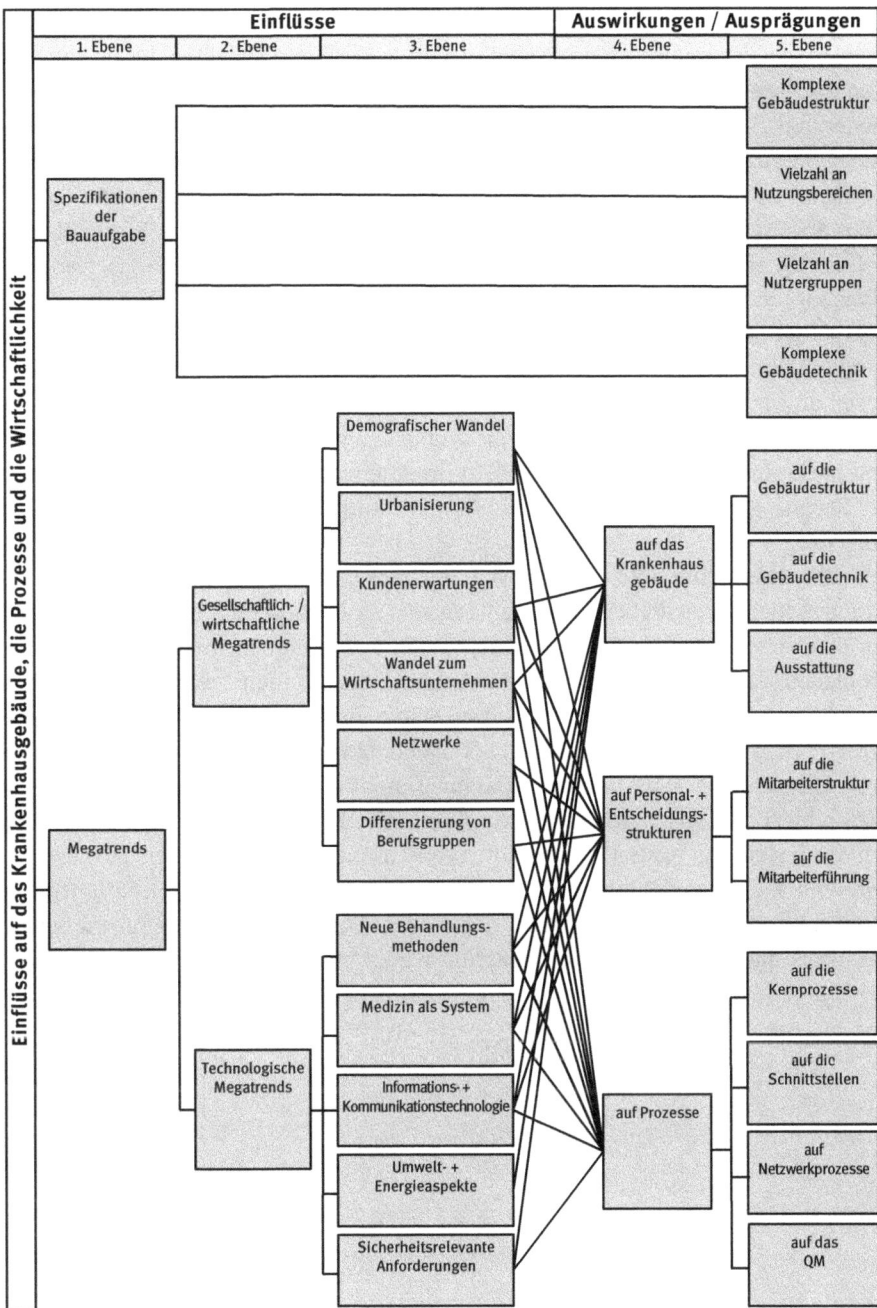

Abb. 14: Entscheidungsmatrix für die AHP-Methode in Experteninterviewserie 1, eigene Darstellung

In der 1. Ebene stehen die beiden großen Sammelbegriffe, welche die Bauaufgabe Krankenhaus charakterisieren. Zum einen die besonderen Spezifika dieser Aufgabe, zum anderen die aus der Literatur identifizierten Megatrends. Die Ebenen 2 und 3 dienen der Differenzierung und Strukturierung der Megatrends, während in der 4. Ebene die Auswirkungen der Megatrends auf das Krankenhaus stehen. Dabei sind die Elemente der 3. und 4. Ebene nicht immer alle miteinander verbunden, da sich nicht alle Megatrends signifikant auf das Krankenhausgebäude, die Personal- und Entscheidungsstrukturen oder die Prozesse auswirken und somit teilweise vernachlässigbar sind. Ob eine signifikante Abhängigkeit vorliegt, wurde im Rahmen des 1. Experteninterviews abgefragt. Lediglich wenn mindestens 50% der befragten Experten eine signifikante Abhängigkeit zwischen 2 Elementen sahen, wurde diese Beziehung in die Hierarchie übernommen. Die Ergebnisse der Expertenbefragung zur Ermittlung der signifikanten Abhängigkeiten zwischen Ebene 3 und 4 sind in den nachfolgenden Tabellen gezeigt. In der 5. Ebene werden sowohl die Spezifika der Bauaufgabe als auch die ermittelten Auswirkungen der Megatrends weiter differenziert.

Diese Hierarchie stellt ein stark vereinfachtes und idealisiertes Abbild der Realität dar, sodass sie lediglich als Grundlage zum systematischen, besseren Verständnis der Sachlage und zur Entwicklung möglicher Optionen, nicht zur konkreten Problemlösung zu verstehen ist. In Abwandlung zu den zuvor beschriebenen Grundlagen zum AHP werden in dieser Matrix in der untersten Hierarchieebene keine Alternativen, sondern ebenfalls Teilziele bzw. Zielkriterien erfasst[11]. Es handelt sich somit um eine Datenanalyse mit Durchführung einer Synthese auf jeder Hierarchieebene, so als betrachte man Alternativen zur vorherigen Hierarchiestufe, um die Bedeutung jedes Elementes in Bezug auf die übergeordneten Elemente zu ermitteln. Ziel ist es aus diesen Erkenntnissen Vorgehensweisen zur Bedarfsplanung unter besonderer Berücksichtigung der maßgeblichen Zielkriterien zu erarbeiten. Auf Basis dieser Entscheidungshierarchie wurde ein Interviewleitfaden erarbeitet, der Paarvergleiche der Einzelkriterien auf allen Ebenen der Matrix beinhaltet.

---

11 Ein solcher Einsatzbereich der AHP-Methode als Übertragungsbeispiel in die Praxis wird von Meixner und Haas erläutert (Meixner und Haas 2015)

Tab. 19: Beurteilung vorhandener, signifikanter Auswirkungen der Megatrends auf das Krankenhausgebäude durch Experten

Megatrends	Expertenwertung: Signifikante Auswirkung der Megatrends auf das KRANKENHAUSGEBÄUDE Experte Nr.														SUMME	Auswirkung
	1	2	3	4	5	6	7	8	9	10	11	12	13	14		
Demografischer Wandel	1[12]	0[13]	1	1	1	0	1	0	0	1	1	0	0	0	7	JA
Urbanisierung	0	1	0	1	1	0	0	1	0	0	1	0	0	0	5	NEIN
Kundenerwartungen	1	1	1	1	1	1	1	1	1	1	1	1	1	1	14	JA
Wandel zum Wirtschaftsunternehmen	1	0	1	1	1	1	1	1	1	1	0	1	1	1	12	JA
Netzwerke	1	0	1	1	1	0	0	0	1	0	1	0	0	0	6	NEIN
Differenzierung der Berufsgruppen	1	0	0	0	0	0	0	0	0	0	0	0	0	0	1	NEIN
Neue Behandlungsmethoden	1	1	1	1	0	1	1	1	1	0	1	1	1		12	JA
Medizin als System	1	1	1	0	0	1	1	0	0	1	0	1	1	1	9	JA
Informations- und Kommunikationstechnologie	1	0	1	1	0	1	0	0	1	0	1	1	1	1	9	JA
Umwelt- und Energieaspekte	1	1	1	1	1	1	1	1	1	1	1	1	1	1	14	JA
Technisch-sicherheitsrelevante Anforderungen	1	1	1	1	1	1	1	0	0	1	1	0	1	1	11	JA

---

[12] Der Wert „1" steht für die Existenz einer signifikanten Auswirkung.
[13] Eine Bewertung mit „0" bezeichnet die Einschätzung, dass keine signifikante Auswirkung gesehen wird.

Tab. 20: Beurteilung vorhandener, signifikanter Auswirkungen der Megatrends auf Personal- und Entscheidungsstrukturen durch Experten

Megatrends	Expertenwertung: Signifikante Auswirkung der Megatrends auf PERSONAL- UND ENTSCHEIDUNGSSTRUKTUREN Experte Nr.														SUMME	Auswirkung
	1	2	3	4	5	6	7	8	9	10	11	12	13	14		
Demografischer Wandel	1	1	1	1	1	1	1	1	1	1	1	0	1	1	13	JA
Urbanisierung	0	1	0	1	0	0	0	1	0	1	1	0	0	0	5	NEIN
Kundenerwartungen	1	1	1	1	1	0	1	0	0	1	1	1	0	0	9	JA
Wandel zum Wirtschaftsunternehmen	1	1	1	1	1	1	1	0	1	1	1	1	1	1	13	JA
Netzwerke	1	1	1	1	1	0	1	1	1	1	0	1	1	1	12	JA
Differenzierung der Berufsgruppen	1	1	0	1	1	1	1	1	1	1	1	1	1	1	13	JA
Neue Behandlungsmethoden	1	1	1	1	1	0	1	1	0	1	1	1	1	1	12	JA
Medizin als System	1	1	1	0	1	0	0	1	0	1	1	0	1	1	9	JA
Informations- und Kommunikationstechnologie	1	1	1	1	0	0	0	0	1	1	1	1	0	0	8	JA
Umwelt- und Energieaspekte	0	0	0	0	0	0	0	0	0	0	0	0	0	0	0	NEIN
Technisch-sicherheitsrelevante Anforderungen	1	0	0	0	1	0	0	1	0	0	0	0	0	0	3	NEIN

Tab. 21: Beurteilung vorhandener, signifikanter Auswirkungen der Megatrends auf Prozesse durch Experten

Megatrends	\multicolumn{14}{c	}{Expertenwertung: Signifikante Auswirkung der Megatrends auf PROZESSE Experte Nr.}	SUMME	Auswirkung
	1	2	3	4	5	6	7	8	9	10	11	12	13	14		
Demografischer Wandel	1	1	1	1	0	1	1	1	1	1	1	0	1	1	12	**JA**
Urbanisierung	1	1	0	0	0	0	0	0	0	0	1	0	0	0	3	**NEIN**
Kundenerwartungen	1	1	1	1	1	1	1	0	1	1	1	1	1	1	13	**JA**
Wandel zum Wirtschaftsunternehmen	1	1	1	1	1	1	1	1	0	1	1	1	1	1	13	**JA**
Netzwerke	1	1	1	1	1	0	1	1	1	1	1	1	1	1	13	**JA**
Differenzierung der Berufsgruppen	1	1	0	1	1	1	1	1	0	1	1	1	1	1	12	**JA**
Neue Behandlungsmethoden	1	1	1	1	1	1	1	1	0	1	1	1	1	1	13	**JA**
Medizin als System	1	1	1	1	1	1	1	1	0	1	1	1	1	1	13	**JA**
Informations- und Kommunikationstechnologie	1	1	1	1	1	1	1	1	1	1	1	1	1	1	14	**JA**
Umwelt- und Energieaspekte	0	0	0	0	0	0	1	0	0	0	0	0	0	0	1	**NEIN**
Technisch-sicherheitsrelevante Anforderungen	1	0	0	1	1	1	1	1	0	0	0	0	1	1	8	**JA**

4.1.2 Experteninterviewserie 1 – Auswahl der Experten

Als Experten werden Personen benötigt, die eine fundierte Einschätzung zu aktuellen Entwicklungen im Gesundheitsmarkt abgeben können und die in der Lage sind, die Auswirkungen dieser Entwicklungen auf die Prozesse im Gebäude und auf das Gebäude selbst einzuschätzen.

Als geeignete Personen wurden 3 Personengruppen ausgewählt:
- Kaufmännische Geschäftsführer / Direktoren
- Technische Geschäftsführer / Direktoren
- Im Krankenhaussektor tätige Berater und Bedarfsplaner

Kaufmännische Geschäftsführer eines Hauses oder einer Trägergesellschaft wurden gewählt, da sie die Wirtschaftlichkeit des gesamten Unternehmens im Fokus haben müssen und somit auch maßgeblich an effizienten Prozessabläufen in allen Bereichen interessiert sind. Darüber hinaus initiieren und begleiten diese Personen in der Regel auch Bauprojekte und Veränderungsprozesse.

Bei **technischen Geschäftsführern** kann von den gleichen Grundlagen ausgegangen werden, jedoch liegt der Fokus mehr auf dem Gebäude, was gerade für die Beurteilung von Grundlagen für eine bauliche Bedarfsplanung zielführend ist. Gleichwohl muss auch dieser Personenkreis das Gesamtunternehmen betrachten und ist mit verantwortlich für den Gesamterfolg, sodass von einem Urteilsvermögen für die Gesamtsituation ausgegangen werden kann. Vor diesem Hintergrund war es bei der Auswahl der Experten dieser Gruppe entscheidend, dass die Personen tatsächlich Geschäftsführungsverantwortung tragen. Technische Leiter, wie in vielen Unternehmen üblich, die jedoch nicht Mitglied der Geschäftsführung bzw. des Direktoriums sind, wurden nicht befragt.

Beide Personengruppen, kaufmännische und technische Geschäftsführer, haben eventuell den Nachteil, dass der Blick möglicherweise sehr auf die individuelle Situation des eigenen Unternehmens oder Hauses fokussiert sein könnte, was die Beurteilung von Entwicklungen vor diesem Hintergrund möglicherweise beeinflusst. Aus diesem Grund wurde eine dritte Personengruppe befragt, die genau diesen Nachteil nicht mitbringt.

Im Gesundheitswesen tätige **Berater und Bedarfsplaner** sind in der Regel überregional für unterschiedlichste Kunden tätig, sodass sie einen breiten Überblick über die Branche und die unterschiedlichsten Entwicklungen, Auswirkungen und Problemlagen besitzen. Da dieser Personenkreis jedoch nach erfolgter Beratung die Umsetzung der Projekte und die Erfahrungen im späteren täglichen Betrieb oft nicht kennt, wurde eine Befragung aller drei beschriebenen Personengruppen durchgeführt. So sollen die Einflüsse der Nachteile der einzelnen Gruppen möglichst minimiert werden. Experten aus den Bereichen des ärztlichen oder pflegerischen Dienstes im Krankenhaus wurden nicht befragt, da diese Personengruppen aufgrund der zunehmenden Spezialisierung der Disziplinen das Risiko aufweisen, dass ihre Einschätzung von der individuellen Fachdisziplin geprägt ist und somit weniger das Krankenhaus als Gesamtsystem im Fokus der Expertenerfahrung steht. Die befragten Experten setzen sich wie folgt zusammen:

Tab. 22: Expertenauswahl für Experteninterview 1

Nr.	Expertengruppe Bezeichnung	Anzahl der befragten Experten dieser Gruppe
1	Kaufmännische Geschäftsführer / Direktoren	5
2	Technische Geschäftsführer / Direktoren	3
3	Berater und Bedarfsplaner im Gesundheitswesen	6

Die Anzahl der Experten je Gruppe sowie auch die Geschlechterverteilung innerhalb der Experten ergaben sich dabei aus der Verfügbarkeit und der Bereitschaft der Experten. Von den insgesamt 14 befragten Experten waren 5 weiblich und 9 männlich. Es wurden keine Anforderungen an die Experten bezüglich des Alters oder der Berufserfahrung gestellt. Bei den Expertengruppen 1 und 2 kann aufgrund der Position von einer ausreichenden Berufserfahrung ausgegangen werden. Bei Expertengruppe 3 wurden ausschließlich Geschäftsführer, Firmeninhaber oder leitende Mitarbeiter ausgewählt, um ein ausreichendes Expertenwissen sicherzustellen.

Um eventuell denkbare regionsspezifische Einflüsse möglichst zu minimieren, wurden Experten aus unterschiedlichen Regionen Deutschlands befragt. Diese Vorgehensweise ist bei der Expertengruppe der Bedarfsplaner im Krankenhausbau weniger relevant, da sie in der Regel überregional tätig sind. Dabei ist anzumerken, dass die räumliche Verteilung und Anzahl der Experten nicht aus statistischen Vorgaben, wie beispielsweise der Krankenhausdichte, der Verteilung der Häuser über die Bundesländer etc. abgeleitet wurde, sondern lediglich aus der Verfügbarkeit und Bereitschaft von fachlich geeigneten Experten resultiert. Die Ergebnisse sind somit vor diesem Hintergrund zu bewerten. Es hat sich im Zuge der Durchführung der Interviews jedoch herausgestellt, dass das Ungleichgewicht der Expertengruppen mit 9 Personen aus der Führung von Krankenhäusern und 6 Personen aus dem Bereich der Berater und Bedarfsplaner, sowie die Geschlechterverteilung kein signifikantes Problem darstellen, da sich in der Auswertung der Interviews keine gruppenbezogenen oder geschlechterspezifischen Muster in der Bewertung zeigen.

Die nachfolgende Tabelle zeigt die regionale Verteilung sowie die Größe der Krankenhäuser, für welche die jeweiligen Experten der Expertengruppen 1 und 2 Verantwortung tragen, bzw. in den letzten 5 Jahren vor dem Zeitpunkt des Experteninterviews getragen haben. Als Indikator für die Größe eines Hauses wird die aufgestellte Anzahl an Patientenbetten angegeben, da die Bettenanzahl ein Indikator für die Kapazität eines Krankenhauses und damit auch für die Größe, Komplexität und Erfordernis aller für den Betrieb erforderlicher Prozesse und Eigenschaften ist. Letztlich ist die Anzahl der aufgestellten Betten auch eine Größe, die in der Krankenhausplanung der Bundesländer statistisch erfasst und damit dokumentiert ist.

Tab. 23: Expertengruppe kaufmännische / technische Geschäftsführer und jeweilige Bettenanzahl in deren Verantwortungsbereich

Kaufmännischer / technischer Geschäftsführer Nr.[14]	Typ des Trägers Ö – Öffentlich P – Privat F – Freigemeinnützig	Bettenanzahl[15] der Häuser im Verantwortungsbereich des jeweiligen Experten	Land / Bundesland
1	P	160	Nordrhein-Westfalen
		168	
		236	
2	Ö	472	Schweiz, Kanton Aargau
3	P/F	530	Nordrhein-Westfalen
4	Ö	284	Baden-Württemberg
		466	
		200	
		226	
		150	
		239	
5	Ö	350	Niedersachsen
		283	
		258	
6	F	502	Niedersachsen
7	Ö/F	520[16]	Rheinland-Pfalz
		292[16]	

---

14 Die Namen der Experten und der Krankenhäuser wurden anonymisiert und werden nicht genannt.
15 Die aufgeführte Bettenanzahl ist, soweit nicht anders angegeben, dem jeweiligen Landeskrankenhausplan entnommen. Es handelt sich somit um die von staatlicher Seite geführte „Planbettenzahl". Die tatsächlich vor Ort vorhandene Bettenanzahl kann leicht differieren.
16 Die Bettenanzahl ist nicht gesondert im Landeskrankenhausplan ausgewiesen, da das Haus Teil eines Krankenhauses mit mehreren Betriebsstätten ist.

Kaufmännischer / technischer Geschäftsführer Nr.[14]	Typ des Trägers Ö – Öffentlich P – Privat F – Freigemeinnützig	Bettenanzahl[15] der Häuser im Verantwortungsbereich des jeweiligen Experten	Land / Bundesland
		269	
		141	
		60	
8	Ö	474[17]	Hessen
		100[10]	
		45[10]	

Wie die Auflistung darüber hinaus zeigt, wurden Experten aus unterschiedlichen Bereichen (öffentliche, private und freigemeinnützige Träger) und mit Verantwortung für unterschiedlich große Krankenhäuser befragt, um auch träger- oder größenspezifische Einflüsse möglichst zu egalisieren. Aufgrund der Verfügbarkeit und Bereitschaft von Experten bildet diese Personenauswahl jedoch weder die statistische Verteilung der Krankenhäuser nach Größen, noch nach Art der Trägerschaft ab. Bei der Interpretation der Ergebnisse ist dies entsprechend zu werten bzw. zu berücksichtigen. Da sich jedoch auch in diesen Sachverhalten bei der Auswertung der Interviews keine trägerspezifischen oder größenspezifischen Muster zeigen, kann davon ausgegangen werden, dass der fehlende Bezug zur statistischen Verteilung kein signifikantes Problem darstellt.

Auch ist zu erkennen, dass keine Personen, die für Krankenhäuser mit mehr als 600 Betten Verantwortung tragen, befragt wurden. Da diese Gebäudeklasse lediglich einen Anteil von ca. 11% an den allgemeinen Krankenhäusern in Deutschland besitzt, wird davon ausgegangen, dass der mögliche Einfluss größenspezifischer Beurteilungen entsprechend gering ist und somit vernachlässigt werden kann.

---

17 Angaben gem. Krankenhausträger auf eigener Homepage am 01.11.2019

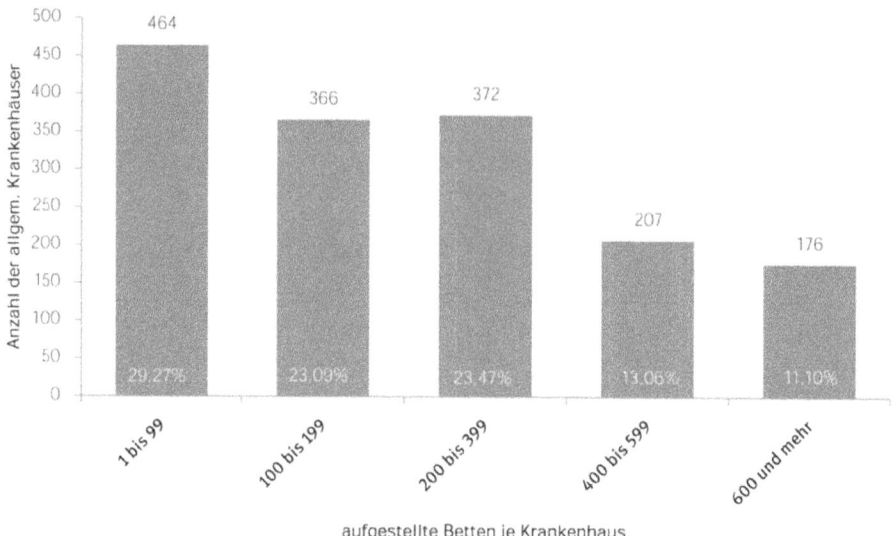

Abb. 15: Anzahl der allgemeinen Krankenhäuser nach Bettengrößenklassen (Grunddaten der Krankenhäuser 2018, Statistisches Bundesamt Wiesbaden 2020, S. 19)

4.1.3 Experteninterviewserie 1 – Durchführung der Interviews

Die Expertenbefragungen wurden im Zeitraum von März 2018 bis Mai 2019 durchgeführt. Die Befragung erfolgte auf Basis eines Interviewleitfadens, der als Anhang B beigefügt ist. Aufgrund der Komplexität der Materie und zur Gewährleistung eines im Sinne der Arbeit korrekten Verständnisses der Fragen, wurden alle Interviews als persönliche Befragung vom Autor durchgeführt.

4.1.4 Experteninterviewserie 1 – Ergebnisse

4.1.4.1 Befragungsergebnisse und lokale Gewichtungen

1. Ebene, Paarvergleich 1 – Spezifikationen der Bauaufgabe Krankenhaus und der Einfluss von Megatrends

Im Paarvergleich der 1. Ebene wurde erfragt, welchen Einfluss die aktuellen Megatrends auf Prozesse und auf die Wirtschaftlichkeit im Krankenhaus haben, im Vergleich zu den grundsätzlichen Spezifika dieser Bauaufgabe, inwiefern also diese seit Jahrzehnten vorhandenen Eigenschaften von den aktuellen Veränderungen überlagert bzw. beeinflusst werden.

Tab. 24: Ergebnisse mit lokalen Gewichten des Paarvergleichs 1 – 1. Ebene

Expertengruppe	Experte Nr.	Spezifikationen der Bauaufgabe	Megatrends
1	1	83,33 %	16,67 %
	2	16,67 %	83,33 %
	3	25,00 %	75,00 %
	4	16,67 %	83,33 %
	5	75,00 %	25,00 %
2	6	25,00 %	75,00 %
	7	16,67 %	83,33 %
	8	25,00 %	75,00 %
3	9	16,67 %	83,33 %
	10	87,50 %	12,50 %
	11	83,33 %	16,67 %
	12	75,00 %	25,00 %
	13	75,00 %	25,00 %
	14	83,33 %	16,67 %
	Ø	50,30 %	49,70 %

Im Ergebnis wird den aktuellen Megatrends nahezu der gleiche Einfluss auf die Prozesse und die Wirtschaftlichkeit im Krankenhaus beigemessen wie den ureigenen Spezifika des Krankenhauses. Da alle Experten einen Schwerpunkt setzen, jeweils 7 bei Spezifika der Bauaufgabe und 7 bei Megatrends, zeigt das Ergebnis auch, dass je nach individueller Wahrnehmung und Situation, der Einfluss der Megatrends unterschiedlich beurteilt wird.

2. Ebene, 1. Paarvergleich - Kategorien der Megatrends

Die Megatrends lassen sich in 2 Gruppen zusammenfassen, die gesellschaftlich-wirtschaftlichen und die technischen Megatrends. Im Paarvergleich der 2. Ebene wird erfragt, wie groß der Einfluss der jeweiligen Gruppe eingeschätzt wird.

Tab. 25: Ergebnisse mit lokalen Gewichten des Paarvergleichs 1 – 2. Ebene

Expertengruppe	Experte Nr.	Gesellschaftlich-/wirtschaftliche Megatrends	Technische Megatrends
1	1	87,50 %	12,50 %
	2	75,00 %	25,00 %
	3	75,00 %	25,00 %
	4	50,00 %	50,00 %
	5	88,89 %	11,11 %
2	6	16,67 %	83,33 %
	7	75,00 %	25,00 %
	8	75,00 %	25,00 %
3	9	75,00 %	25,00 %
	10	50,00 %	50,00 %
	11	83,33 %	16,67 %
	12	75,00 %	25,00 %
	13	80,00 %	20,00 %
	14	87,50 %	12,50 %
	∅	70,99 %	29,01 %

Im Ergebnis wird den gesellschaftlich-/wirtschaftlichen Megatrends ein deutlich höheres Gewicht beigemessen als den technischen Megatrends. Dieses Ergebnis spiegelt sich ebenfalls in nahezu allen Einzelbewertungen wieder, da lediglich ein Experte den technischen Megatrends eine höhere Bedeutung beigemessen hat.

3. Ebene, 1. Paarvergleich – Gesellschaftlich-/wirtschaftliche Megatrends
In der Gruppe der gesellschaftlich-/wirtschaftlichen Megatrends wurde die Einflusstiefe nachfolgend aufgeführter Einzeltrends miteinander verglichen.

Tab. 26: Ergebnisse mit lokalen Gewichten des Paarvergleichs 1 – 3. Ebene

Expertengruppe	Experte Nr.	Demografischer Wandel	Urbanisierung	Kundenerwartungen	Wandel zum Wirtschaftsunternehmen	Netzwerke	Differenzierung von Berufsgruppen
1	1	Wertung inkonsistent[18]					
	2	6,00 %	2,88 %	37,77 %	21,28 %	17,73 %	14,34 %
	3	5,99 %	2,79 %	20,76 %	28,48 %	15,28 %	26,71 %
	4	28,72 %	14,57 %	32,16 %	13,06 %	6,49 %	5,09 %
	5	22,13 %	2,91 %	27,86 %	37,51 %	5,70 %	3,89 %
2	6	20,70 %	7,80 %	8,29 %	16,53 %	35,01 %	11,67 %
	7	16,78 %	2,96 %	27,38 %	25,70 %	21,56 %	5,61 %
	8	47,28 %	5,28 %	15,09 %	21,78 %	5,28 %	5,28 %
3	9	13,55 %	14,55 %	4,65 %	31,32 %	29,63 %	6,28 %
	10	7,38 %	3,72 %	41,63 %	19,57 %	22,85 %	4,85 %
	11	Wertung inkonsistent					
	12	15,71 %	3,72 %	15,84 %	43,01 %	15,52 %	9,20 %
	13	21,86 %	8,20 %	30,32 %	18,20 %	14,91 %	6,51 %
	14	Wertung inkonsistent					
	Ø	18,74 %	6,30 %	23,80 %	25,13 %	17,00 %	9,04 %

Im Ergebnis liegt die größte Gewichtung auf den Kundenerwartungen (23,80 %) und dem Wandel zum Wirtschaftsunternehmen (25,13 %), denen somit die größte Bedeutung beigemessen wird. Auch der Netzwerkbildung (17,00 %) und dem demografischen Wandel (18,74 %) wird ein deutlicher Einfluss beigemessen, während der Urbanisierung (6,30 %) und der Differenzierung der Berufsgruppen (9,04 %) nur eine sehr geringe Bedeutung zukommt.

3. Ebene, 2. Paarvergleich – technische Megatrends

In der Gruppe der technischen Megatrends wurde die Einflusstiefe nachfolgend aufgeführter Einzeltrends miteinander verglichen.

---

[18] Inkonsistente Ergebnisse sind widersprüchlich und nicht ausreichend konsistent im Sinne der in Kapitel 2 definierten zulässigen Grenzen. Sie werden somit bei der Auswertung nicht berücksichtigt.

Tab. 27: Ergebnisse mit lokalen Gewichten des Paarvergleichs 2 – 3. Ebene

Expertengruppe	Experte Nr.	Neue Behandlungsmethoden	Medizin als System	Informations- und Kommunikationstechnologie	Umwelt- und Energieaspekte	Technische- sicherheitsrelevante Anforderungen
1	1	11,56 %	39,52 %	39,52 %	4,62 %	4,79 %
	2	11,09 %	17,08 %	18,53 %	3,43 %	49,86 %
	3	18,48 %	38,63 %	34,32 %	4,29 %	4,29 %
	4	35,70 %	11,69 %	40,25 %	7,64 %	4,72 %
	5	30,41 %	3,53 %	39,24 %	3,64 %	23,18 %
2	6	9,62 %	12,86 %	64,40 %	4,21 %	8,91 %
	7	16,18 %	30,51 %	36,12 %	8,19 %	8,79 %
	8	22,37 %	3,79 %	30,52 %	12,79 %	30,52 %
3	9	31,54 %	31,54 %	25,86 %	3,05 %	8,00 %
	10					
	11	12,95 %	32,26 %	13,93 %	4,69 %	36,18 %
	12	19,66 %	35,53 %	22,57 %	4,33 %	17,92 %
	13	29,71 %	7,21 %	31,19 %	3,67 %	28,23 %
	14	31,03 %	12,18 %	24,53 %	4,53 %	27,73 %
	Ø	21,56 %	21,26 %	32,40 %	5,31 %	23,61 %

Im Ergebnis wird die Einflusstiefe der technischen Megatrends von den einzelnen Experten sehr unterschiedlich beurteilt. In Summe haben die neuen Behandlungsmethoden (21,56 %), die Medizin als System (21,26 %) und auch technisch-sicherheitsrelevante Anforderungen (23,61 %) signifikante Einflüsse. Der Informations- und Kommunikationstechnologie (32,40 %) wird der mit Abstand größte Einfluss beigemessen. Umwelt- und Energieaspekte (5,31 %) werden von nahezu allen Experten gering bewertet und haben den kleinsten, fast vernachlässigbaren Einfluss.

4. Ebene, 1. Paarvergleich – Auswirkungen der Megatrends auf Bereiche des Krankenhauses

In der 4. Hierarchieebene wird abgefragt, auf welche Bereiche des Krankenhauses sich die unterschiedlichen Megatrends auswirken.

Tab. 28: Ergebnisse mit lokalen Gewichten des Paarvergleichs 1 – 4. Ebene

Expertengruppe	Experte Nr.	Auf das Krankenhausgebäude	Auf Personal- und Entscheidungsstrukturen	Auf Prozesse
1	1	13,99 %	57,36 %	28,64 %
	2	Wertung inkonsistent		
	3	9,09 %	45,45 %	45,45 %
	4	7,38 %	28,28 %	64,34 %
	5	37,48 %	56,21 %	6,32 %
2	6	21,14 %	10,22 %	68,64 %
	7	21,14 %	10,22 %	68,64 %
	8	33,33 %	33,33 %	33,33 %
3	9	10,62 %	26,05 %	63,33 %
	10	30,33 %	8,97 %	60,70 %
	11	23,16 %	7,19 %	69,65 %
	12	7,19 %	23,16 %	69,65 %
	13	23,11 %	10,38 %	66,51 %
	14	65,55 %	15,78 %	18,67 %
	Ø	23,35 %	25,58 %	51,07 %

Im Ergebnis liegt der eindeutige Schwerpunkt der Auswirkungen auf den Prozessen (51,07 %). Die große Mehrzahl der Experten beurteilt dies so, während die Einflüsse der Megatrends auf das Krankenhausgebäude (23,35 %) und auf Personal- und Entscheidungsstrukturen (25,58 %) sehr unterschiedlich beurteilt werden.

5. Ebene, 1. Paarvergleich – Spezifikationen der Bauaufgabe Krankenhaus
Die einzelnen Spezifika des Krankenhauses als Bauaufgabe wurden in ihrer jeweiligen Einflusstiefe auf das Krankenhausgebäude, die Prozesse und die Wirtschaftlichkeit hin im Paarvergleich untersucht.

Tab. 29: Ergebnisse mit lokalen Gewichten des Paarvergleichs 1 – 5. Ebene

Expertengruppe	Experte Nr.	Komplexe Gebäudestruktur	Vielzahl an Nutzungsbereichen	Vielzahl an Nutzergruppen	Komplexe Gebäudetechnik
1	1	42,39 %	16,19 %	4,49 %	36,92 %
	2	Wertung inkonsistent			
	3	13,02 %	22,40 %	48,44 %	16,15 %
	4	48,22 %	23,43 %	15,22 %	13,13 %
	5	31,70 %	45,59 %	18,88 %	3,83 %
2	6	52,31 %	19,63 %	15,17 %	12,89 %
	7	9,89 %	23,86 %	50,73 %	15,52 %
	8	5,17 %	36,71 %	39,21 %	18,90 %
3	9	4,77 %	17,57 %	55,61 %	22,05 %
	10	4,70 %	36,48 %	45,41 %	13,41 %
	11	17,13 %	17,13 %	60,65 %	5,09 %
	12	40,79 %	6,69 %	11,7 %	40,79 %
	13	50,74 %	8,20 %	31,44 %	9,63 %
	14	38,89 %	38,89 %	15,35 %	6,87 %
	Ø	27,67 %	24,06 %	31,72 %	16,55 %

Im Ergebnis wird die Einflusstiefe der unterschiedlichen Spezifika von den einzelnen Experten sehr unterschiedlich bewertet. Die Vielzahl der unterschiedlichen Nutzergruppen hat mit einer Gewichtung von 31,72 % die höchste Bewertung. Ihr wird somit die höchste Bedeutung beigemessen. In der komplexen Gebäudetechnik wird mit 16,55 % die eindeutig kleinste Bedeutung gesehen.

5. Ebene, 2. Paarvergleich – Auswirkungen der Megatrends auf das Krankenhausgebäude

Im Paarvergleich wurde untersucht, auf welche Bereiche des Krankenhauses die Megatrends sich auswirken.

Tab. 30: Ergebnisse mit lokalen Gewichten des Paarvergleichs 2 – 5. Ebene

Expertengruppe	Experte Nr.	Auf die Gebäudestruktur	Auf die Gebäudetechnik	Auf die Ausstattung
1	1	10,62 %	63,33 %	26,05 %
	2	20,00 %	20,00 %	60,00 %
	3	68,64 %	21,14 %	10,22 %
	4	Wertung inkonsistent		
	5	47,37 %	5,26 %	47,37 %
2	6	21,14 %	68,64 %	10,22 %
	7	13,99 %	57,36 %	28,64 %
	8	38,73 %	44,29 %	16,98 %
3	9	10,22 %	68,64 %	21,14 %
	10	30,33 %	8,97 %	60,70 %
	11	10,22 %	68,64 %	21,14 %
	12	8,97 %	30,33 %	60,77 %
	13	47,96 %	11,50 %	40,55 %
	14	45,40 %	32,06 %	22,54 %
	Ø	**28,74 %**	**38,47 %**	**32,79 %**

Im Ergebnis wird die Einflusstiefe auf die Gebäudetechnik (38,47 %) als die Größte identifiziert, wobei auch ein deutlicher Einfluss auf die Ausstattung (32,79 %) und die bauliche Gebäudestruktur (28,743 %) gesehen wird. Erkennbar ist, dass die einzelnen Experten sehr unterschiedliche Schwerpunkte setzten, was zum einen vermuten lässt, dass der Einfluss der Megatrends wohl sehr unterschiedliche Ausprägungen haben kann, zum anderen, dass die Beurteilung stark von der jeweiligen individuellen Sichtweise und Situation abhängt. So setzen alle Experten der Gruppe 2 (technische Geschäftsführer) einen deutlichen Schwerpunkt beim Einfluss auf die Gebäudetechnik. Im Ergebnis ist keine klare Tendenz zu erkennen.

5. Ebene, 3. Paarvergleich – Auswirkungen der Megatrends auf Personal- und Entscheidungsstrukturen

Im Paarvergleich wurde untersucht, auf welche Bereiche der Personal- und Entscheidungsstrukturen die Megatrends sich auswirken.

Tab. 31: Ergebnisse mit lokalen Gewichten des Paarvergleichs 3 – 5. Ebene

Expertengruppe	Experte Nr.	Auf die Mitarbeiterstruktur	Auf die Mitarbeiterführung
1	1	83,33 %	16,67 %
	2	75,00 %	25,00 %
	3	50,00 %	50,00 %
	4	12,50 %	87,50 %
	5	90,00 %	10,00 %
2	6	75,00 %	25,00 %
	7	83,33 %	16,67 %
	8	50,00 %	50,00 %
3	9	50,00 %	50,00 %
	10	87,50 %	12,50 %
	11	87,50 %	12,50 %
	12	75,00 %	25,00 %
	13	25,00 %	75,00 %
	14	83,33 %	16,67 %
	Ø	66,25 %	33,75 %

Im Ergebnis wirken sich die Megatrends wohl mehr auf die Mitarbeiterstruktur (66,25 %) aus, als auf die Mitarbeiterführung (33,75 %). Diese Bewertung wird auch von der Mehrzahl der Experten in dieser Art vorgenommen.

5. Ebene, 4. Paarvergleich – Auswirkungen der Megatrends auf Prozesse

Im Paarvergleich wurde die Auswirkung der Megatrends auf die Prozesse genauer spezifiziert und untersucht.

Tab. 32: Ergebnisse mit lokalen Gewichten des Paarvergleichs 4 – 5. Ebene

Expertengruppe	Experte Nr.	Auf die Kernprozesse	Auf die Schnittstellen	Auf die Netzwerkprozesse	Auf das QM
1	1	5,29 %	21,17 %	21,17 %	52,38 %
	2	8,57 %	28,24 %	53,88 %	9,31 %
	3	10,09 %	51,34 %	26,70 %	11,88 %
	4	55,77 %	26,76 %	13,30 %	4,17 %
	5	24,82 %	59,99 %	11,35 %	3,85 %
2	6	12,20 %	47,32 %	28,27 %	12,20 %
	7	28,17 %	49,17 %	15,08 %	7,58 %
	8	26,30 %	50,11 %	7,68 %	15,91 %
3	9	9,38 %	9,38 %	21,88 %	59,38 %
	10	Wertung inkonsistent			
	11	8,53 %	22,70 %	57,25 %	11,52 %
	12	9,52 %	49,94 %	29,98 %	10,57 %
	13	6,86 %	49,44 %	25,24 %	18,46 %
	14	41,25 %	41,25 %	12,75 %	4,75 %
	Ø	18,98 %	38,99 %	24,96 %	17,07 %

Im Ergebnis wird der größte Einfluss der Megatrends nicht auf die Kernprozesse selbst, sondern auf die Schnittstellen zwischen Prozessen (38,99 %) gesehen. Auch der Einfluss auf die hausübergreifenden Netzwerkprozesse (24,96 %) wird noch größer eingeschätzt als auf die Kernprozesse (18,98 %). Der geringste Einfluss kommt dem QM (17,07 %) zu. Auch hier ist festzustellen, dass die Wertung der einzelnen Experten sehr unterschiedlich ausfällt, jedoch bewerten mehr als die Hälfte der Experten die Prozessschnittstellen als deutlich wichtigsten Punkt.

4.1.4.2 Ermittelte globale Gewichte

Aus den Einzelergebnissen werden im folgenden Schritt nach dem in Kapitel 2 dargelegten Näherungsverfahren die globalen Gewichte errechnet. Die ermittelten globalen Gewichte der Kriterien aus Experteninterview 1 sind in der nachfolgend dargestellten Entscheidungshierarchie dargestellt. Da eine Berechnung der globalen Gewichte mit 2 Nachkommastellen eine nicht vorhandene Genauigkeit suggeriert und für eine Interpretation der Ergebnisse eine Rundung auf volle Prozentwerte angemessener erscheint, werden die Ergebnisse gerundet angegeben. Auch in der folgenden textlichen Auswertung wird mit den gerundeten Ergebnissen gearbeitet.

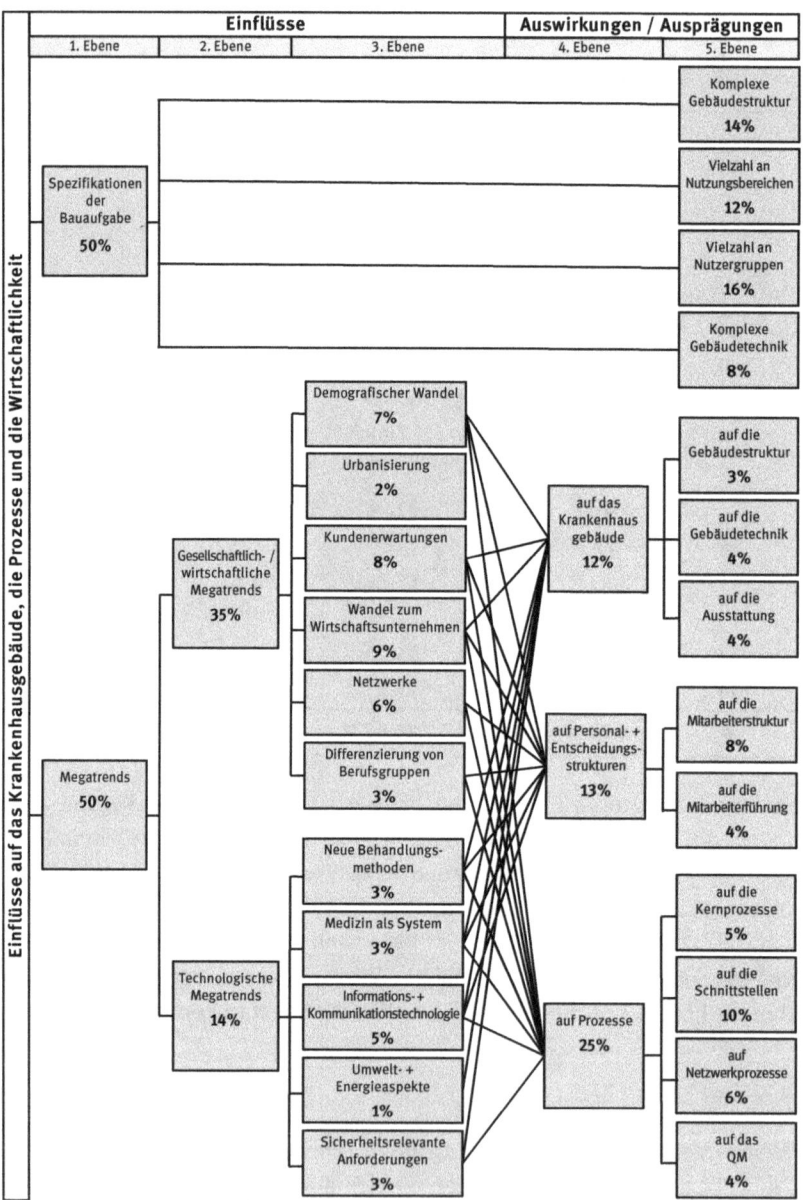

Abb. 16: Entscheidungsmatrix für die AHP-Methode in Experteninterview 1 mit den ermittelten globalen gerundeten Gewichten, eigene Darstellung

4.1.5 Experteninterviewserie 1 – Interpretation der Gesamtergebnisse und Ableitung von Schwerpunkten

Die Befragung hat gezeigt, dass der Einfluss der Megatrends mit 50 % von den Experten gleich groß eingeschätzt wird, wie die grundsätzlich in der Bauaufgabe vorhandenen Spezifika mit ebenfalls 50 %. Somit sind die Megatrends keineswegs absolut dominant und überlagern die grundsätzliche Bauaufgabe deutlich, sondern sie bedürfen in der Bedarfsplanung einer ähnlich großen Aufmerksamkeit, wie die grundsätzlichen Einflüsse aus den Spezifika der Bauaufgabe.

Innerhalb der **Spezifika der Bauaufgabe** hat sich gezeigt, dass in der Vielzahl der Nutzergruppen mit 16 % der größte Einfluss gesehen wird, gefolgt von der Komplexität der Gebäudestruktur mit 14 % und der Vielzahl der Nutzungsbereiche mit 12 %. Der Schwerpunkt im Bereich der Vielzahl der Nutzergruppen weist darauf hin, dass der Umgang mit der Vielzahl an Bedürfnissen der unterschiedlichsten Nutzer und deren Abstimmung untereinander als komplexer und bestimmender bewertet werden als die rein bautechnische Komplexität der Bauaufgabe. So wird gar der Gebäudetechnik mit 8 % der geringste Einfluss auf das Krankenhausgebäude und die Prozesse im Krankenhaus beigemessen.

Innerhalb der **Megatrends** wurde erkennbar, dass sich diese mit 25 % am größten auf die Prozesse im Krankenhaus auswirken, und hier im Speziellen auf die Schnittstellenprozesse (10 %). Jedoch auch die Auswirkungen auf die Netzwerkprozesse (6 %), die Kernprozesse (5 %) und das QM (4 %) erreichen mit zusammen 15 % einen erheblichen Anteil an den Auswirkungen auf die Prozesse insgesamt. Die Einflüsse auf Personal- und Entscheidungsstrukturen sowie auf das Krankenhausgebäude selbst wurden mit 13 % und 12 % deutlich geringer eingeschätzt als auf die Prozesse. Dies zeigt, dass die Prozesse im Zentrum des Wandels durch die Megatrends stehen und sich Veränderungen dort wahrscheinlich am deutlichsten auswirken werden.

Aus der Analyse der Ergebnisse lassen sich nachfolgende Schwerpunkte ableiten:
1. Die Vielzahl an Nutzergruppen (mit einem globalen Gewicht von 16 %)
2. Die Komplexe Gebäudestruktur (mit einem globalen Gewicht von 14 %)
3. Die Vielzahl an Nutzungsbereichen (mit einem globalen Gewicht von 12 %)
4. Die Prozesse (mit einem globalen Gewicht von 25 %), im Besonderen die Schnittstellenprozesse (mit einem globalen Gewicht von 10 %)

Grundsätzlich sollte die Relevanz von unterschiedlichen Phasen, Aktivitäten und Werkzeugen für diese Schwerpunkte untersucht werden, da sie in Summe eine Gewichtung von insgesamt 67 % aufweisen.

Die Ergebnisse bestätigen die Annahmen aus Kapitel 1, dass der betriebswirtschaftlichen Entwicklung und den erforderlichen, optimalen Prozessabläufen eine besondere Bedeutung zukommt und zeigen, dass die Vielzahl der Nutzergruppen im

Gebäude eine spezifische Eigenschaft der Bauaufgabe Krankenhaus ist, der eine große Bedeutung zukommt.

Aus diesen Ergebnissen kann die Schlussfolgerung gezogen werden, dass es grundsätzlich sinnvoll ist, diesen Schwerpunkten bereits in der Bedarfsplanung besondere Bedeutung beizumessen, da eben diese Schwerpunkte für die spätere Effizienz, Funktionalität und Nutzerzufriedenheit von maßgeblicher Bedeutung sein werden. Das Ergebnis unterstützt auch die Studien von Shen et all. (2004) und Green und Simister (1999), in der die Potentiale einer strukturierten Funktionsanalyse für die Effektivität, Effizienz und die Nutzeridentifikation einer Bedarfsplanung und die Prozessmodellierung des Kunden als Methode im Rahmen der Bedarfsplanung bereits unabhängig vom Krankenhausbau aufgezeigt wurden. Die Expertenbefragung unterstreicht diese Ergebnisse für den Bereich des Krankenhausbaus als einer spezifischen Bauaufgabe mit hoher Komplexität.

4.2 Experteninterviewserie 2 – Anforderungen an die Bedarfsplanung im Krankenhausbau

4.2.1 Experteninterviewserie 2 – Entwicklung des Fragebogens

Nach Auswertung der Ergebnisse von Interviewserie 1 folgt in Interviewserie 2 eine Untersuchung der daraus resultierenden Anforderungen an Methoden der Bedarfsplanung. Es wird der Frage nachgegangen, wie eine Bedarfsplanung in besonderem Maße auf die in Experteninterviewserie 1 ermittelten Schwerpunkte reagieren kann, bzw. wie diese Schwerpunkte berücksichtigt werden können. Hierzu soll die Relevanz der in der Literaturanalyse herausgearbeiteten Phasen, Aktivitäten und Werkzeuge zur Bearbeitung dieser im Folgenden noch einmal aufgeführten Schwerpunkte durch Experten beurteilt werden.
1. Die Vielzahl an Nutzergruppen
2. Die Komplexe Gebäudestruktur
3. Die Vielzahl an Nutzungsbereichen
4. Die Prozesse, im Besonderen die Schnittstellenprozesse

Erste Testinterviews haben jedoch gezeigt, dass es für die Experten kaum möglich ist, die Wertigkeit von Phasen, Aktivitäten und Werkzeugen, bezogen auf alle Schwerpunkte zu benennen. Erst eine Vereinfachung von Punkt 4 auf den allgemeinen Schwerpunkt der Prozesse und eine Beschränkung im Bereich der Spezifika der Bauaufgabe (Punkte 1 bis 3) auf den gewichtigsten Punkt der Vielzahl an Nutzergruppen führte zur Einschätzung einer Beurteilungsfähigkeit bei den Experten. Dabei sind die beiden Schwerpunkte „Vielzahl an Nutzergruppen" und „Vielzahl an Nutzungsbereichen" nach Einschätzung der Experten in vielen Aspekten ähnlich gelagert, sodass vermutet werden kann, dass die Beurteilung von Phasen, Aktivitäten und Werkzeugen bezogen auf diese Schwerpunkte in weiten Teilen ähnlich ausfallen würde. Somit werden bei Reduzierung im Bereich der Spezifika der Bauaufgabe auf den gewichtigsten Punkt Einschätzungen zu näherungsweise 2 Punkten mit einem globalen Gewicht von insgesamt 28 % abgefragt.

Im Ergebnis werden somit mit Experteninterviewserie 2 die Relevanz von Phasen, Aktivitäten und Werkzeugen zur Bearbeitung nachfolgender Schwerpunkte untersucht:
1. Die Vielzahl an Nutzergruppen
2. Die Prozesse

Mittels einer Qualitativen Inhaltsanalyse von Literatur zu Methoden der Bedarfsplanung wurden, wie bereits in Kapitel 3 erläutert, die dort aufgeführte Phasen, Aktivitäten und Werkzeuge aufgelistet sowie Aktivitäten und Werkzeuge in Gruppen zusammengefasst. Die Experten wurden aufgefordert die Bedeutung der jeweiligen Phasen, Aktivitäts- und Werkzeuggruppen für die Bedarfsplanung im Krankenhausbau zu bewerten, wobei die Gruppen zum besseren Verständnis im Fragebogen jeweils durch die im Rahmen der qualitativen Inhaltsanalyse entwickelten, konkreten Ankerbeispiele für zugehörige Aktivitäten oder Werkzeuge erläutert wurden.

Die Bewertung erfolgte mittels einer Skala von 0 bis 9. Die Experten waren aufgefordert die Bedeutung einzelner Phasen, Aktivitäts- und Werkzeuggruppen bezogen auf die beiden Schwerpunkte auf der Skala einzuordnen, wobei ein Wert von 0 für „keine Bedeutung" und der Maximalwert von 9 für eine „maximal hohe Bedeutung" für die Bearbeitung des jeweiligen Schwerpunktes stehen.

4.2.2 Experteninterviewserie 2 – Auswahl der Experten

Für die Experteninterviews der Serie 2 wurden lediglich im Krankenhaussektor tätige Berater und Bedarfsplaner ausgewählt, da die Bedeutung von Phasen, Aktivitäten und Werkzeugen der Bedarfsplanung für bestimmte Schwerpunkte lediglich von dieser Expertengruppe beurteilt werden kann.

Die Gesamtanzahl der befragten Experten sowie die Geschlechterverteilung innerhalb der Experten ergaben sich dabei ebenso wie bei Experteninterviewserie 1 aus der Verfügbarkeit und der Bereitschaft der Experten. Von den insgesamt 11 befragten Experten waren 3 weiblich und 8 männlich. Es wurden keine Anforderungen an die Experten bezüglich des Alters oder der Berufserfahrung gestellt, da ausschließlich Geschäftsführer, Firmeninhaber oder leitende Mitarbeiter ausgewählt wurden, um ein ausreichendes Expertenwissen sicherzustellen. Es hat sich im Zuge der Durchführung der Interviews herausgestellt, dass das Ungleichgewicht der Expertengruppen in der Geschlechterverteilung nicht als signifikantes Problem anzusehen ist, da sich in der Auswertung der Interviews keine geschlechterspezifischen Muster in der Bewertung zeigen.

4.2.3 Experteninterviewserie 2 – Durchführung der Interviews

Die Expertenbefragungen wurden im Zeitraum von Juni bis Dezember 2019 durchgeführt. Die Befragung erfolgte auf Basis eines Interviewleitfadens, der als Anhang C beigefügt ist.

4.2.4 Experteninterviewserie 2 – Ergebnisse

Tab. 33: Ergebnisse Expertenbefragung 2: Relevanz von Phasen, Aktivitäten, Arbeitsschritten und Werkzeugen zur Bearbeitung des Schwerpunktes „VIELZAHL AN NUTZERGRUPPEN", eigene Darstellung

	Phasen Arbeitsschritte, Aktivitäten und Werkzeuge zur Bearbeitung des Schwerpunktes: VIELZAHL AN NUTZERGRUPPEN	\multicolumn{12}{c	}{Bewertung Experte Nr.}
		1	2	3	4	5	6	7	8	9	10	11	Ø
	PHASEN												
1.	Stufenweise Erarbeitung der Bedarfsplanung	5	9	9	8	7	9	9	9	1	0	9	6,82
2.	Programmiterationen	9	6	3	6	8	3	2	3	8	7	3	5,27
3.	Schnittstellenphase am Übergang zur Planung	9	1	7	6	4	1	1	0	9	0	1	3,55
4.	Interaktive Verzahnung von Bedarfs- und Gebäudeplanung	0	1	7	9	7	9	9	9	9	0	9	6,27
5.	Qualitätssicherung	9	9	7	5	7	1	1	9	1	9	9	6,09
6.	Evaluation des Programms	0	3	7	9	6	8	9	9	5	9	9	6,73
	AKTIVITÄTEN												
	Aktivitäten zur Ermittlung von Grundlagen												
7.	Recherchen	7	3	3	8	6	9	9	6	9	0	9	6,27
8.	Besichtigungen	7	6	9	9	5	6	9	9	9	7	6	7,45
9.	Befragungen	7	9	9	5	8	8	9	9	9	9	9	8,27
	Aktivitäten zur Einbindung der Nutzer												
10.	Workshops, Interviews	7	9	9	8	7	9	6	9	9	9	9	8,27
11.	Rollen- und Auktionsspiele	5	3	5	9	4	1	0	3	0	0	1	2,82

Experteninterviewserie 2 – Anforderungen an die Bedarfsplanung im Krankenhausbau — 95

Phasen Arbeitsschritte, Aktivitäten und Werkzeuge zur Bearbeitung des Schwerpunktes: VIELZAHL AN NUTZERGRUPPEN	Bewertung Experte Nr.											
	1	2	3	4	5	6	7	8	9	10	11	Ø
12. Ergebnisprüfung	7	9	9	7	7	9	5	3	9	9	7	7,36
Aktivitäten zur Ergebnisentwicklung												
13. Strategieentwicklungen	9	3	9	8	8	9	9	6	9	9	9	8,00
14. Prozessentwicklungen	9	9	9	7	7	9	9	9	9	9	9	8,64
15. Festlegung Projektgröße und Quantitäten	9	6	5	7	7	9	9	9	9	9	8	7,91
16. Entwicklung Kosten und Zeit	9	1	5	7	8	9	9	9	5	7	6	6,82
WERKZEUGE												
Werkzeuge zur Datenaufnahme, Datenauflistung												
17. Listen, Fragebögen	9	9	7	9	9	9	9	9	9	7	9	8,64
18. Benchmarking	9	3	5	7	6	9	9	6	4	4	7	6,27
19. Observationen	5	6	7	9	6	1	1	9	8	5	3	5,45
Werkzeuge zur Datenvisualisierung, Darstellung von Verknüpfungen und Abläufen												
20. Darstellung von Bereichen und Strukturen	7	3	5	7	8	9	9	6	9	4	5	6,55
21. Verknüpfung von Bereichen	7	9	5	7	9	9	9	9	9	8	7	8,00
22. Prozessvisualisierung und -entwicklung	5	9	5	8	8	9	9	6	7	7	9	7,49
23. Rating-/Auswahl- und Ausschlussmethoden	0	6	9	5	8	0	3	6	4	3	9	4,82
24. Rollenspiele	0	3	7	9	6	9	0	3	0	4	5	4,18
Werkzeuge für Prognosen und Wirtschaftlichkeitsbetrachtungen												
25. Prognosen	7	9	9	7	8	9	9	6	9	9	1	7,55
26. Wirtschaftlichkeitsbetrachtungen	7	1	9	7	7	9	9	9	0	9	3	6,36
Werkzeuge zur Ergebnisableitung												
27. Ermittlung Flächenbedarfe	7	6	5	6	8	9	9	6	9	9	9	7,55

Phasen Arbeitsschritte, Aktivitäten und Werkzeuge zur Bearbeitung des Schwerpunktes: VIELZAHL AN NUTZERGRUPPEN		Bewertung Experte Nr.											
		1	2	3	4	5	6	7	8	9	10	11	Ø
28.	Ermittlung Personal- und Materialbedarf	7	3	5	7	8	9	9	3	5	9	5	6,36
29.	Businessentwicklung	7	3	9	5	8	9	9	3	9	9	6	7,00
30.	Visualisierung und Simulation	7	6	9	9	7	6	9	3	4	8	7	6,84
31.	Kosten	9	3	5	6	8	9	9	9	9	9	5	7,36
32.	Zeitplan	9	3	5	7	9	9	9	6	2	9	2	6,36
33.	Gebäudebewertung	9	6	5	3	8	0	9	9	0	9	1	5,36
34.	Dokumentation und Kontrolle	9	3	5	4	7	0	9	6	9	8	6	6,00

Tab. 34: Ergebnisse Expertenbefragung 2: Relevanz von Phasen, Aktivitäten, Arbeitsschritten und Werkzeugen zur Bearbeitung des Schwerpunktes „PROZESSE", eigene Darstellung

Phasen Arbeitsschritte, Aktivitäten und Werkzeuge zur Bearbeitung des Schwerpunktes: PROZESSE		Bewertung Experte Nr.											
		1	2	3	4	5	6	7	8	9	10	11	Ø
	PHASEN ARBEITSSCHRITTE												
1.	Stufenweise Erarbeitung der Bedarfsplanung	5	9	9	7	8	9	9	9	1	0	9	6,82
2.	Programmiterationen	9	6	3	8	7	3	2	6	8	9	3	5,82
3.	Schnittstellenphase am Übergang zur Planung	9	3	5	7	8	1	1	0	9	9	1	4,82
4.	Interaktive Verzahnung von Bedarfs- und Gebäudeplanung	0	1	7	9	7	9	9	9	9	0	9	6,27
5.	Qualitätssicherung	9	9	9	7	7	1	1	9	1	9	9	6,45
6.	Evaluation des Programms	0	9	7	9	8	8	9	9	5	9	9	7,45

Phasen Arbeitsschritte, Aktivitäten und Werkzeuge zur Bearbeitung des Schwerpunktes: PROZESSE		Bewertung Experte Nr.											
		1	2	3	4	5	6	7	8	9	10	11	Ø
AKTIVITÄTEN													
Aktivitäten zur Ermittlung von Grundlagen													
7.	Recherchen	7	9	4	8	5	9	9	6	9	3	6	6,82
8.	Besichtigungen	7	6	7	6	7	6	9	9	9	9	6	7,36
9.	Befragungen	7	9	9	4	8	8	9	9	9	8	9	8,09
Aktivitäten zur Einbindung der Nutzer													
10.	Workshops, Interviews	7	9	9	8	7	9	6	6	9	9	9	8,00
11.	Rollen- und Auktionsspiele	5	6	4	9	4	1	0	9	0	0	1	3,55
12.	Ergebnisprüfung	7	9	9	7	7	9	5	3	9	9	7	7,36
Aktivitäten zur Ergebnisentwicklung													
13.	Strategieentwicklungen	9	9	9	9	8	9	9	9	9	9	9	8,91
14.	Prozessentwicklungen	9	9	9	9	9	9	9	9	9	9	9	9,00
15.	Festlegung Projektgröße und Quantitäten	9	9	5	9	7	9	9	9	9	9	8	8,36
16.	Entwicklung Kosten und Zeit	9	6	5	8	6	9	9	6	5	9	6	7,09
WERKZEUGE													
Werkzeuge zur Datenaufnahme, Datenauflistung													
17.	Listen, Fragebögen	9	9	7	8	8	9	9	9	9	7	9	8,45
18.	Benchmarking	9	6	7	7	8	9	9	6	4	6	7	7,09
19.	Observationen	5	9	5	8	7	1	1	9	8	5	3	5,55
Werkzeuge zur Datenvisualisierung, Darstellung von Verknüpfungen und Abläufen													
20.	Darstellung von Bereichen und Strukturen	7	6	7	7	9	9	9	6	9	4	5	7,09
21.	Verknüpfung von Bereichen	7	9	9	7	8	9	9	9	9	9	7	8,36
22.	Prozessvisualisierung und -entwicklung	5	9	9	8	9	9	9	9	7	9	9	8,36

Phasen Arbeitsschritte, Aktivitäten und Werkzeuge zur Bearbeitung des Schwerpunktes: PROZESSE		Bewertung Experte Nr.											
		1	2	3	4	5	6	7	8	9	10	11	Ø
23.	Rating-/Auswahl- und Ausschlussmethoden	5	9	7	5	8	0	3	6	4	4	9	5,45
24.	Rollenspiele	5	3	7	9	6	9	0	9	0	0	5	4,82
	Werkzeuge für Prognosen und Wirtschaftlichkeitsbetrachtungen												
25.	Prognosen	7	9	7	9	8	9	9	6	9	9	1	7,55
26.	Wirtschaftlichkeitsbetrachtungen	7	6	9	8	7	9	9	9	0	9	8	7,36
	Werkzeuge zur Ergebnisableitung												
27.	Ermittlung Flächenbedarfe	7	9	7	8	8	9	9	9	9	9	9	8,45
28.	Ermittlung Personal- und Materialbedarf	7	6	5	8	8	9	9	3	5	9	9	7,09
29.	Businessentwicklung	7	6	7	5	5	9	9	3	9	9	6	6,82
30.	Visualisierung und Simulation	7	9	7	9	8	6	9	3	4	9	7	7,09
31.	Kosten	9	9	5	8	6	9	9	9	9	9	5	7,91
32.	Zeitplan	9	6	5	1	6	9	9	6	2	9	2	5,82
33.	Gebäudebewertung	9	6	5	3	6	0	9	9	0	9	1	5,18
34.	Dokumentation und Kontrolle	9	9	5	4	7	0	9	6	9	8	6	6,55

4.2.5 Experteninterviewserie 2 – Interpretation der Ergebnisse und Schlussfolgerungen

Grundsätzlich zeigen die Ergebnisse im Vergleich zwischen den einzelnen Experten sehr unterschiedliche Beurteilungen, was auf große Unterschiede und individuelle Ausprägungen in den angewendeten Methoden schließen lässt. Insgesamt wird einer Vielzahl an Phasen, Aktivitäten und Werkzeugen in unterschiedlicher Ausprägung eine Bedeutung beigemessen. Dabei zeigen sich aber auch Bereiche, denen insgesamt weniger Bedeutung zukommt.

Zur weiteren Interpretation der Durchschnittsergebnisse werden nachfolgende 3 Kategorien gebildet, um eine Gruppierung zu ermöglichen:

Tab. 35: Einordnung der Ergebnisse in 3 Kategorien

Ergebnisse zwischen	Phasen, Aktivitäten und Werkzeuge	
	Bedeutung	Symbolik
0,00 bis 3,00	„von geringer Bedeutung"	–
3,01 bis 6,00	„von durchschnittlicher Bedeutung"	O
6,01 bis 9,00	„von hoher Bedeutung"	●

In der folgenden Tabelle sind die Durchschnittsergebnisse der beiden Expertenbewertungen zu den Schwerpunkten „Vielzahl an Nutzergruppen" und „Prozesse" zusammen dargestellt, nach den 3 Kategorien mit Symbolen bewertet und aus beiden Bereichsergebnissen Gesamt-Durchschnittsbewertungen abgeleitet.

Diese Bewertung wird anschließend grafisch als Säulendiagramm dargestellt.

Tab. 36: zusammenfassende Bewertung der Ergebnisse aus Experteninterviewserie 2

		∅ Schwerpunkt: VIELZAHL AN NUTZERGRUPPEN	∅ Schwerpunkt: PROZESSE	∅ Gesamt
	PHASEN ARBEITSSCHRITTE			
1.	Stufenweise Erarbeitung der Bedarfsplanung	6,82 ●	6,82 ●	6,82 ●
2.	Programmiterationen	5,27 O	5,82 O	5,55 O
3.	Schnittstellenphase am Übergang zur Planung	3,55 O	4,82 O	4,19 O
4.	Interaktive Verzahnung von Bedarfs- und Gebäudeplanung	6,27 ●	6,27 ●	6,27 ●
5.	Qualitätssicherung	6,09 ●	6,45 ●	6,27 ●
6.	Evaluation des Programms	6,73 ●	7,45 ●	7,09 ●
	AKTIVITÄTEN			
	Aktivitäten zur Ermittlung von Grundlagen			
7.	Recherchen	6,27 ●	6,82 ●	6,55 ●
8.	Besichtigungen	7,45 ●	7,36 ●	7,41 ●

		Ø Schwerpunkt: VIELZAHL AN NUTZERGRUPPEN	Ø Schwerpunkt: PROZESSE	Ø Gesamt
9.	Befragungen	8,27 ●	8,06 ●	8,17 ●
	Aktivitäten zur Einbindung der Nutzer			
10.	Workshops, Interviews	8,27 ●	8,00 ●	8,14 ●
11.	Rollen- und Auktionsspiele	2,82 -	3,55 ○	3,19 ○
12.	Ergebnisprüfung	7,36 ●	7,36 ●	7,36 ●
	Aktivitäten zur Ergebnisentwicklung			
13.	Strategieentwicklungen	8,00 ●	8,91 ●	8,46 ●
14.	Prozessentwicklungen	8,64 ●	9,00 ●	8,82 ●
15.	Festlegung von Projektgrößen und Quantitäten	7,91 ●	8,36 ●	8,14 ●
16.	Entwicklung Kosten und Zeit	6,82 ●	7,09 ●	6,96 ●
	WERKZEUGE			
	Werkzeuge zur Datenaufnahme, Datenauflistung			
17.	Listen, Fragebögen	8,64 ●	8,45 ●	8,55 ●
18.	Benchmarking	6,27 ●	7,09 ●	6,68 ●
19.	Observationen	5,45 ○	5,55 ○	5,50 ○
	Werkzeuge zur Datenvisualisierung, Darstellung von Verknüpfungen und Abläufen			
20.	Darstellung von Bereichen und Strukturen	6,55 ●	7,09 ●	6,82 ●
21.	Verknüpfung von Bereichen	8,00 ●	8,36 ●	8,18 ●
22.	Prozessvisualisierung und -entwicklung	7,49 ●	8,36 ●	7,93 ●
23.	Entwicklungs-/Auswahl- und Ausschlussmethoden	4,82 ○	5,45 ○	5,14 ○
24.	Rollenspiele	4,18 ○	4,82 ○	4,50 ○
	Werkzeuge für Prognosen und Wirtschaftlichkeitsbetrachtungen			
25.	Prognosen	7,55 ●	7,55 ●	7,55 ●

		Ø Schwerpunkt: VIELZAHL AN NUTZERGRUPPEN	Ø Schwerpunkt: PROZESSE	Ø Gesamt
26.	Wirtschaftlichkeitsbetrachtungen	6,36 ●	7,36 ●	6,86 ●
	Werkzeuge zur Ergebnisableitung			
27.	Ermittlung Flächenbedarfe	7,55 ●	8,45 ●	8,00 ●
28.	Ermittlung Personal- und Materialbedarf	6,36 ●	7,09 ●	6,73 ●
29.	Businessentwicklung	7,00 ●	6,82 ●	6,91 ●
30.	Visualisierung und Simulation	6,84 ●	7,09 ●	6,97 ●
31.	Kosten	7,36 ●	7,91 ●	7,64 ●
32.	Zeitplan	6,36 ●	5,82 ●	6,09 ●
33.	Gebäudebewertung	5,36 ○	5,18 ○	5,27 ○
34.	Dokumentation und Kontrolle	6,00 ○	6,55 ●	6,28 ●

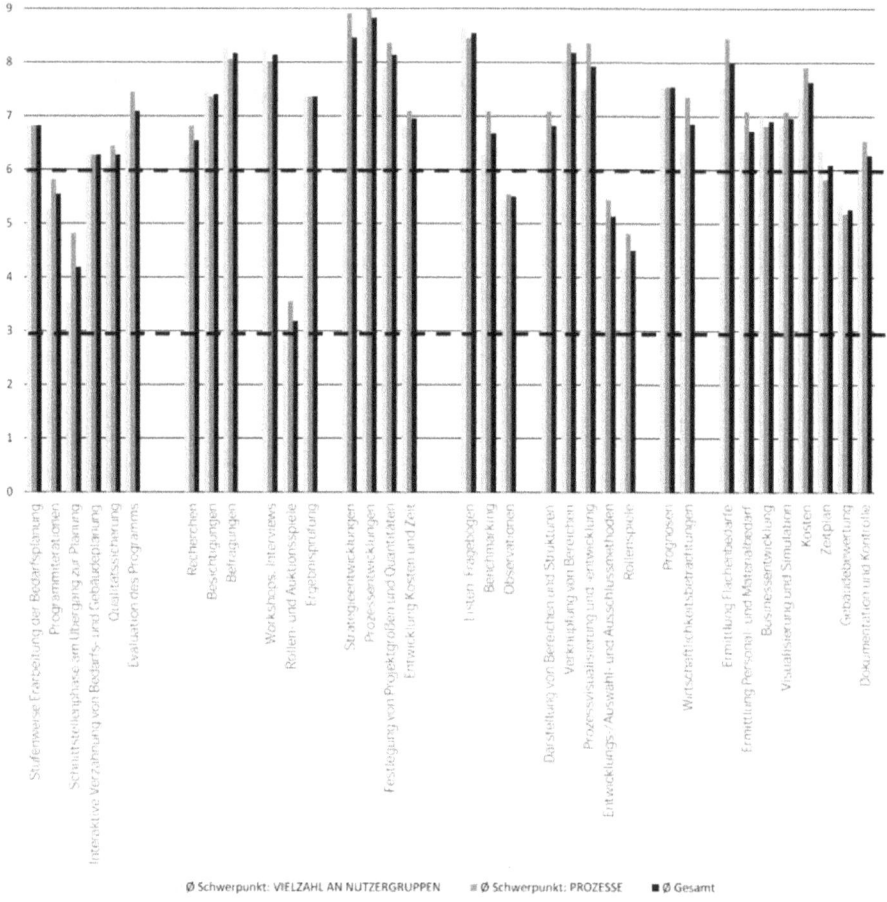

Abb. 17: Zusammenfassende Bewertung der Ergebnisse aus Experteninterviewserie 2, eigene Darstellung

Die Ergebnisse der 2. Experteninterviewserie können auf Basis dieser Analyse wie folgt zusammengefasst werden:

4.2.5.1 Phasen

In den Phasen werden bei beiden Schwerpunkten, der großen Anzahl an Nutzergruppen und der Prozesse, eine mehrstufige Erarbeitung der Bedarfsplanung, eine interaktive Verzahnung von Bedarfsplanung und Gebäudeplanung, die Qualitätssicherung und Evaluation als Kriterien von hoher Bedeutung angesehen.

Eine Schnittstellenphase am Übergang zur Planung wird bei beiden Schwerpunkten mit der geringsten Punktzahl bewertet, sodass eine solche Phase von nur durchschnittlicher Bedeutung ist und im Zusammenhang mit der hohen Punktbewertung für die interaktive Verzahnung von Bedarfs- und Gebäudeplanung als obsolet betrachtet werden könnte. Auch Iterationen wird lediglich eine durchschnittliche Bedeutung beigemessen.

Somit sollte eine angepasste Bedarfsplanung grundsätzlich
I.   eine Stufenweise (von grob nach fein),
II. eine interaktive Verzahnung mit der Gebäudeplanung und
III. Phasen zur Qualitätssicherung und Evaluation der Ergebnisse vorsehen.

4.2.5.2 Aktivitäten

Auch im Bereich der Aktivitäten wird bei beiden Schwerpunkten der Ergebnisprüfung ein großes Gewicht beigemessen. Die höchsten Bewertungen im Punktbereich von 8,00 bis 9,00 erhielten jedoch bei beiden Schwerpunkten die Aktivitäten zur Prozess- und Strategieentwicklung, wobei die Prozessentwicklung die höchste durchschnittliche Punktzahl erhielt.

Darüber hinaus wurden aber auch klassische Aktivitäten der Bedarfsplanung wie Besichtigungen, Befragungen, Workshops und Interviews, sowie die Festlegung von Projektgrößen und Quantitäten als sehr wichtig eingeschätzt. Bereits eine Umfrage von Wolfgang F. E. Preiser aus dem Jahr 1991 hatte zum Ergebnis, dass Interviews mit Abstand das wichtigste Werkzeug bzw. die wichtigste Aktivität zur Datenaufnahme sind, wobei damals andere Werkzeuge und Aktivitäten, wie die Besichtigung ähnlicher Projekte, Verhaltens- und Prozessanalysen und Recherchen als nahezu vernachlässigbar angesehen wurden (Preiser 1992, S. 8-20), was die aktuellen Experteninterviewserien für den Bereich des Krankenhausbaus nicht bestätigen.

Rollen- und Auktionsspiele werden in beiden Schwerpunktbereichen mit der geringsten Punktzahl bewertet, sodass ihre Bedeutung als gering angesehen werden kann.

Somit sollte eine angepasste Bedarfsplanung grundsätzlich
I.   die klassischen Aktivitäten wie Besichtigungen, Befragungen, Workshops und Interviews aufweisen,
II. im Ergebnis Aktivitäten zur Festlegung von Projektgröße und Quantitäten verfolgen,
III. darüber hinaus jedoch einen deutlichen Schwerpunkt bei Aktivitäten zur Prozess- und Strategieentwicklung setzen, wobei die Prozessentwicklung das größte Gewicht haben sollte
IV. und einen weiteren Schwerpunkt bei Aktivitäten zur Ergebnisprüfung setzten.

4.2.5.3 Werkzeuge

Im Bereich der Werkzeuge lassen sich mehrere Schwerpunkte erkennen. Zum einen im Bereich der Datenaufnahme mit Listen, Fragebögen und Benchmarking, wobei das Benchmarking für die Bearbeitung des prozessualen Schwerpunktes noch wichtiger beurteilt wird als bei dem Schwerpunkt der Vielfalt der Nutzergruppen.

Bei Werkzeugen für die Datenvisualisierung stehen bei beiden Schwerpunkten Werkzeuge zur Verknüpfung von Bereichen und zur Visualisierung und Entwicklung von Prozessen im Vordergrund, was sich mit dem prozessualen Schwerpunkt im Bereich der Aktivitäten deckt.

Prognosewerkzeuge wurden für beide Schwerpunkte als sehr wichtig eingestuft, wobei Werkzeuge zur Wirtschaftlichkeitsbetrachtung für den prozessualen Schwerpunkt ein höheres Gewicht erhielten.

Zur Ergebnisableitung erhielten die Ermittlung der Flächenbedarfe sowie der Kosten die höchste Punktbewertung, gefolgt von Werkzeugen für die Businessentwicklung, die Visualisierung und Simulation sowie zur Ermittlung des Personal- und Materialbedarfs.

Grundsätzlich wurde keiner der im Fragebogen aufgeführten Werkzeuggruppen eine geringe Bedeutung für die Bedarfsplanung zugesprochen, was die Interpretation zulässt, dass eine solch komplexe Bauaufgabe wie das Krankenhaus, eine Fülle an Werkzeugen in der Bedarfsplanung erfordert, die alle sinnvoll eingesetzt werden können, bzw. die genaue Auswahl der Werkzeuge auch vom konkreten Projekt abhängig ist.

Somit sollte eine angepasste Bedarfsplanung grundsätzlich
I. **zur Datenaufnahme die klassischen Werkzeuge der Listen und des Benchmarkings nutzen,**
II. **Werkzeuge zur Verknüpfung von Bereichen und zur Visualisierung und Entwicklung von Prozessen anwenden,**
III. **Prognosen und Wirtschaftlichkeitsbetrachtungen beinhalten und**
IV. **zur Ergebnisableitung die klassischen Werkzeuge zur Ermittlung der Flächenbedarfe und Kosten, darüber hinaus jedoch auch Werkzeuge zur Businessentwicklung, Visualisierung und Simulation sowie zur Ermittlung des Personal- und Materialbedarfs einsetzen.**

Die Unterschiedlichkeit der Expertenbewertungen sowie die Tatsache, dass eine Vielzahl an Phasen, Aktivitäten und Werkzeugen grundsätzlich von hoher Bedeutung im Krankenhausbau sind, ist sicherlich in der Komplexität der Bauaufgabe begründet. Dieses Ergebnis lässt über die dargelegten grundsätzlichen Anforderungen an eine Bedarfsplanung im Krankenhausbau hinaus auch den Schluss zu, dass ein sinnvoller Weg zu einer besseren Bedarfsplanung die Wahl der Bedarfsplanungsmethode in Abhängigkeit vom konkreten Bauprojekt sein könnte. So wäre eine Komplexitätsreduzierung und eine Anpassung der Bedarfsplanungsmethode an konkret vorhandene Schwerpunkte möglich. Auch wenn davon ausgegangen werden kann, dass sich wahrscheinlich alle Schwerpunkte im Bereich der ermittelten Phasen, Aktivitäten und Werkzeuge mit hoher Bedeutung bewegen werden, so ist zu vermuten, dass nicht alle Punkte gleichermaßen in einem konkreten Projekt von großer Wichtigkeit sind. Auch könnte so in der vielfältigen Landschaft der Bedarfsplanungsmethoden, innerhalb derer, die eine grundsätzliche Eignung aufweisen, eine möglichst optimale Methode gefunden werden.

5 Bewertung der Methoden bezogen auf die Erkenntnisse aus den Experteninterviewserien 1 und 2

5.1 Erläuterungen zur Bewertung

Die folgenden Ausführungen führen die Analysen aus den Kapiteln 3 und 4 zusammen und setzten sie miteinander in Beziehung. So werden die Ergebnisse der qualitativen Literaturanalyse zu Methoden der Bedarfsplanung aus Kapitel 3, bezogen auf die Ergebnisse der Experteninterviewserien aus Kapitel 4, einer ersten Bewertung unterzogen. Zunächst wird für jede untersuchte Methode einzeln textlich zusammengefasst, inwieweit Schwerpunkte für den Krankenhausbau berücksichtigt werden und wo Schwerpunkte und kaum behandelte Sachverhalte in den jeweiligen Methoden vorliegen.

In einem 2. Schritt folgt eine tabellarische Vergleichsbewertung, in der die Stärken und Schwächen, bezogen auf die in Kapitel 4 ermittelten Schwerpunkte in den Bereichen der Phasen, Aktivitäten und Werkzeuge für die Bauaufgabe Krankenhaus vergleichend eingeschätzt werden. Dabei wird als ein möglicher, erster Analyseansatz davon ausgegangen, dass alle für den Anwendungsbereich der Krankenhausplanung im Rahmen von Experteninterviewserie 2 mit einer durchschnittlichen Punktzahl von mindestens 6,01 bewerteten Phasen, Aktivitäten und Werkzeuge grundsätzlich „von hoher Bedeutung" für eine solche Bedarfsplanung sind und somit von einer angepassten Bedarfsplanung möglichst abgedeckt werden sollten.

So werden die untersuchten Methoden der Bedarfsplanung lediglich auf diese Punkte hin betrachtet, um eine erste Einschätzung ihrer grundsätzlichen Eignung zu erhalten.

5.2 Einzelbewertung Methoden der Bedarfsplanung

5.2.1 Bewertung der Methoden des Status Quo im Krankenhausbau in Deutschland

5.2.1.1 Verordnung über die Honorare für Architekten- und Ingenieurleistungen (Honorarordnung für Architekten und Ingenieure – HOAI) vom 10.07.2013

Da die Honorarordnung die Bedarfsplanung lediglich erwähnt, jedoch weder einen Ablauf, noch Aktivitäten oder Werkzeuge aufführt, kann sie nicht als Methode zur Bedarfsplanung bezeichnet werden und erfüllt somit auch keinerlei Anforderungen an eine Bedarfsplanung im Krankenhausbau. Die Honorarordnung weist lediglich darauf hin, dass die Durchführung einer Bedarfsplanung eine zusätzlich zu vergütende Leistung darstellt und nicht zu den Grundleistungen im Leistungsbild „Objektplanung" zählt.

5.2.1.2 Empfehlungen zur Zielplanung der Architekten für Krankenhausbau und Gesundheitswesen e.V. (AKG)

Die Empfehlungen zur Zielplanung sind lediglich ein sehr grober Leitfaden für eine Vorgehensweise zur strategischen Gebäudeplanung. Die Vorgehensweise ist zwar mehrphasig, die einzelnen Phasen werden jedoch nicht näher erläutert. Auch werden eine stufenweise Vorgehensweise, eine Verzahnung mit der Gebäudeplanung sowie die Qualitätssicherung und Evaluation nicht behandelt. Konkrete Aktivitäten und Werkzeuge sind nicht benannt. Auch wird in entscheidenden Punkten des Leistungsspektrums, wie der Betriebsorganisation, oder der betrieblich funktionellen Gliederung, lediglich auf die Mitwirkungspflicht des Krankenhausträgers verwiesen. Nur mit der Darstellung einer Funktions- und Schemaplanung in Anlehnung an die DIN 13080 wird ein spezifisches, grafisches Werkzeug für eine Gebäudeentwicklung im Krankenhausbau aufgeführt.

5.2.1.3 Antragsverfahren zur Landeskrankenhausbauförderung am Beispiel des Bundeslandes Rheinland-Pfalz

Das Verfahren ist mehrphasig, jedoch findet keine stufenweise Bedarfsplanung und keine Verzahnung mit der Bauplanung statt. Qualitätssicherung und Evaluation werden nicht thematisiert. Als Aktivitäten werden die Prozess- und Strategieentwicklung lediglich erwähnt und zur Festlegung von Projektgrößen und Quantitäten wird auf Musterraumprogramme verwiesen. Diese sind auch das einzige beschriebene, konkrete Werkzeug. Das Antragsverfahren ist rein auf Investitionskosten für Baumaßnahmen im Krankenhausbau ausgerichtet und beinhaltet kaum Gesichtspunkte zur Wirtschaftlichkeit oder Businessplanung. So werden Raumanforderungen und Raumgrößen anhand von Arbeitshilfen landesweit einheitlich vorgegeben, ohne auf individuelle Situationen, Prozesse oder Sachlagen einzugehen. Es werden schwerpunktmäßig bauliche Möglichkeiten vor dem Hintergrund von landesweiten Krankenhausplänen und daraus hervor gehenden Leistungsanforderungen, sowie den Raumvorgaben des Landes geprüft, sodass ein individueller Entwicklungsprozess und eine Nutzereinbindung nur sehr eingeschränkt erfolgt. Dies ist möglicherweise auch dem Umstand geschuldet, dass Ziel des Verfahrens lediglich die Festlegung von Pauschalfördersummen für Baumaßnahmen ist.

5.2.1.4 DIN 18205: 2016-11 – DIN Deutsches Institut für Normung e.V.

Die Norm definiert einen mehrphasigen Prozess und integriert dabei auch die Evaluation, indem thematisiert wird, dass im 6. Prozessschritt während der Planung,

Realisierung und Nutzung des Gebäudes ein Abgleich des Bedarfsplans mit den Lösungen erfolgen soll. Eine Verzahnung mit der Gebäudeplanung und die Qualitätssicherung werden nicht thematisiert. Aktivitäten und Werkzeuge werden lediglich erwähnt und über Prüflisten mögliche Aktivitäten und Werkzeuge in Checklisten zugeordnet. Aufgrund ihres allgemeinen Charakters setzt die Norm auch keine Schwerpunkte. Somit stellt die Norm lediglich einen übergeordneten Rahmen für eine Bedarfsplanung dar, der angepasst an die jeweilige Bauaufgabe mit Inhalt gefüllt werden muss.

5.2.2 Bewertung der Methoden im nordamerikanischen Raum

5.2.2.1 Problem Seeking – William Peña, Steven Parshall

Problem Seeking ist eine mehrphasige Methode mit einem Schwerpunkt auf der Einbindung der Nutzer. So beschreibt sie dezidiert die Arbeit und die Kommunikation mit den Nutzern, die Analyse und Kategorisierung von Informationen und die Organisation der Durchführung sowie die Kommunikations- und Arbeitsmethodik. Dabei wird die Bedarfsplanung als iterativer Prozess stufenweise durchgeführt. Es werden eine große Anzahl an für den Krankenhausbau wichtigen Aktivitäten und Werkzeugen beschrieben oder erwähnt. Der prozessuale Schwerpunkt findet in der untersuchten Literatur kaum Beachtung.

5.2.2.2 Programming – Jay Farbstein

Auch Jay Farbsteins Methode ist mehrphasig und hat einen Schwerpunkt auf der Nutzereinbindung. Er geht dabei ausführlich auf die Analyse von Entscheidungsstrukturen und die Teambildung für einen Programming-Prozess ein und führt ebenfalls viele Aktivitäten und Werkzeuge auf, die in einem Bedarfsplanungsprozess für ein Krankenhaus von Bedeutung sind. Auch integriert er die Qualitätssicherung und Evaluation in den Prozess. Prozessentwicklungen sowie eine Verzahnung von Bedarfsplanung und Gebäudeplanung werden nicht thematisiert.

5.2.2.3 Programming of Facilities – Gerald Davis

Die Methode von Gerald Davis ist mehrphasig und mit der Gebäudeplanung verzahnt. Auch der Evaluation und Ergebnisprüfung wird eine große Bedeutung beigemessen. Somit beinhaltet sie einige auch im Krankenhausbau als wichtig herausgearbeitete Merkmale. Der Phasenaufbau ist mit 21 Schritten sehr feingliedrig und detailliert. In der untersuchten Literatur sind nur einige konkrete Aktivitäten und Werkzeuge erläutert, viele werden jedoch erwähnt. Da die Methode für die Bedarfsplanung von Firmen entwickelt wurde, geht sie detaillierter auf Strukturen, das Selbstverständnis des Unternehmens, Zukunftsentwicklungen und die Teambildung ein.

5.2.2.4 Programming Herbert McLaughin – Architekturbüro Kaplan, McLaughlin, Diaz (KMD)

Die Methode von Herbert McLaughin ist zwar mehrphasig und ebenfalls sehr feingliedrig, ist jedoch weder mit der Gebäudeplanung verzahnt, noch stufenweise aufgebaut. Sie integriert aber die Evaluation als eigene Phasen. In der untersuchten Literatur sind kaum konkrete Aktivitäten oder Werkzeuge aufgeführt, sodass hier lediglich festgehalten werden kann, dass viele Punkte grundsätzlich erwähnt werden. Intensiv eingegangen wird auf die Observation und das Verständnis von Nutzerverhaltensweisen durch Studien und Interviews vor Ort.

5.2.2.5 Architectural Programming – Donna Duerk

Donna Duerk entwickelt eine breit gefächerte, allgemeine, umfassende und klar strukturierte Methode, die mit ihrer Mehrphasigkeit, des stufenweisen Aufbaus, der Verzahnung mit der Gebäudeplanung, ausführlicher Erörterungen zur Nutzereinbeziehung und zur Evaluation eine Vielzahl an Eigenschaften aufweist, die bei einer Bedarfsplanung im Krankenhausbau von besonderer Bedeutung sind. Auch Strukturanalysen, Bereichsverknüpfungen und Simulationen werden erörtert, Aspekte der Wirtschaftlichkeit und Businessentwicklung hingegen nicht.

5.2.2.6 Architectural Programming – Edward T. White

Die Methode von Edward T. White ist zwar mehrphasig, jedoch nicht mit der Gebäudeplanung verzahnt. Sie hat einen großen Schwerpunkt im Bereich der Qualitätssicherung während des gesamten Planungsprozesses der Immobile. Auch die Evaluation nach der Fertigstellung wird erwähnt. Die Methode weist keinen Schwerpunkt im Bereich der Prozessentwicklung und der Wirtschaftlichkeitsbetrachtungen auf. Konkrete Werkzeuge werden in der untersuchten Literatur nicht erläutert, mit Ausnahme des Bereichs der Umfeldanalyse, in dem mit einer eigenen Veröffentlichung ein großer Schwerpunkt gesetzt wird.

5.2.2.7 Architectural Programming – Robert R. Kumlin

Die Methode von Robert R. Kumlin ist mehrstufig, iterativ und differenziert in ihren Phasen. Sie integriert mit „Owner Reviews" auch die Qualitätssicherung in den Prozess. Jedoch ist sie nicht verzahnt mit der Gebäudeplanung. Ihre Schwerpunkte liegen in der praktischen Umsetzung der Bedarfsplanung mit der Organisation des Prozesses, der Teambildung, der Durchführung von Interviews und Worksessions sowie in der Anwendung von grafischen Werkzeugen zur Kommunikation. Im Bereich der Werkzeuge geht sie sehr dezidiert auf die Ermittlung von Flächenvorgaben und Kosten ein. Nicht näher betrachtet werden die Themenbereiche der Evaluation und der Businessplanung.

5.2.2.8 Programming for Design – Edith Cherry

Die Methode von Edith Cherry erfüllt mit der Mehrphasigkeit, der stufenweisen Vorgehensweise, einer Verzahnung mit der Gebäudeplanung und ihrem ausführlich erläuterten Schwerpunkt der Nutzereinbindung eine Vielzahl an Punkten, die im Krankenhausbau als wichtig herausgearbeitet wurden. Auch werden Prozessanalysen und Wirtschaftlichkeitssachverhalte thematisiert. Nicht behandelt werden die Bereiche der Qualitätssicherung und Evaluation.

5.2.2.9 Architectural Programming – Henry Sanoff

Henry Sanhoff definiert keinen festen Prozess, da er die Auffassung vertritt, dass der Prozess individuell an die jeweilige Bauaufgabe angepasst werden muss und seine Methode allgemein für alle Gebäudetypen und -größen anwendbar sein soll. Er liefert eine Vielzahl an Aktivitäten und Werkzeugen, die er systematisiert und kategorisiert, um so die Bestandteile zur Entwicklung einer jeweils angepassten Methodik aufzuzeigen. Da er die Beteiligung der Nutzer in den Mittelpunkt stellt, beinhaltet seine Methode gerade im Bereich der Nutzereinbindung mit der Entwicklung von Fragebögen, Bewertungstechniken, der Beschreibung von Rollen- und Auktionsspielen, Observationstechniken und Kommunikationshilfen, wie Symboliken und Diagramme konkrete Aktivitäten und Werkzeuge.

5.2.2.10 Facility Programming – John M. Kurtz

Die Methode von John M. Kurtz ist mehrphasig und sehr stark mit der Gebäudeplanung verzahnt. So ist die Bedarfsplanung erst abgeschlossen, wenn eine mit dem Bedarfsplan abgestimmte Planung vorliegt. Der Bedarfsplanungsprozess ist stufenweise aufgebaut und integriert auch die Qualitätssicherung und Ergebnisüberprüfung in jedem iterativen Schritt durch alle Phasen. Auch eine systematische Evaluation nach Inbetriebnahme wird aufgeführt. In der analysierten Literatur werden nahezu keine konkreten Werkzeuge erläutert. Auch Themenbereiche der Kostenermittlung, der Wirtschaftlichkeit, der Prozessgestaltung und der Businessentwicklung werden nicht erörtert. Aktivitäten sindn lediglich erwähnt, deren Durchführung jedoch nicht näher beschrieben.

5.2.2.11 Environmental Programming for Human Needs – Walter H. Moleski

Walter H. Moleski entwickelt eine mehrphasige Bedarfsplanung im Vorfeld der Gebäudeplanung. Schwerpunkt ist das Verstehen des Unternehmens, der internen Abläufe, seiner Strategie und der Probleme, die mit der neuen Planung gelöst werden sollen. Eine Verzahnung mit der Gebäudeplanung findet nicht statt. Sowohl die Qualitätssicherung während der Bedarfsplanung als auch die Evaluation sind integrativer Teil der Bedarfsplanung, werden jedoch nicht weiter beschrieben. Aktivitäten und Werkzeuge sind in der untersuchten Literatur kaum erläutert, Themenfelder, wie Wirtschaftlichkeitsbetrachtungen, Kostenermittlung und Businessentwicklung nicht aufgeführt. Zwar wird die Analyse von Prozessen erwähnt, jedoch nicht deren Entwicklung.

5.2.2.12 Facility Programming – Mickey A. Palmer

Die Methode von Mickey A. Palmer ist sehr weit ausgearbeitet und umfangreich. Sie stellt sowohl eine stufenweise, als auch eine mit der Planung und Realisierung der Gebäudes verzahnte Bedarfsplanung dar und integriert auch die Qualitätssicherung und Evaluation. Darüber hinaus bietet sie eine Vielzahl von Arbeitsschritten und Werkzeugen für nahezu alle ermittelten Schwerpunkte im Krankenhausbau. Lediglich das Themengebiet der Businessentwicklung wird nicht behandelt.

5.2.2.13 Health-Care-Facility-Programming – George Agron – Stone, Marrachini & Petterson

Die Methode von Georg Agron ist mehrphasig, iterativ und sehr differenziert. Sie ist speziell auf Gesundheitsimmobilien ausgerichtet und hat einen Schwerpunkt bei der Strategieentwicklung, ausgehend bei der landesweiten Gesundheitsplanung bis zur konkreten Immobilie. Weitere Schwerpunkte werden bei der Betrachtung der Wirtschaftlichkeit und der Entwicklung von Prozessen gesetzt. Gerade in diesen Themenbereichen weist die untersuchte Literatur eine Vielzahl an speziell an den Krankenhausbau angepassten Analyse-, Entwicklungswerkzeugen und Aktivitäten auf, von mathematischen, analytischen Modellen und Simulationen bis hin zu empirischen, konzeptionellen und experimentellen Werkzeugen und Aktivitäten. Eine interaktive Verzahnung der Bedarfsplanung mit der Gebäudeplanung wird nicht aufgeführt. Die Evaluation wird zwar thematisiert, ist jedoch kein Teil der Bedarfsplanung und wird nicht in der Detailtiefe verfolgt, wie dies in anderen Methoden erfolgt. Die Einbindung der Nutzer in Form von Aktivitäten und Werkzeugen wird lediglich erwähnt, jedoch in der untersuchten Literatur nicht weiter thematisiert.

5.2.2.14 Architectural Programming – Robert G. Hershberger

Robert G. Hershberger plädiert mit seiner wertorientierten Bedarfsplanung für ein flexibles, den jeweiligen Schwerpunkten und der Komplexität der Aufgabe angepasstes, wirtschaftliches Modell. Dabei ist die Methode mehrphasig und integriert die Qualitätssicherung und die Evaluation. Sie ist jedoch weder stufenweise aufgebaut noch mit der Gebäudeplanung verzahnt. Mit den aufgeführten 5 Zeitpunkten der Evaluierung setzt er einen Schwerpunkt in diesem Bereich. Sehr ausführlich geht er auf die Nutzereinbindung ein und stellt eine Vielzahl an Werkzeugen für Fragebögen, Interviews, Worksessions, aber auch für unterschiedlichste Analysen vor. Gerade in diesem Bereich ist die Methode sehr umfangreich. Simulationen, Rollenspiele, sowie die Bereiche der Prozessentwicklung und Wirtschaftlichkeitsbetrachtungen werden nicht thematisiert. Mit der Erstellung von Entwurfsgrundsätzen und Konzeptskizzen geht Hershberger bereits in der Bedarfsplanung sehr nah an die Gebäudeplanung heran.

5.2.2.15 Programming – Leistungskatalog des AIA

Der Leistungskatalog des AIA gibt lediglich eine kurze allgemeine Einführung in die Thematik und ist kein umfassendes Werk zur Bedarfsplanung. Es wird lediglich ein mehrphasiger Prozess skizziert. Themen, wie eine interaktive Verzahnung mit der Gebäudeplanung, eine stufenweise Vorgehensweise werden nicht aufgeführt. Ergebnisprüfung und Evaluation sind lediglich kurz angerissen. Konkrete Aktivitäten und Werkzeuge werden nicht beschrieben.

5.2.3 Bewertung der Methoden in Europa

5.2.3.1 Strategic Brief – RIBA Plan of Work 2020

Der RIBA Plan of Work ist eine mehrphasige Methode, die in der jeweiligen Phase die zu erzielenden Ergebnisse aufführt, die Aktivitäten und Werkzeuge jedoch nicht näher erläutert. In diesem Zusammenhang werden auch Themen der Wirtschaftlichkeit und Businessplanung angeführt, jedoch nicht weiter erörtert. Auch finden eine Verzahnung mit der Gebäudeplanung und die Qualitätssicherung keine nähere Betrachtung. Die Evaluation wird zwar als eminent wichtig angesehen, jedoch lediglich erwähnt, ohne Integration in den eigentlichen Prozess. Schwerpunkte der Erläuterungen in der untersuchten Literatur, ergänzend zu den Zieldefinitionen, sind die Teambildung für den Bedarfsplanungsprozess und eine Beteiligung des Auftraggebers. So stellt der Plan of Work einen allgemeinen, ausgearbeiteten Rahmen mit Zieldefinitionen dar, der jedoch, mit einem methodischen Vorgehen und den erforderlichen Werkzeugen gefüllt werden muss.

5.2.3.2 Construction Briefing – Peter Barrett und Catherine Stanley

Peter Barrett und Catherine Stanley befassen sich fast ausschließlich mit der Verbesserung der Bedarfsplanung durch Optimierung der Einbindung der Nutzer auf Basis eines Bedarfsplanungsmodells, dass mehrphasig, stufenweise aufgebaut und mit der Gebäudeplanung verzahnt ist. Gerade für den Umgang mit einer Vielzahl an Nutzergruppen im Krankenhaus bietet die Methode somit wichtige Impulse. Aktivitäten und Werkzeuge einer Bedarfsplanung werden hingegen kaum erörtert.

5.2.3.3 Programming – Theo JM van der Voordt, Herman BR van Wegen

Theo JM van der Voordt und Herman BR van Wegen beschreiben einen mehrphasigen, stufenweise aufgebauten und mit der Gebäudeplanung verzahnten Bedarfsplanungsprozess. Es wird ein allgemeiner Überblick über einige Aktivitäten und Werkzeuge gegeben. Ein Schwerpunkt der Veröffentlichung liegt auf der Qualitätssicherung und Evaluation, für die auch Aktivitäten und Werkzeuge erläutert werden.

5.2.3.4 Briefing – Alastair Blyth, John Worthington

Die Methode von Alastair Blyth und John Worthington setzt ihren eindeutigen Schwerpunkt auf die Prozessgestaltung der Bedarfsplanung, die Einbindung der Nutzer und die Entwicklung von Prozessen als Grundlage für eine zielführende Bedarfsplanung. Sie ist mehrphasig und beschäftigt sich in großer Detailtiefe mit der Ausgestaltung eines interaktiven, mit dem gesamten Gebäudelebenszyklus verzahnten Bedarfsplanungsprozess, mit einem ebenfalls großen Schwerpunkt im Bereich der Evaluation. Als Alleinstellungsmerkmale greift sie auch die Schwerpunkte der Anpassungsfähigkeit und Flexibilität von Gebäuden auf und dehnt die Bedarfsplanung auf ein den gesamten Gebäudelebenszyklus umfassendes Instrument aus. Bereiche der Businessentwicklung, der Prognosen und Wirtschaftlichkeitsbetrachtungen sind lediglich erwähnt. Vorgaben zur Quantität und Qualität, sowie zur Kostenermittlung werden ebenfalls kaum behandelt.

5.2.3.5 Usability Briefing for hospital design – Aneta Fronczek-Munter

Die von Aneta Fronczek-Munter entwickelte Methode ist mehrphasige, interaktiv mit der Gebäudeplanung verzahnt und integriert die Ergebnisprüfung und die Evaluation. Dabei stellt die Ergebnisprüfung und Evaluation einen umfassend beschriebenen Schwerpunkt dar, da sie eine Vielzahl an Werkzeugen und Evaluationsbereichen aufführt. Sie erarbeitet eine detaillierte Strategie zur Einbindung der Vielzahl der Nutzergruppen, zur Fokussierung des Bedarfsplanungsprozesses in den einzelnen Projektphasen und setzt einen deutlichen Schwerpunkt bei der Einbeziehung der Nutzer als „Co-Designer" über den gesamten Entstehungsprozess der Immobilie hinweg. Auch Prozessentwicklungen werden als Aktivität beschrieben. Konkrete Werkzeuge werden nur wenige erläutert, da die Studie mehr auf den Prozess fokussiert. So sind auch Wirtschaftlichkeitsbetrachtung, Prognosen sowie die Festlegung und Ermittlung von Quantitäten und Kosten nicht näher thematisiert.

5.2.4 Bewertung der Methoden in Deutschland

5.2.4.1 Bedarfsplanung in der Projektentwicklung – Hans-Peter Achatzi, Werner Schneider, Walter Volkmann

Die Methode von Hans-Peter Achatzi, Werner Schneider und Walter Volkmann basiert auf der DIN 18205 und gibt eine Hilfestellung für deren konkrete Umsetzung in der Praxis. So ist sie mehrphasig, gibt eine klare Ablaufstruktur mit definierten Aktivitäten in allen Phasen vor und beinhaltet eine stufenweise Planung. Eine Verzahnung mit der Gebäudeplanung erfolgt nicht. Die Qualitätssicherung ist in Form von Ablaufschemata in jeder Phase integriert. Aufgrund des Charakters einer „Kurzanleitung" werden nur wenige konkrete Werkzeuge beschrieben. Auch die Aktivitäten werden nicht ausführlich behandelt, sondern lediglich aufgeführt. Der Themenbereich der Evaluation wird ebenfalls nur erwähnt.

5.2.4.2 Nutzerorientierte Bedarfsplanung – Martin Hodulak, Ulrich Schramm

Die Methode von Martin Hodulak und Ulrich Schramm stellt den Nutzer in den Mittelpunkt des Bedarfsplanungsprozesses. Sie ist mehrphasig, von der Grundstruktur her, jedoch nicht stufenweise aufgebaut, oder mit der Gebäudeplanung verzahnt. Sie geht jedoch sehr detailliert auf den Prozessablauf, die Nutzereinbindung und Kommunikationsmatheoden, sowie die Strukturierung und den Aufbau von Aktivitäten, wie Worksessions und Interviews ein und liefert so für den Umgang mit einer Vielzahl an Nutzergruppen im Krankenhaus viele konkrete, praxisnahe Informationen. So werden auch Werkzeuge für die Kommunikation, die Visualisierung und Simulation, die Organisation, Zeit-, Flächen- und Kostenplanung sehr ausführlich beschrieben, während Werkzeuge für Themenbereiche wie die Prozessentwicklung, Wirtschaftlichkeitsaspekte und die Businessplanung nicht im Fokus stehen. Eine prozessbegleitende Qualitätssicherung und Ergebnisprüfung wird nicht thematisiert.

5.2.5 Bewertung der Methoden der strategischen Planung, die Gesichtspunkte der Bedarfsplanung beinhalten

5.2.5.1 Lean Hospital – M. Alkalay, a. Angerer, T. Drews, C. Jäggi, M. Kämpfer, I. Lenherr, J. Valentin, C. Vetterli, D. Walker

Bei Lean Hospital handelt es sich um eine sehr umfassende, prozessorientierte Philosophie und einen ganzheitlichen Ansatz, der ausgerichtet am Patienten und der Wertschöpfung eine Vielzahl an Denkansätzen und eine neue Strukturierung des Bedarfsplanungsprozesses liefern kann. Lean Hospital beinhaltet eine Vielzahl, oft sehr spezifischer, an Gesundheitsimmobilien und die Philosophie angepasste Aktivitäten und Werkzeuge, bis hinein in Detailprozesse. Dabei sind es oft Werkzeuge und Aktivitäten, die in keiner anderen der untersuchten Methoden zu finden sind.

Übertragen auf die Bedarfsplanung wird ein Prozess beschrieben, der stufenweise aufgebaut und mit der Gebäudeplanung und -ausführung verzahnt ist. Über die konkrete Ermittlung von Kosten- und Flächenangaben werden keine Aussagen gemacht, was jedoch wahrscheinlich darin begründet ist, dass es sich um eine übergeordnete Philosophie handelt und somit der Anwendungsfall der baulichen Bedarfsplanung lediglich ein Teil der Betrachtung in der analysierten Literatur ist.

5.2.5.2 Zukunft. Klinik. Bau – Carsten Roth, Uwe Dombrowski, Norbert Fisch

Die vorgestellte Methode ist mehrphasig, jedoch weder stufenweise aufgebaut, noch mit der Gebäudeplanung verknüpft. Sie beinhaltet eine sehr umfangreiche und strukturierte Werkzeugsammlung, die vor allem auch krankenhausspezifische Werkzeuge zur Prozessanalyse und -optimierung, zu Kosten- und Wirtschaftlichkeitsbetrachtungen beinhaltet. So bietet diese Methode ein sehr umfangreiches Nachschlagewerk zu Werkzeugen, ihren Einsatzmöglichkeiten und des Aufwandes ihrer Anwendung und beinhaltet als eine der wenigen untersuchten Methoden auch detaillierte Werkzeuge zur Ermittlung von Material- und Personalbedarf. Nicht eingegangen wird auf Sachverhalte der Qualitätssicherung und Evaluation. Es werden weder Aktivitäten noch organisatorische Abläufe der Planungsphasen beschrieben. Der Umgang mit der Vielzahl an Nutzergruppen und die Nutzereinbeziehung werden lediglich in Form von Ausführungen zur Organisation und Zusammensetzung des Projektteams sowie in Werkzeugen zur Entscheidungsfindung und zur Kreativitätstechnik thematisiert.

5.2.5.3 Integral Process Design (IPD) – Tom Guthknecht

Die Methode hat einen starken wirtschaftlich, prozessorientierten Schwerpunkt. Kern der Methode ist eine Kombination von Werkzeugen, die, mit einer stark auf die Wirtschaftlichkeit und Effizienz ausgerichteten Zielsetzung, versuchen die komplexe Gesamtsituation auf organisatorisch-wirtschaftlich wichtige Kernpunkte („Joker Areas", Schnittstellen, „Assumption traps") zu reduzieren und damit einen größtmöglichen Nutzen zu erzielen. Mit dem „Embrace-Plan" wird ein sehr spezifisches Werkzeug für die Krankenhausplanung entwickelt. Ein konkreter Ablauf des Bedarfsplanungsprozesses, Phasen und Aktivitäten werden nicht benannt. Auch wird die Einbeziehung der Nutzer und der Umgang mit der Vielzahl an Nutzergruppen nicht thematisiert. Angeboten werden spezifische prozess- und wirtschaftlichkeitsorientierte Werkzeuge, mit dem Ziel den Planungsprozess von Gesundheitsbauten zu verbessern. Über die Integration von anderen Methoden und Arbeitstechniken, wie dem Lean Prozess Management, OPIK, CPM und EBD werden indirekt Aktivitäten und Werkzeuge in die Methode integriert.

5.2.5.4 NHS (National Health Service Estates) Health Building Notes (HBNs)

Die HBNs stellen keine Methodik für eine Bedarfsplanung im eigentlichen Sinn dar, da sie kaum Aussagen zu konkreten Phasen, Aktivitäten und Werkzeugen beinhalten. Sie definieren grobe Schritte einer Master- und Bedarfsplanung als Teil des Planungsprozesses und sind schwerpunktmäßig eine praxisorientierte Wissenssammlung mit Checklisten auf Basis von Best Practice-Beispielen. Sie beinhalten über die Checklisten hinaus eine Vielzahl an speziellen, krankenhausbezogenen Beispielen für Raumausführungen, die in Planungsphasen, in denen es um konkrete Ausgestaltungen von Räumen und Funktionseinheiten geht, eine Unterstützung zur Festlegung von Anforderungen sein können.

5.2.5.5 Hospital Planning and Design Process – Owen Hardy und Lawrence P. Lammers

Die Methode von Hardy und Lammers stellt eine systematische, ökonomische Methodik zur Entwicklung eines Krankenhausgebäudes auf Basis von Prognosen, Wirtschaftlichkeitsbetrachtungen und Prozessen dar. Die gesamte Entwicklung folgt der Festlegung von erforderlichen Prozessen und einer möglichst wirtschaftlichen und sinnhaften Prozessgestaltung. Die Methode ist mehrphasig, stufenweise aufgebaut, jedoch nicht mit der Gebäudeplanung verzahnt. Sie ist sehr umfangreich, detailliert und bindet eine Vielzahl an spezifischen Randbedingungen der Bauaufgabe ein. Dabei findet keine klare Trennung zwischen Bedarfs- und Gebäudeplanung statt, sondern die Bedarfsplanung ist Teil einer Gesamtplanungsstrategie und der Übergang von Bedarfs- zur Gebäudeplanung ist eng verzahnt. Es werden Entwicklungsschritte vom Bedarfsplan über Schemazeichnungen und Schemagrundrisse hin zur Entwurfszeichnung aufgezeigt. Zur Nutzereinbeziehung, zu Strategien der Ergebniserarbeitung mit Nutzern werden keine Aussagen gemacht. Die Qualitätssicherung und Ergebnisprüfung während des Prozesses ist lediglich erwähnt. Eine Evaluation wird nur als Teil des Inbetriebnahmeprozesses thematisiert.

5.3 Zusammenfassende Bewertung der untersuchten Methoden der Bedarfsplanung

Um Schwerpunkte der einzelnen, untersuchten Methoden der Bedarfsplanung grafisch deutlich zu machen und in einen vergleichenden Kontext zu stellen, folgt eine zusammenfassende Bewertung. Dabei werden die untersuchten Methoden auf die in Kapitel 4 ermittelten Schwerpunkte einer Bedarfsplanung im Krankenhausbau hin betrachtet. Die Zusammenfassung der Ergebnisse aus der qualitativen Inhaltsanalyse wird hierbei reduziert auf die Phasen, Aktivitäten und Werkzeuge, die von den Experten in der 2. Interviewserie mit mindestens 6,01 Punkten bewertet wurden und damit gemäß der zuvor aufgestellten Kategorisierung grundsätzlich „von hoher Bedeutung" sind.

5.3.1 Zusammenfassende Bewertung der Methoden des Status Quo im Krankenhausbau in Deutschland

Tab. 37: Tabellarische Auswertung der Methoden des Status Quo in Deutschland, bezogen auf erforderliche Schwerpunkte im Krankenhausbau

Untersuchte Methode	Schwerpunkt „von hoher Bedeutung" für Bedarfsplanungen im Krankenhausbau aus Experteninterviewserie 2																										
	Phasen				Aktivitäten									Werkzeuge													
	Stufenweise Bedarfsplanung	Verzahnung mit Gebäudeplanung	Qualitätssicherung	Evaluation	Recherchen	Besichtigungen	Befragungen	Workshops, Interviews	Ergebnisprüfung	Strategieentwicklung	Prozessentwicklung	Ermittlung Projektgrößen + Quantitäten	Entwicklung Kosten + Zeit	Listen, Fragebögen	Benchmarking	Darstellung von Bereichen + Strukturen	Verknüpfung von Bereichen	Prozessvisualisierung + -entwicklung	Prognosen	Wirtschaftlichkeitsbetrachtungen	Ermittlung Flächenbedarfe	Ermittlung Material- + Personalbedarf	Businessentwicklung	Visualisierung + Simulation	Ermittlung Kosten	Zeitplan	Dokumentation + Kontrolle
	1	4	5	6	7	8	9	10	12	13	14	15	16	17	18	20	21	22	25	26	27	28	29	30	31	32	34
HOIA	–	–	–	–	–	–	–	–	–	–	–	–	–	–	–	–	–	–	–	–	–	–	–	–	–	–	–
Empfehlungen AKG	–	–	–	–	–	–	–	O	–	O	–	O	–	–	–	O	–	–	–	O	–	–	–	●	O	–	–
Landesförderung	–	–	–	–	–	–	–	–	O	O	O	–	–	–	–	O	–	–	–	O	–	–	–	–	–	–	–
DIN 18205	●	–	–	●	O	O	O	O	–	O	O	O	O	–	–	–	O	O	–	–	O	O	O	–	O	O	O

5.3.2 Zusammenfassende Bewertung der Methoden im nordamerikanischen Raum

Tab. 38: Tabellarische Auswertung der Bedarfsplanungsmethoden im nordamerikanischen Raum bezogen auf erforderliche Schwerpunkte im Krankenhausbau

Schwerpunkt „von hoher Bedeutung" für Bedarfsplanungen im Krankenhausbau aus Experteninterviewserie 2

Untersuchte Methode	Phasen				Aktivitäten									Werkzeuge													
	Stufenweise Bedarfsplanung	Verzahnung mit Gebäudeplanung	Qualitätssicherung	Evaluation	Recherchen	Besichtigungen	Befragungen	Workshops, Interviews	Ergebnisprüfung	Strategieentwicklung	Prozessentwicklung	Ermittlung Projektgrößen + Quantitäten	Entwicklung Kosten + Zeit	Listen, Fragebögen	Benchmarking	Darstellung von Bereichen + Strukturen	Verknüpfung von Bereichen	Prozessvisualisierung + -entwicklung	Prognosen	Wirtschaftlichkeitsbetrachtungen	Ermittlung Flächenbedarfe	Ermittlung Material- + Personalbedarf	Businessentwicklung	Visualisierung + Simulation	Ermittlung Kosten	Zeitplan	Dokumentation + Kontrolle
	1	4	5	6	7	8	9	10	12	13	14	15	16	17	18	20	21	22	25	26	27	28	29	30	31	32	34
Peña, Parshall	●	○	–	●	○	○	●	●	○	○	–	●	○	●	○	●	●	–	–	●	●	–	○	●	–	○	●
Farbstein	●	–	●	●	○	○	●	●	●	○	–	●	●	○	–	●	●	–	–	●	●	–	–	●	●	○	●
Davis	●	●	○	●	○	–	●	●	○	○	–	○	○	○	○	●	○	–	–	○	○	–	○	●	○	○	○
McLaughlin	–	–	–	●	○	●	○	●	○	○	–	○	○	○	○	○	○	–	–	○	○	–	–	○	○	○	○
Duerk	●	●	●	●	●	●	●	○	○	○	–	○	○	●	–	●	●	○	–	–	○	–	–	●	●	–	●
White	●	–	●	●	○	○	●	●	○	○	–	○	○	○	○	○	○	–	–	–	○	–	–	○	○	○	●
Kumlin	●	–	●	–	–	○	●	●	●	○	–	●	●	●	●	○	–	○	●	–	–	●	●	–	–	●	●
Cherry	●	●	–	–	●	●	●	●	–	●	–	●	●	○	–	●	●	●	●	●	–	●	○	●	●	●	●
Sanoff	○	○	–	●	○	●	●	●	–	–	–	○	○	●	–	●	○	–	–	●	–	–	–	●	–	–	●
Kurz	●	●	●	●	●	○	–	●	●	●	–	–	○	○	–	●	●	–	–	–	○	–	–	●	–	●	○
Moleski	●	–	–	●	○	○	●	●	●	–	–	–	–	–	○	○	–	○	–	–	–	–	–	○	–	–	●
Palmer	●	●	●	●	●	●	–	●	●	●	●	●	●	●	○	●	●	●	○	●	●	–	–	●	●	●	●
Agron	●	–	–	–	○	○	○	○	○	–	●	●	○	○	●	○	●	●	●	●	○	–	●	●	–	●	●

Bewertung der Methoden bezogen auf die Experteninterviewserien 1 und 2

Schwerpunkt „von hoher Bedeutung" für Bedarfsplanungen im Krankenhausbau aus Experteninterviewserie 2

Untersuchte Methode	Phasen				Aktivitäten									Werkzeuge													
	Stufenweise Bedarfsplanung	Verzahnung mit Gebäudeplanung	Qualitätssicherung	Evaluation	Recherchen	Besichtigungen	Befragungen	Workshops, Interviews	Ergebnisprüfung	Strategieentwicklung	Prozessentwicklung	Ermittlung Projektgrößen + Quantitäten	Entwicklung Kosten + Zeit	Listen, Fragebögen	Benchmarking	Darstellung von Bereichen + Strukturen	Verknüpfung von Bereichen	Prozessvisualisierung + -entwicklung	Prognosen	Wirtschaftlichkeitsbetrachtungen	Ermittlung Flächenbedarfe	Ermittlung Material- + Personalbedarf	Businessentwicklung	Visualisierung + Simulation	Ermittlung Kosten	Zeitplan	Dokumentation + Kontrolle
	1	4	5	6	7	8	9	10	12	13	14	15	16	17	18	20	21	22	25	26	27	28	29	30	31	32	34
Hershberger	●	-	●	●	●	●	●	●	●	●	○	-	●	●	●	○	●	●	-	-	●	-	-	●	●	●	●
Leistungskatalog AIA	●	-	-	●	-	○	○	○	○	○	-	○	○	○	○	○	○	-	-	-	○	-	-	○	○	-	-

5.3.3 Zusammenfassende Bewertung der Methoden in Europa

Tab. 39: Tabellarische Auswertung der Bedarfsplanung in Europa bezogen auf erforderliche Schwerpunkte im Krankenhausbau

Untersuchte Methode	Phasen				Aktivitäten									Werkzeuge														
	Stufenweise Bedarfsplanung	Verzahnung mit Gebäudeplanung	Qualitätssicherung	Evaluation	Recherchen	Besichtigungen	Befragungen	Workshops, Interviews	Ergebnisprüfung	Strategieentwicklung	Prozessentwicklung	Ermittlung Projektgrößen + Quantitäten	Entwicklung Kosten + Zeit	Listen, Fragebögen	Benchmarking	Darstellung von Bereichen + Strukturen	Verknüpfung von Bereichen	Prozessvisualisierung + -entwicklung	Prognosen	Wirtschaftlichkeitsbetrachtungen	Ermittlung Flächenbedarfe	Ermittlung Material- + Personalbedarf	Businessentwicklung	Visualisierung + Simulation	Ermittlung Kosten	Zeitplan	Dokumentation + Kontrolle
	1	4	5	6	7	8	9	10	12	13	14	15	16	17	18	20	21	22	25	26	27	28	29	30	31	32	34
RIBA Plan of Work	●	–	–	●	–	–	○	○	–	○	–	○	○	–	○	–	–	–	○	○	○	–	○	○	○	●	●
Barrett, Stanley	●	●	–	–	–	–	○	●	●	–	–	–	–	–	–	–	–	–	–	–	–	–	–	○	○	○	–
V. d. Voordt, v. Wegen	●	●	●	●	–	–	○	○	●	–	–	○	○	–	–	–	●	●	–	–	●	–	–	○	○	○	●
Blyth, Worthington	●	●	●	●	○	●	●	●	●	●	●	–	–	○	○	○	–	–	●	–	○	–	–	○	●	–	●
Fronczek–Munter	●	●	●	●	●	●	●	●	●	●	●	●	●	–	–	○	●	–	–	○	–	–	–	–	●	–	●

5.3.4 Zusammenfassende Bewertung der Methoden in Deutschland

Tab. 40: Tabellarische Auswertung der Bedarfsplanungsmethoden in Deutschland bezogen auf erforderliche Schwerpunkte im Krankenhausbau

Untersuchte Methode	Schwerpunkt „von hoher Bedeutung" für Bedarfsplanungen im Krankenhausbau aus Experteninterviewserie 2																											
	Phasen				Aktivitäten									Werkzeuge													
	Stufenweise Bedarfsplanung	Verzahnung mit Gebäudeplanung	Qualitätssicherung	Evaluation	Recherchen	Besichtigungen	Befragungen	Workshops, Interviews	Ergebnisprüfung	Strategieentwicklung	Prozessentwicklung	Ermittlung Projektgrößen + Quantitäten	Entwicklung Kosten + Zeit	Listen, Fragebögen	Benchmarking	Darstellung von Bereichen + Strukturen	Verknüpfung von Bereichen	Prozessvisualisierung + -entwicklung	Prognosen	Wirtschaftlichkeitsbetrachtungen	Ermittlung Flächenbedarfe	Ermittlung Material- + Personalbedarf	Businessentwicklung	Visualisierung + Simulation	Ermittlung Kosten	Zeitplan	Dokumentation + Kontrolle
	1	4	5	6	7	8	9	10	12	13	14	15	16	17	18	20	21	22	25	26	27	28	29	30	31	32	34
Achatzi u.a.	●	-	●	○	○	○	○	○	○	○	-	○	○	○	○	●	●	○	-	○	●	-	○	-	●	○	○
Hodulak, Schramm	●	-	-	●	○	○	●	●	-	●	-	●	●	●	-	●	●	○	-	○	●	-	○	●	●	●	●

5.3.5 Zusammenfassende Bewertung der Methoden der strategischen Planung, die Gesichtspunkte der Bedarfsplanung beinhalten

Tab. 41: Tabellarische Auswertung der Methoden der strategischen Planung, die Gesichtspunkte der Bedarfsplanung beinhalten, bezogen auf erforderliche Schwerpunkte im Krankenhausbau

	Schwerpunkt „von hoher Bedeutung" für Bedarfsplanungen im Krankenhausbau aus Experteninterviewserie 2																											
	Phasen				Aktivitäten									Werkzeuge													
Untersuchte Methode	Stufenweise Bedarfsplanung	Verzahnung mit Gebäudeplanung	Qualitätssicherung	Evaluation	Recherchen	Besichtigungen	Befragungen	Workshops, Interviews	Ergebnisprüfung	Strategieentwicklung	Prozessentwicklung	Ermittlung Projektgrößen + Quantitäten	Entwicklung Kosten + Zeit	Listen, Fragebögen	Benchmarking	Darstellung von Bereichen + Strukturen	Verknüpfung von Bereichen	Prozessvisualisierung + -entwicklung	Prognosen	Wirtschaftlichkeitsbetrachtungen	Ermittlung Flächenbedarfe	Ermittlung Material- + Personalbedarf	Businessentwicklung	Visualisierung + Simulation	Ermittlung Kosten	Zeitplan	Dokumentation + Kontrolle
	1	4	5	6	7	8	9	10	12	13	14	15	16	17	18	20	21	22	25	26	27	28	29	30	31	32	34
Lean Hospital	•	•	●	●	•	•	•	•	●	●	●	•	-	○	•	•	●	●	-	●	-	•	•	•	●	-	●
Zukunft, Klinik, Bau	-	-	-	-	-	-	○	●	-	•	•	○	•	-	•	●	●	●	●	●	●	●	•	●	•	●	-
IPD	-	-	-	-	-	-	-	-	-	-	-	○	•	●	●	•	●	•	•	●	○	○	-	-			
NHS HBNs	-	-	-	-	-	-	-	-	○	-	○	-	-	-	○	-	-	-	-	-	-	-	•	-	-	●	
Hardy, Lammers	•	-	○	○	●	-	-	-	○	●	•	●	•	-	-	•	●	●	•	●	•	●	•	•	○	•	-

5.4 Zusammenfassung der Bewertung und Fazit

Insgesamt wurden 31 verschiedene Methoden der Bedarfsplanung analysiert. Davon waren 9 Methoden speziell auf das Gesundheitswesen ausgerichtet. Folgende zusammenfassende Ergebnisse können aus den Analysen abgeleitet werden:

5.4.1 Methodengruppe der Normen und Regularien

Die untersuchten Normen, Gesetze, Handlungsempfehlungen, Regularien von Standesvertretungen der Architekten und Empfehlungen von Fachverbänden stellen keine Bedarfsplanungsmethoden im eigentlichen Sinne dar, sondern geben lediglich einen Rahmen bzw. Grundlagen für die Bedarfsplanung als Leistungsbild vor.

Tab. 42: Tabellarische Auswertung der Methodengruppe Normen und Regularien

Untersuchte Methode	Phasen				Aktivitäten									Werkzeuge													
	Stufenweise Bedarfsplanung	Verzahnung mit Gebäudeplanung	Qualitätssicherung	Evaluation	Recherchen	Besichtigungen	Befragungen	Workshops, Interviews	Ergebnisprüfung	Strategieentwicklung	Prozessentwicklung	Ermittlung Projektgrößen + Quantitäten	Entwicklung Kosten + Zeit	Listen, Fragebögen	Benchmarking	Darstellung von Bereichen + Strukturen	Verknüpfung von Bereichen	Prozessvisualisierung + -entwicklung	Prognosen	Wirtschaftlichkeitsbetrachtungen	Ermittlung Flächenbedarfe	Ermittlung Material- + Personalbedarf	Businessentwicklung	Visualisierung + Simulation	Ermittlung Kosten	Zeitplan	Dokumentation + Kontrolle
	1	4	5	6	7	8	9	10	12	13	14	15	16	17	18	20	21	22	25	26	27	28	29	30	31	32	34
HOIA	–	–	–	–	–	–	–	–	–	–	–	–	–	–	–	–	–	–	–	–	–	–	–	–	–	–	–
Empfehlungen AKG	–	–	–	–	–	–	o	–	o	–	o	–	–	–	–	o	–	–	–	o	–	–	●	o	–	–	–
Landesförderung	–	–	–	–	–	–	–	o	o	o	–	–	–	–	–	–	o	–	–	–	o	–	–	–	–	–	–
DIN 18205	●	–	–	●	o	o	o	o	–	o	o	o	o	–	–	–	o	o	–	–	o	o	o	–	o	o	o

Schwerpunkt „von hoher Bedeutung" für Bedarfsplanungen im Krankenhausbau aus Experteninterviewserie 2

Untersuchte Methode	Phasen				Aktivitäten									Werkzeuge													
	Stufenweise Bedarfsplanung	Verzahnung mit Gebäudeplanung	Qualitätssicherung	Evaluation	Recherchen	Besichtigungen	Befragungen	Workshops, Interviews	Ergebnisprüfung	Strategieentwicklung	Prozessentwicklung	Ermittlung Projektgrößen + Quantitäten	Entwicklung Kosten + Zeit	Listen, Fragebögen	Benchmarking	Darstellung von Bereichen + Strukturen	Verknüpfung von Bereichen	Prozessvisualisierung + -entwicklung	Prognosen	Wirtschaftlichkeitsbetrachtungen	Ermittlung Flächenbedarfe	Ermittlung Material- + Personalbedarf	Businessentwicklung	Visualisierung + Simulation	Ermittlung Kosten	Zeitplan	Dokumentation + Kontrolle
	1	4	5	6	7	8	9	10	12	13	14	15	16	17	18	20	21	22	25	26	27	28	29	30	31	32	34
Leistungskatalog AIA	●	-	-	●	-	○	○	○	○	○	-	○	○	○	○	○	-	-	-	○	-	-	○	○	-	-	-
RIBA Plan of Work	●	-	-	●	-	-	○	○	-	○	-	○	○	-	○	-	-	○	○	○	-	-	-	○	○	●	●
NHS HBNs	-	-	-	-	-	○	-	○	-	-	-	○	-	-	-	-	-	-	○	-	-	-	-	●	-	-	●

5.4.2 Allgemeinde Methoden der Bedarfsplanung

In Nordamerika existieren eine Vielzahl an Veröffentlichungen zum Thema Bedarfsplanung mit verschiedenen Methoden und sehr unterschiedlichen Herangehensweisen, Abläufen und Schwerpunkten.

Diese allgemeinen Methoden der Bedarfsplanung, die nicht auf eine bestimmten Gebäudetyp ausgerichtet sind, erfüllen unterschiedlich viele der als grundsätzlich wichtig herausgearbeiteten Kriterien. Vielen Methoden gemeinsam ist, dass der Themenbereich der Prozessentwicklung wenig ausgeprägt ist (Siehe gestrichelte Markierung in nachfolgender Tabelle). Unter den allgemeingültigen Methoden erfüllt die Bedarfsplanungsmethode von Mickey A. Palmer die meisten Kriterien für die Anwendung im Krankenhausbau. Auch die Methoden von Hershberger, Blyth, Worthington und Cherry befassen sich mit einer Vielzahl an Schwerpunkten. Diese Methoden sind in der nachfolgenden Tabelle mit einer dunkelgrauen Hinterlegung hervorgehoben. Methoden von Peña-Parshall, White, Kumlin, Sanoff oder Hodulak-Schramm zeigen jeweils mehrere individuelle Schwerpunkte im Spektrum der für den Krankenhausbau grundsätzlich als wichtig erachteten Bereiche. Diese Methoden sind in der folgenden Tabelle hellgrau unterlegt.

Tab. 43: Tabellarische Auswertung der Methodengruppe der allgemeinen Bedarfsplanungsmethoden

Untersuchte Methode	Phasen				Aktivitäten										Werkzeuge													
	Stufenweise Bedarfsplanung	Verzahnung mit Gebäudeplanung	Qualitätssicherung	Evaluation	Recherchen	Besichtigungen	Befragungen	Workshops, Interviews	Ergebnisprüfung	Strategieentwicklung	Prozessentwicklung	Ermittlung Projektgrößen + Quantitäten	Entwicklung Kosten + Zeit	Listen, Fragebögen	Benchmarking	Darstellung von Bereichen + Strukturen	Verknüpfung von Bereichen	Prozessvisualisierung + -entwicklung	Prognosen	Wirtschaftlichkeitsbetrachtungen	Ermittlung Flächenbedarfe	Ermittlung Material- + Personalbedarf	Businessentwicklung	Visualisierung + Simulation	Ermittlung Kosten	Zeitplan	Dokumentation + Kontrolle
	1	4	5	6	7	8	9	10	12	13	14	15	16	17	18	20	21	22	25	26	27	28	29	30	31	32	34
Peña, Parshall	●	○	–	●	○	○	○	●	●	○	○	–	●	○	●	○	●	●	–	–	●	●	–	○	●	–	○	●
Farbstein	●	–	●	●	○	○	●	●	●	○	–	●	●	○	–	●	●	–	–	●	●	–	–	●	●	○	●
Davis	●	●	○	●	○	–	●	●	○	○	–	○	○	○	○	●	○	–	–	○	○	–	○	●	○	–	○
McLaughlin	–	–	–	●	○	●	○	●	○	○	–	○	○	○	○	○	○	–	–	○	○	–	–	○	○	–	○
Duerk	●	●	●	●	●	●	●	●	○	○	○	–	○	○	●	–	●	●	○	–	–	○	–	–	●	●	–	●
White	●	–	●	●	○	○	●	●	○	○	–	○	○	○	○	○	○	–	–	–	○	–	○	○	–	●
Kumlin	●	–	●	–	–	○	●	●	●	○	–	●	●	●	–	●	●	○	–	○	●	–	–	●	●	–	●
Cherry	●	●	–	–	●	●	●	●	–	●	–	●	●	●	○	–	●	●	●	●	●	●	○	●	●	●	●
Sanoff	○	○	–	●	○	●	●	●	–	–	–	○	○	●	–	●	●	○	–	–	●	–	–	–	●	–	●
Kurz	●	●	●	●	○	–	●	●	●	●	–	–	○	○	–	●	●	–	–	–	○	–	–	●	●	–	●	○
Moleski	●	–	●	●	○	○	●	●	–	–	–	–	○	–	–	○	–	○	○	–	–	–	○	–	●
Palmer	●	●	●	●	●	–	●	●	●	○	○	–	●	○	–	●	●	○	●	–	●	●	–	–	●	●	–	●

Untersuchte Methode	Phasen				Aktivitäten												Werkzeuge													
	Stufenweise Bedarfsplanung	Verzahnung mit Gebäudeplanung	Qualitätssicherung	Evaluation	Recherchen	Besichtigungen	Befragungen	Workshops, Interviews	Ergebnisprüfung	Strategieentwicklung	Prozessentwicklung	Ermittlung Projektgrößen + Quantitäten	Entwicklung Kosten + Zeit	Listen, Fragebögen	Benchmarking	Darstellung von Bereichen + Strukturen	Verknüpfung von Bereichen	Prozessvisualisierung + -entwicklung	Prognosen	Wirtschaftlichkeitsbetrachtungen	Ermittlung Flächenbedarfe	Ermittlung Material- + Personalbedarf	Businessentwicklung	Visualisierung + Simulation	Ermittlung Kosten	Zeitplan	Dokumentation + Kontrolle
	1	4	5	6	7	8	9	10	12	13	14	15	16	17	18	20	21	22	25	26	27	28	29	30	31	32	34
Hershberger	●	–	●	●	●	●	●	●	●	○	–	●	●	●	○	●	●	–	–	–	●	–	–	●	●	●	●
Barrett, Stanley	●	●	–	–	–	○	●	●	–	–	–	–	–	–	–	–	–	–	–	–	–	–	–	–	○	○	–
V. d. Voordt, v. Wegen	●	●	●	●	–	–	○	○	●	–	–	○	○	–	–	●	●	–	–	–	●	–	–	○	○	○	●
Blyth, Worthington	●	●	●	●	○	●	●	●	●	●	–	○	○	○	–	●	●	–	○	–	–	–	○	●	–	○	●
Achatzi u.a.	●	–	●	○	○	○	○	○	○	–	○	○	○	–	●	●	○	–	○	●	–	○	–	●	●
Hodulak, Schramm	●	–	–	–	○	○	●	●	–	●	–	●	●	●	–	●	○	–	○	●	–	○	○	●	●	○	●

Schwerpunkt „von hoher Bedeutung" für Bedarfsplanungen im Krankenhausbau aus Experteninterviewserie 2

5.4.3 Methoden für Bedarfsplanungen im Gesundheitswesen

Speziell auf das Gesundheitswesen ausgerichtete Methoden sind oft weniger breit gefächert in ihren Phasen, Aktivitäten und Werkzeugen als allgemeine Methoden. Sie beinhalten auch oft sehr spezifische, an diese Bauaufgabe angepasste Aktivitäten und Werkzeuge, die in eine an den Krankenhausbau besser angepasste Methode sicherlich Eingang finden sollten. Sie haben oft einen bestimmten Fokus innerhalb der Bedarfsplanung, sodass sie in diesen Bereichen sehr ausgearbeitet und detailliert sind, während sie andere, im Rahmen dieser Arbeit als für den Krankenhausbau ebenfalls als wichtig erachtete Schwerpunkte, wenig behandeln. Gerade in den Bereichen der Phaseneinteilung und des Ablaufs der Bedarfsplanung sowie in den Aktivitäten und der Nutzereinbindung machen viele der Methoden keine oder nur wenige Angaben.

Eine Ausnahme stellt die Methode „Lean Hospital" dar. Sie ist sehr umfassend und behandelt in der untersuchten Literatur nahezu alle Schwerpunkte, mit Ausnahme von konkreten Flächen- und Kostenermittlungen. In der nachfolgenden Tabelle ist die Methode mit einer dunkelgrauen Hinterlegung hervorgehoben.

Tab. 44: Tabellarische Auswertung der Methodengruppe der Bedarfsplanungsplanungen im Gesundheitswesen

Untersuchte Methode	Phasen				Aktivitäten									Werkzeuge													
	Stufenweise Bedarfsplanung	Verzahnung mit Gebäudeplanung	Qualitätssicherung	Evaluation	Recherchen	Besichtigungen	Befragungen	Workshops, Interviews	Ergebnisprüfung	Strategieentwicklung	Prozessentwicklung	Ermittlung Projektgrößen + Quantitäten	Entwicklung Kosten + Zeit	Listen, Fragebögen	Benchmarking	Darstellung von Bereichen + Strukturen	Verknüpfung von Bereichen	Prozessvisualisierung + -entwicklung	Prognosen	Wirtschaftlichkeitsbetrachtungen	Ermittlung Flächenbedarfe	Ermittlung Material- + Personalbedarf	Businessentwicklung	Visualisierung + Simulation	Ermittlung Kosten	Zeitplan	Dokumentation + Kontrolle
	1	4	5	6	7	8	9	10	12	13	14	15	16	17	18	20	21	22	25	26	27	28	29	30	31	32	34
Agron	●	-	-	○	○	○	○	○	-	●	●	○	○	●	○	●	●	●	●	○	-	●	●	-	●	●	●
Fronczek–Munter	●	●	●	●	●	●	●	●	●	●	●	●	-	-	○	●	-	-	○	-	-	-	-	-	●	-	●
Lean Hospital	●	●	●	●	●	●	●	●	●	●	●	●	-	○	●	●	●	-	●	-	●	●	●	●	-	-	●
Zukunft, Klinik, Bau	-	-	-	-	-	-	○	●	-	●	●	○	●	-	●	●	●	●	●	●	●	●	●	●	-		
IPD	-	-	-	-	-	-	-	-	-	-	-	-	-	●	-	○	●	●	●	●	●	●	●	●	○	○	●	-
Hardy, Lammers	●	-	○	○	●	-	-	-	○	●	●	●	●	-	-	●	●	●	-	●	●	●	●	●	-	○	●	-

6 Diskussion der Ergebnisse und Ableitung eines Vorgehenskonzeptes

6.1 Diskussion der Ergebnisse

Wie im vorausgegangenen Kapitel aufgezeigt ist grundsätzlich im Krankenhausbau ein breit gefächertes Spektrum an Phasen, Aktivitäten und Werkzeugen im Rahmen der Bedarfsplanung erforderlich. Von den im Rahmen der Literaturanalyse abgeleiteten 34 Aspekten (6 Aspekte zu Phasen, 10 Aspekte zu Aktivitäten und 18 Aspekte zu Werkzeugen) wurden 27 als „von hoher Bedeutung" bewertet. Lediglich 7 Aspekte wurden im Rahmen der Experteninterviewserie für den Krankenhausbau als „von durchschnittlicher" oder „geringer Bedeutung" angesehen.

Abweichend von dieser grundsätzlichen, allgemeinen Bewertung zu Projekten im Krankenhausbau können, wie bereits in der Ergebnisinterpretation zu den Experteninterviewserien erwähnt, konkrete Bauprojekte im Krankenhausbereich jedoch sehr unterschiedliche Ausprägungen haben, sodass auch durchaus verschiedene Aspekte, je nach individueller Aufgabenstellung, auch differenzierte Gewichtungen erhalten können.

Wie bereits in der Literaturanalyse aufgezeigt, weisen die einzelnen Methoden wiederum sehr unterschiedliche Strukturierungen und Schwerpunkte auf. Dies lässt die Schlussfolgerung zu, dass im Rahmen der ermittelten wichtigen Aspekte im Krankenhausbau, je nach individuellem Projekt, die Wahl einer Methode mit möglichst angepasstem Spektrum an Phasen, Arbeitsmitteln und Werkzeugen von Vorteil wäre. So kann gesagt werden, dass bei bestimmten Schwerpunkten eines Projektes entsprechende Bedarfsplanungsmethoden als besonders geeignet angesehen werden können:

Stehen beispielsweise **betriebswirtschaftliche Sachverhalte** im Vordergrund der Bedarfsplanung, so liegen diesbezügliche Schwerpunkte bei folgenden Methoden vor:
– Integral Process Design (IPD) von Tom Guthknecht
– Hospital Planning and Design Process von Owen Hardy und Lawrence P. Lammers
– Zukunft.Klinik.Bau von Carsten Roth, Uwe Dombrowski und Norbert Fisch
– Lean Hospital von M. Alkalay, a. Angerer, T. Drews, C. Jäggi, M. Kämpfer, I. Lenherr, J. Valentin, C. Vetterli, D. Walker

Liegt der Fokus der Bedarfsplanung eindeutig auf Fragen zur **Prozessgestaltung und der Prozessqualität**, so werden diese schwerpunktmäßig in folgenden Methoden betrachtet:

- Lean Hospital von M. Alkalay, a. Angerer, T. Drews, C. Jäggi, M. Kämpfer, I. Lenherr, J. Valentin, C. Vetterli, D. Walker
- Hospital Planning and Design Process von Owen Hardy und Lawrence P. Lammers

Ist eine Aufgabenstellung mit einem großen Gewicht auf der **Qualitätssicherung und Evaluation** zu bearbeiten, so sind Schwerpunkte in folgenden Methoden vorhanden:
- Usability Briefing for hospital design von Aneta Fronczek-Munter
- Lean Hospital von M. Alkalay, a. Angerer, T. Drews, C. Jäggi, M. Kämpfer, I. Lenherr, J. Valentin, C. Vetterli, D. Walker
- Programming von Theo JM van der Voordt, Herman BR van Wegen
- Briefing von Alastair Blyth, John Worthington

Sollte eine große **Werkzeugvielfalt für unterschiedlichste Sachverhalte** erforderlich sein, so finden sich in folgenden Methoden die meisten Werkzeuge:
- Zukunft.Klinik.Bau von Carsten Roth, Uwe Dombrowski und Norbert Fisch
- Integral Process Design (IPD) von Tom Guthknecht
- Hospital Planning and Design Process von Owen Hardy und Lawrence P. Lammers

Sind **Befragungen der Nutzer** von entscheidender Bedeutung, oder gestaltet sich dieser Bereich beispielsweise aufgrund der Verschiedenartigkeit oder Anzahl der Nutzer als besonders komplex, so sind folgende Methoden mit diesbezüglichen Schwerpunkten hilfreich:
- Problem Seeking von William Peña, Steven A. Parshall
- Architectural Programming von Edward T. White
- Architectural Programming von Robert R. Kumlin
- Architectural Programming von Henry Sanoff
- Facility Programming von Mickey A. Palmer
- Architectural Programming von Robert G. Hershberger
- Construction Briefing von Peter Barrett und Catherine Stanley
- Briefing von Alastair Blyth, John Worthington
- Usability Briefing for hospital design von Aneta Fronczek-Munter

Mit steigender Komplexität einer Bauaufgabe wird wahrscheinlich auch die Anzahl der Schwerpunkte steigen, was grundsätzlich die Schlussfolgerung nahe legt, dass bei einer hohen Anzahl an Schwerpunkten die Methoden am besten geeignet sind, welche die meisten Sachverhalte, möglichst als Schwerpunkte, behandeln.
In der nachfolgenden Tabelle ist die Anzahl der in der untersuchten Literatur behandelten Sachverhalte sowie die davon als Schwerpunkte behandelten Themen für jede Methode aufgeführt sodass eine rein quantitative Bewertung ermöglicht wird.

Die Methode mit der jeweils höchsten Punktzahl ist dunkelgrau, die mit der zweithöchsten Punktzahl hellgrau hinterlegt.

Tab. 45: Vergleichsbewertung der Methoden bezogen auf behandelte Aspekte und Schwerpunkte

Methode	Anzahl der behandelten Aspekte „von hoher Bedeutung"	Anzahl an davon als Schwerpunkte behandelte Aspekte
Normen und Regularien		
HOAI	0	0
Empfehlungen AKG	1	0
Landesförderung	0	0
DIN 18205	2	0
Leistungskatalog AIA	2	0
RIBA Plan of Work	4	0
NHS HBNs	2	1
Allgemeine Methoden der Bedarfsplanung		
Peña, Parshall	12	5
Farbstein	15	0
Davis	6	0
McLaughlin	3	0
Duerk	13	3
White	6	3
Kumlin	14	6
Cherry	20	4
Sanoff	10	6
Kurz	12	2
Moleski	7	0
Palmer	22	5
Hershberger	18	8
Barrett, Stanlev	4	2
V. d. Voordt, v. Wegen	9	3
Blyth, Worthington	13	7
Achatzi u.a.	7	0

Methode	Anzahl der behandelten Aspekte „von hoher Bedeutung"	Anzahl an davon als Schwerpunkte behandelte Aspekte
Hodulak, Schramm	14	3
Bedarfsplanungsmethoden für den Krankenhausbau		
Agron	13	3
Fronczek-Munter	14	5
Lean Hospital	21	10
Zukunft. Klinik. Bau	15	6
IPD	10	4
Hardy, Lammers	16	7

6.2 Ableitung eines Vorgehenskonzeptes

Über die grundsätzlichen Aussagen hinaus, ist aus diesen Ergebnissen die Ableitung eines Vorgehenskonzeptes für den Auftraggeber bzw. Bauherrn möglich, indem durch die Abfrage von Projektschwerpunkten, auf Basis der im Rahmen dieser Arbeit untersuchten Aspekte, eine für sein konkretes Projekt möglichst passende Methode ausgewählt werden kann. Somit wäre der Auftraggeber in der Lage den Bedarfsplaner nach der für die Bedarfsplanung verwendeten Methode, gezielt für das betrachtete Projekt auszuwählen. Durch diese Auswahl und die somit auf das Projekt möglichst optimal abgestimmte Wahl von Schwerpunkten und Vorgehensweisen in der Bedarfsplanung besteht die Möglichkeit die Qualität der Bedarfsplanung durch eine Abstimmung auf das konkrete Projekt zu verbessern.

6.2.1 Entwicklung eines Fragebogens für den Auftraggeber

Aus dem Fragebogen der 2. Experteninterviewserie und der zugehörigen Auswertung lässt sich ein Fragebogen für den Auftraggeber / Bauherrn ableiten, der vor dem Projektstart und der Bedarfsplanung Grundzüge des Projektes klärt. Ein erster Entwurf einer solchen Unterlage ist in nachfolgender Tabelle dargestellt.
  In den Fragebogen aufgenommen werden lediglich die 27 Aspekte, die von den Experten als im Krankenhausbau „von hoher Bedeutung" bewertet wurden.

Tab. 46: Entwurf eines Auftraggeber-Fragebogens zur Festlegung von individuellen Projektschwerpunkten

Eigenschaften der Bedarfsplanung	Grad der Bedeutung		
	von großer Bedeutung	von durchschnittlicher Bedeutung	von geringer Bedeutung
Welche Bedeutung messen Sie nachfolgend aufgeführten Phasen, Aktivitäten und Werkzeugen der Bedarfsplanung bei?			

PHASEN

Eine stufenweise Erarbeitung der Bedarfsplanung – Vom Groben ins Feine			
Beispiele: – Grob- und Feinprogramm – Basisprogramm, Finales Programm – Functional-, Technical- und Designprogramm			
Eine interaktive Verzahnung von Bedarfsplanung und Gebäudeplanung			
Organisatorische und zeitliche Verzahnung von Bedarfsplanung und Gebäudeplanungsprozess			
Prozessbegleitende Qualitätssicherung als Phase			
Prüfberichte mittels Nutzerbefragungen, Monitoring, Bewertung der Effizienz etc. und Fortschreibung der Bedarfsplanung			
Evaluation des Bedarfsplanes			
Evaluation mittels Indikatoren, Befragungen, Monitoring-Methoden und Workshops nach Fertigstellung des Bauvorhabens			

AKTIVITÄTEN

Recherchen			
Literatur-, Datenbanken-, Zeitungs- und Bibliotheksrecherchen			
Besichtigungen			

Eigenschaften der Bedarfsplanung	Grad der Bedeutung		
Welche Bedeutung messen Sie nachfolgend aufgeführten Phasen, Aktivitäten und Werkzeugen der Bedarfsplanung bei?	von großer Bedeutung	von durchschnittlicher Bedeutung	von geringer Bedeutung
Besuch ähnlicher Projekte und vergleichbarer Strukturen sowie von „Best-Practice"-Beispielen			
Befragungen			
Zu Zielen, Problemen oder zum Status Quo auf unterschiedlichen Ebenen, Befragungen der Lokalpolitik etc.			
Workshops, Interviews			
Teambildung, Arbeits-Sessions, Workshops, individuelle Interviews, Gruppeninterviews, Audio- und Videokonferenzen			
Ergebnisprüfung			
Überprüfung des Bedarfsplanungs-Ergebnisses			
Strategieentwicklung			
Zu Raum, Zentralisation / Dezentralisation, Flexibilität, Fluss, Energie, Synchronisierung, Qualitäten, Prioritäten etc.			
Prozessentwicklung			
Bestimmung der Basisprozesse, Ableitung der Ablaufprozesse und der Kapazitäten			
Ermittlung Projektgrößen + Quantitäten			
Raumgrößen und -zuschnitte, Nutzungs-, Konstruktions-, Verkehrs, und Technikflächen			
Ermittlung von Kosten + Zeit			
Zeitplanung, Kostenrahmen, Prüfung der ökonomischen Machbarkeit			
WERKZEUGE			
Listen, Fragebögen			

Eigenschaften der Bedarfsplanung	Grad der Bedeutung		
Welche Bedeutung messen Sie nachfolgend aufgeführten Phasen, Aktivitäten und Werkzeugen der Bedarfsplanung bei?	von großer Bedeutung	von durchschnittlicher Bedeutung	von geringer Bedeutung
Interview-Fragebögen, Nutzungsformulare, Datensammlungs-Fragebögen			
Benchmarking			
Leesmann-Index, Workplace-Analysis, Clusteranalyse			
Darstellung von Bereichen und Strukturen			
Brown Sheeds, Stapeldiagramme, Strukturdiagramme, Organigramme			
Verknüpfung von Bereichen			
Bubble-Diagramme, Interaktionsmatrix, Von-Nach-Matrix			
Prozessvisualisierung + -entwicklung			
Flussdiagramme, Business-Process-Modelling, Story-Line			
Prognosen			
Entwicklungsprognosen, Delphi-Methode, Risikoanalyse, Szenario-Technik, Globale Bedarfsprognose, Regressionsanalyse			
Wirtschaftlichkeitsbetrachtungen			
Break-Even-Analyse, Lebenszyklusanalyse, Standortanalyse			
Ermittlung Flächenbedarfe			
Flächenbedarfsermittlung mittels Kennzahlen, funktionale Flächenermittlung, Raumbuch			
Ermittlung Material- und Personalbedarf			
Personalbedarfsermittlung über Prozesse, Kennzahlenmethode oder über Stellenplanmethode, Betriebsmittelbedarfsberechnung			
Businessentwicklung			
Betriebs- und Organisationskonzept, Transition Assistance, Joker-Area-Definition, Embrace Plan, operationale Flussplanung, Grey-Performance-Analysis			

Eigenschaften der Bedarfsplanung	Grad der Bedeutung		
	von großer Bedeutung	von durchschnittlicher Bedeutung	von geringer Bedeutung
Welche Bedeutung messen Sie nachfolgend aufgeführten Phasen, Aktivitäten und Werkzeugen der Bedarfsplanung bei?			
Visualisierung und Simulation Kartentechnik, grafische Werkzeuge, Prototypenlayout	☐	☐	☐
Ermittlung Kosten Gesamtkostenaufstellung, Investitionskostenaufstellung, Nutzungskostenprognose	☐	☐	☐
Zeitplan Idealzeitplan	☐	☐	☐
Dokumentation und Kontrolle Bedarfsplan-Report, Prüflisten, Clusteranalyse, Korrelationsanalyse	☐	☐	☐

6.2.2 Möglichkeiten und Anwendungen des Vorgehenskonzeptes

Im Rahmen der Auswertung des Fragebogens würde dann eine Bedarfsplanungsmethode abgeleitet, die möglichst weit auf die Schwerpunkte und Spezifika des Projektes eingeht. Auf dieser Basis könnten eine oder mehrere geeignete Bedarfsplanungsmethoden ausgewählt und allen Bewerbern für das Leistungsbild der Bedarfsplanung zur Vorgabe gemacht werden.

Alternativ könnte man bei Ausschreibung der Bedarfsplanung lediglich die Schwerpunkte benennen und eingehende Angebote für die Bedarfsplanung auf dieser Grundlage auch bewerten. Mit dieser Vorgehensweise wäre es grundsätzlich auch möglich andere, im Rahmen dieser Studie nicht untersuchte Methoden der Bedarfsplanung, auf ihre Eignung hin zu überprüfen und zu bewerten. Vor dem Hintergrund, dass viele Bedarfsplaner eigene Methoden verwenden, könnte die Durchführung der Bedarfsplanung so transparenter werden. Die Vorgehensweise zur Bewertung weiterer, individueller Methoden bedarf jedoch, aufbauend auf den Ergebnissen dieser Arbeit, einer weiteren, gesonderten Entwicklung.

Die vorliegende Arbeit zeigt damit einen Weg auf, wie der Projektstart von Bauvorhaben im Krankenhausbau durch eine gezielte Auswahl eines Bedarfsplaners und/oder einer Bedarfsplanungsmethode besser strukturiert werden kann und wie das Ergebnis der Bedarfsplanung durch diese Wahl verbessert werden könnte. Der Auftraggeber wird in die Lage versetzt schon vor der Wahl des Bedarfsplaners, aus Aspekten, die im Allgemeinen im Krankenhausbau von hoher Bedeutung sind, für das konkrete Projekt ihm wichtige Randbedingungen zu formulieren, die durch die Wahl eines entsprechenden Bedarfsplaners bzw. einer Methode von Beginn an die notwendige Gewichtung erhalten. Vom Auftraggeber gesetzte Schwerpunkte werden so in der Bedarfsplanung entsprechend berücksichtigt und behandelt. Auch können mit diesem Ansatz grundsätzlich unterschiedliche Bedarfsplanungsangebote und Methoden bewertet werden, sodass, gerade vor dem Hintergrund, dass eine Vielzahl an Krankenhausbauprojekten öffentlich gefördert sind, eine fachlich fundierte Auswahlentscheidung für einen Bedarfsplaner getroffen werden kann.

7 Schlussfolgerungen und Ausblick

7.1 Schlussfolgerungen

Mit der vorliegenden Arbeit wurden existierende Methoden der Bedarfsplanung bezogen auf die Bauaufgabe „Krankenhaus" untersucht und auf Basis einer Literaturanalyse einer Einschätzung auf Ihre diesbezüglichen Ausprägungen unterzogen. Im Rahmen der im ersten Schritt durchgeführten qualitativen Literaturanalyse wurden Phasen, Aktivitäten und Werkzeuge der einzelnen Methoden analysiert, in der folgenden Experteninterviewserie 1 zunächst relevante Sachverhalte und aktuelle Entwicklungen im Gesundheitssektor sowie deren Einflusstiefen auf das Krankenhaus und die Prozesse im Haus bewertet. Im dritten Schritt folgte in Experteninterviewserie 2 auf dieser Basis eine Einschätzung der Bedeutung von Phasen, Aktivitäten und Werkzeugen in der Bedarfsplanung, bezogen auf die ermittelten Schwerpunkte aus Interviewserie 1.

Als Ergebnisse aus den Analysen kann festgehalten werden, dass gerade in Nordamerika und Großbritannien viele Veröffentlichungen zur Bedarfsplanung existieren, die eine kontinuierliche Auseinandersetzung und Entwicklung in diesem Themengebiet dokumentieren. Die untersuchten Methoden der Bedarfsplanung beschreiben viele unterschiedliche Vorgehensweisen, die vielfältige Anregungen und Grundlagen für die Weiterentwicklung der Bedarfsplanung im Krankenhausbau liefern können. Die analysierten, spezifischen Bedarfsplanungsmethoden für den Krankenhausbau zeigen, dass auch Methoden, die bereits vor einigen Jahrzehnten entwickelt wurden, viele in dieser Arbeit als wichtig herausgearbeitete Sachverhalte berücksichtigen und dafür teilweise differenzierte Vorgehensweisen beinhalten. Die vorliegende Arbeit zeigt jedoch auch, dass die untersuchten Gesetze, Normen und Richtlinien lediglich als Leitlinien dienen können, da sie kaum ausdifferenziert und nicht an diese komplexe und spezielle Aufgabe angepasst sind.

Bezogen auf die in Kapitel 1 formulierten Forschungsfragen wird ersichtlich, dass bei einer komplexen Bauaufgabe, wie einem Krankenhaus, eine Vielzahl von Phasen, Aktivitäten und Werkzeugen erforderlich und dass die Wertungen der Experten bezüglich der Bedeutung von bestimmten Phasen, Aktivitäten und Werkzeugen individuell sehr unterschiedlich sind. Dies deutet ebenfalls auf die Komplexität und auch die individuell sehr unterschiedlichen Ausprägungen der jeweiligen Bauaufgaben hin. Gleichzeitig führt dieser Umstand dazu, dass sich nicht einige wenige Schwerpunkte ermitteln lassen, sondern, dass eine Bedarfsplanungsmethode im Krankenhausbau eine Vielzahl an Möglichkeiten bieten sollte, um diese Aufgabe zu behandeln. Es wurde herausgearbeitet, dass die Vielzahl der Nutzergruppen in einem Krankenhaus und die Prozesse maßgebliche Schwerpunkte sind, für deren Bearbeitung eine große Anzahl an spezifischen Phasen, Aktivitäten und Werkzeugen von Bedeutung sein kann.

Auf Basis dieser Ergebnisse lässt sich somit keine allgemeingültige maßgebliche Vorgehensweise ableiten, wie in den Forschungsfragen formuliert, wohl aber ein Vorgehenskonzept für den Auftraggeber bzw. den Bauherrn. So wurde mit der Entwicklung eines Fragebogens für den Auftraggeber ein Werkzeug entwickelt, mit dessen Hilfe im Vorfeld des Projektes die individuellen Schwerpunkte festgelegt und damit eine möglichst optimale Bedarfsplanungsmethode ausgewählt oder Bedarfsplanungsangebote bewertet werden können. Somit wurde die Forschungsfrage dahingehend beantwortet, dass die maßgeblichen Vorgehensweisen projektspezifisch aus den im Krankenhausbau im Allgemeinen wichtigen Phasen, Aktivitäten und Werkzeugen als Schwerpunkte herausgearbeitet werden können.

7.2 Ausblick

Die Arbeit schafft über die dargelegte konkrete Vorgehensweise zur Auswahl einer Bedarfsplanungsmethode bzw. eines Bedarfsplaners eine mögliche Ausgangsbasis zur Weiterentwicklung von spezielle an die Bauaufgabe des Krankenhauses angepassten Vorgehensweisen in der Vorplanungsphase und bietet vielfältige Möglichkeiten für weitergehende Forschungen und die Weiterentwicklung der Bedarfsplanung. Im Folgenden sind einige Beispiele hierfür aufgeführt.

7.2.1 Praxiserprobung und Weiterentwicklung des Vorgehenskonzeptes zur Beurteilung von angebotenen Bedarfsplanungsleistungen

Über die Auswertung von in der Praxis auf Basis dieser Arbeit durchgeführten Auswahlverfahren von Bedarfsplanungsmethoden und die darauf aufbauend durchgeführten Bedarfsplanungen könnten zukünftig die im Rahmen dieser Arbeit lediglich allgemein für den Krankenhausbau herausgearbeiteten Phasen, Aktivitäten und Werkzeuge „von hoher Bedeutung" bezogen auf die individuellen Projekte weitergehend analysiert werden. Mittels dieser Analysen könnte das Vorgehenskonzept zur Auswahl der Bedarfsplanungsmethode bzw. des Bedarfsplaners weiter spezifiziert, verbessert oder angepasst werden.

Auch ist es möglich das Vorgehenskonzept derart weiterzuentwickeln, dass individuelle, von Bewerbern vorgestellte Bedarfsplanungsmethoden, die im Rahmen dieser Arbeit nicht erfasst wurden, bewertet werden können.

7.2.2 Detailuntersuchungen von Aktivitäten und Werkzeugen

Als weiterer Forschungsbereich wären detailliertere Untersuchungen von Aktivitäten und Werkzeugen im Rahmen der bisher ermittelten Schwerpunkte denkbar, um diese Sachverhalte weiter zu differenzieren und zu analysieren. Beispielsweise könnten die Schwerpunktaktivitäten der Strategieentwicklung oder der Nutzereinbindung über Workshops und Interviews eingehender untersucht werden, um zu ermitteln welche Aktivitäten und Einzelwerkzeuge von besonderer Bedeutung sind. Wie könnten beispielsweise die Bereiche der Teambildung, Nutzermotivation und -kommunikation im Rahmen der Nutzereinbindung spezifisch gestaltet werden? Auch Kommunikationsaktivitäten und -werkzeuge, Visualisierungen oder Simulationen könnten beispielsweise, bezogen auf den Krankenhausbau, weiter detailliert untersucht werden.

Aufgrund der Vielfalt an erforderlichen Aktivitäten und Werkzeugen sind viele weitere Detailuntersuchungen möglich, wie bereits die wenigen, aufgeführten Beispiele zeigen.

7.2.3 Weitere Untersuchung von individuellen Besonderheiten einzelner Methoden

Einige der untersuchten Methoden weisen individuelle Besonderheiten auf, die im Rahmen dieser Arbeit nicht näher untersucht wurden, da sie entweder über die eigentliche Bedarfsplanung hinausreichen, oder lediglich eine Besonderheit nur einer bestimmten Methode sind. Auch der Einsatz dieser Besonderheiten könnte je nach spezifischer Aufgabenstellung sinnvoll sein, sodass diese Sachverhalte, ihre Bedeutung und mögliche Anwendungsgebiete im Rahmen der spezifischen Bauaufgabe des Krankenhauses detailliert eingehender untersucht werden könnten.

Einsatz von Skizzen und Zeichnungen
Im Besonderen bei den Methoden von Owen Hardy – Lawrence P. Lammers und Robert G. Hershberger ist die Bedarfsplanung sehr eng mit der Gebäudeplanung verknüpft, indem schon vor der eigentlichen Planung, im Rahmen der Bedarfsplanung, Skizzen, Grundrissschemata etc. erarbeitet werden und ein mehr oder weniger „fließender" Übergang zur Gebäudeplanung erfolgt. Der frühe Einsatz und die Integration grafischer Mittel kann möglicherweise sinnvoll sein, wenn Sachverhalte so weniger abstrakt und räumlich vorstellbar dargestellt werden können.

Die Health Building Notes (HBNs) gehen in diesem Bereich der grafischen Bearbeitung noch weiter, indem sie Anforderungen an das Gebäude anhand von Beispielen für die Raumausführung festlegen. Auch diese Arbeitsweise über konkrete räumliche Planungen und Beispiele kann möglicherweise für die Lösung bestimmter Probleme von Vorteil sein.

Anpassungsfähigkeit von Gebäuden
Alastair Blyth, John Worthington thematisieren intensiv die Anpassungsfähigkeit des Gebäudes, einen Sachverhalt, der bei vielen Planungen im Krankenhausbau

von großer Bedeutung ist, sodass diese Methode hier eine wichtige Hilfestellung bieten kann.

Umfeldanalyse
Robert G. Hershberger und Edward T. White setzen einen Schwerpunkt bei der Umfeld- bzw. Ortsanalyse, die bei vielen Projekten unter wirtschaftlichen, nutzungstechnischen, städtebaulichen oder gestalterischen Aspekten zu beachten ist und somit bei entsprechender Problemlage mittels der Aktivitäten und Werkzeuge der beiden Methoden bearbeitet werden kann.

Ausdehnung der Bedarfsplanung auf den gesamten Lebenszyklus
Die Methode von Alastair Blyth und John Worthington sowie Lean Hospital thematisieren diese Idee und regen eine Bedarfsplanung an, die kontinuierlich überprüft, fortgeschrieben und angepasst wird. Sie wird damit zu einem aktiven Steuerungselement über den gesamten Lebenszyklus einer Immobilie hinweg, ein Sacherhalt, der gerade bei Projekten von Relevanz sein kann, die bereits im Stadium der Bedarfsplanung einem absehbaren, sehr schnellen Wandel unterliegen.

Durchführung von Veränderungsprozessen
Ein großer Schwerpunkt von „Lean Hospital" ist die praktische Durchführung von Veränderungsprozessen, was im Rahmen der Bedarfsplanung beispielsweise die Umsetzung des Bedarfsplanes bzw. dessen Zielen bedeuten kann. Gerade bei komplexen Projekten mit vielen Nutzern ist dies ein wichtiges Themenfeld.

7.2.4 Entwicklung einer detaillierteren Phasenstruktur

Bestimmte Phasenabfolgen, -variationen, -alternativen oder -untergliederungen wurden im Rahmen dieser Arbeit nicht untersucht. Die Betrachtung beschränkte sich auf Grundsätze zu den Phasen einer Bedarfsplanung. In weiteren Untersuchungen wäre, auf Basis der durchgeführten Einzeluntersuchungen, die Entwicklung von detaillierteren prototypischen Phasenstrukturen für Bedarfsplanungen im Krankenhaus möglich.

7.2.5 Zusammenfassung

Insgesamt wird verdeutlicht, dass die Bedarfsplanung, ihre Weiterentwicklung und Anpassung an spezielle Bauaufgaben und sich wandelnde Gegebenheiten, ein Arbeitsfeld ist, auf dem weitergehende Forschungen und Entwicklungen erforderlich sind. Gerade vor dem Hintergrund immer komplexer werdender Bauaufgaben in einer sich immer schneller wandelnden Zeit, steigt die Bedeutung der Bedarfsplanung und damit auch die Notwendigkeit einer an das konkrete Bauprojekt angepassten Bedarfsplanung. Mit der vorgeschlagenen Möglichkeit zur Auswahl einer möglichst gut auf das konkrete Projekt angepassten Bedarfsplanungsmethode bzw. eines Bedarfsplaners wird mit dieser Arbeit eine erste Möglichkeit für die Anpassung der Bedarfsplanung im Krankenhausbau aufgezeigt.

Im Sinne einer qualitätvollen, wirtschaftlichen, nutzer- und bedarfsgerechten Architektur können eine weitere intensive Auseinandersetzung mit dieser Thematik und methodisch- inhaltliche Weiterentwicklungen einen wichtigen Beitrag zur Zukunftsentwicklung des Planens und Bauens liefern.

Anhang

Anhang A – Qualitative Inhaltsanalysen von Methoden der Bedarfsplanung

I. Status Quo im Krankenhausbau in Deutschland

I.1 Verordnung über die Honorare für Architekten- und Ingenieurleistungen (Honorarordnung für Architekten und Ingenieure – HOAI) vom 10.07.2013

Die Leistungen der Architekten und Ingenieure in Deutschland sind weitgehend durch die Honorarordnung für Architekten und Ingenieure – HOAI geregelt. Sie war gleichsam über viele Jahrzehnte eine gesetzlich verbindliche Struktur für die Leistungserbringung und Honorierung und liegt aufgrund dieser Historie auch heute noch vielen Planerverträgen zugrunde. Sie ist verbreiteter, gemeinsamer Standard in Deutschland. Aus diesem Grund ist sie auch Ausgangspunkt der Untersuchungen zu Methoden der Bedarfsplanung. Der Leistungskatalog der HOAI beginnt mit der Phase 1, der Grundlagenermittlung. Erst in der letzten Novellierung aus dem Jahr 2013 wurde im Leistungsbild Gebäude der Begriff der Bedarfsplanung als eine eigenständige Leistung aufgenommen. Zuvor wurde lediglich die Formulierung „Klären der Aufgabenstellung" im Rahmen der zu erbringenden Grundleistungen verwendet. Als Zusatzleistungen waren das Aufstellen eines Funktions- oder Raumprogramms, die Standortanalyse und die Betriebsplanung erwähnt. In der Novellierung von 2013 finden sich nunmehr zusätzlich die Begrifflichkeiten „Bedarfsplanung", „Bedarfsermittlung", „Machbarkeitsstudie" und „Wirtschaftlichkeitsuntersuchung" als besondere Leistungen aufgelistet. In den Grundleistungen wurde spezifiziert, dass die Klärung der Aufgabenstellung „auf Grundlage der Vorgaben oder der Bedarfsplanung des Auftraggebers" erfolgt. Hier wird somit erstmals explizit vorausgesetzt, dass es eine Pflicht des Auftraggebers ist, entsprechende Grundlagen für die Arbeit des Architekten zu schaffen und diese Leistung nicht in den Grundleistungen des Architekten beinhaltet ist. Die Aufführung der Bedarfsplanung als „Besondere Leistung" macht darüber hinaus deutlich, dass sie auch vom Architekten erbracht werden kann. Weitere Ausführungen und Erläuterungen zur Bedarfsplanung werden keine gemacht. Somit bleibt es bei der bloßen Erwähnung der Begrifflichkeiten, ohne dass diese weiter mit Inhalt erfüllt werden.

Tab. 47: Eckdaten der Verordnung über die Honorare für Architekten- und Ingenieurleistungen (Honorarordnung für Architekten und Ingenieure – HOAI) vom 10.07.2013

Methodenbezeichnung:	Verordnung über die Honorare für Architekten- und Ingenieurleistungen (Honorarordnung für Architekten und Ingenieure – HOAI) vom 10.07.2013
Autor(en):	Bundesregierung der Bundesrepublik Deutschland
Anwendungsbereich:	Alle Gebäudetypen und -größen
Entstehung:	1976

Letzte themenbezogene Veröffentlichung:	2013
Grundlage / Ausgangsbasis:	Gesetz zur Verbesserung des Mietrechts und zur Begrenzung des Mietanstiegs sowie zur Regelung von Ingenieur- und Architektenleistungen von 1971
Zielgruppen:	Architekten, Ingenieure
Ausgewertete Literatur:	Verordnung über die Honorare für Architekten- und Ingenieurleistungen (Honorarordnung für Architekten und Ingenieure – HOAI) vom 10.07.2013

Grundsätze zur Strukturierung – Phasen:

1. Stufenweise Erarbeitung	–	2. Programmiterationen	–	3. Schnittstellenphase	–
4. Verzahnung von Bedarfs- + Gebäudeplanung	–	5. Qualitätssicherung	–	6. Evaluation	–

Teilaspekte und Schwerpunkte – Aktivitäten:

Aktivitäten zur Grundlagenermittlung

7. Recherchen	–	8. Besichtigungen	–	9. Befragungen	–

Aktivitäten zur Einbindung der Nutzer

10. Workshops, Interviews	–	11. Rollen- + Auktionsspiele	–	12. Ergebnisprüfung	–

Aktivitäten zur Ergebnisableitung

13. Strategieentwicklungen	–	14. Prozessentwicklungen	–	15. Ermittlung von Projektgrößen + Quantitäten	–
16. Entwicklung Kosten + Zeit	–				

Teilaspekte und Schwerpunkte – Werkzeuge:

Werkzeuge zur Datenaufnahme, Datenauflistung

17. Listen, Fragebögen	–	18. Benchmarking	–	19. Observationen	–

Werkzeuge zur Datenvisualisierung, Darstellung von Verknüpfungen + Abläufen

20. Darstellung von Bereichen + Strukturen	–	21. Verknüpfung von Bereichen	–	22. Prozessvisualisierung + -entwicklung	–
23. Rating-/ Auswahl-/ Ausschlusswerkzeuge	–	24. Rollenspiele	–		

Prognosen und Wirtschaftlichkeitsbetrachtungen

25. Prognosen	–	26. Wirtschaftlichkeitsbetrachtungen	–		

Werkzeuge zur Ergebnisableitung

27. Ermittlung Flächenbedarfe	–	28. Personal- + Materialbedarf	–	29. Businessentwicklung	–
30. Visualisierung+Simulation	–	31. Kosten	–	32. Zeitplan	–
33. Gebäudebewertung	–	34. Doku.+ Kontrolle	–		

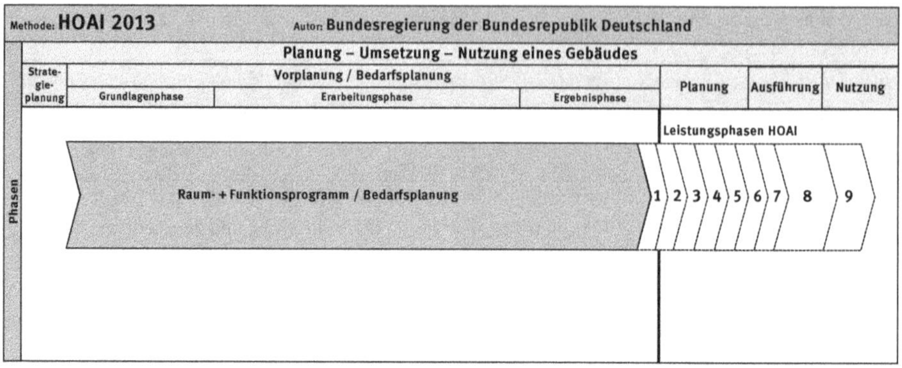

Abb. 18: Phasen der Bedarfsplanung: HOAI 2013, eigene Darstellung

I.2 Empfehlungen zur Zielplanung 2014 der Architekten für Krankenhausbau und Gesundheitswesen e. V. (AKG)

Die Methode bezeichnet sich nicht als Bedarfsplanung, sondern es handelt es sich um eine Zielplanungsmethode. Der Begriff der Zielplanung wird dabei der DIN 13080 entnommen und als Planungsstrategie für die langfristige Entwicklung von Einrichtungen des Gesundheitswesens verstanden. Die Methode ist in 5 Stufen gegliedert:

- **Vorstufe – Bereitstellung der erforderlichen Grundlagen**
- **Stufe 1 – Bestandserfassung und -bewertung (IST)**
  Diese Stufe umfasst die Beurteilung des medizinischen Aufgabenspektrums, die Überprüfung der Betriebsorganisation[19], die Zusammenstellung der städtebaulichen und baurechtlichen Einflussfaktoren, eine Analyse der Funktionsbeziehungen (Zuordnung, Erschließung, Wegeführung), die Bewertung von Grundstück, Bausubstanz, Tragkonstruktion, Gebäudetechnik, medizintechnischen Anlagen (weiterverwendbar, umbaufähig, abgängig) und eine Ermittlung der Nutzflächen und Bruttogrundflächen mit farbiger Darstellung gemäß DIN 13080
- **Stufe 2 – Erarbeiten von Zielvorgaben (SOLL)**
  Diese Stufe beinhaltet ein Konzept für die ärztlich-pflegerische Aufgabenstellung, Planungsprämissen für die betrieblich-funktionelle Gliederung und Neuordnung, Erarbeitung des Freiflächenbedarf, der baulichen Ziele und eines Rahmen-Raumprogramm, wobei die Erarbeitung eines einzelraumbezogenen Raumprogramms und eines Funktionsprogramms nach HOAI eine besondere

---

[19] Die Beurteilung des medizinischen Aufgabenspektrums und die Überprüfung der Betriebsorganisation werden vom Krankenhausträger erbracht und sind somit nicht Arbeitsgegenstand der Methode.

Leistung angesehen wird, die in der Regel erst nach der Zielplanung erforderlich ist.

– **Stufe 3 – SOLL-IST Vergleich**
Im Soll-Ist-Vergleich wird eine Gegenüberstellung der vorhandenen und geplanten Flächen (Defizite / Überhänge) erstellt, die Umsetzbarkeit des Rahmen-Raumprogramms überprüft und Empfehlungen für die zu planenden Flächen erarbeitet.

– **Stufe 4 – Entwicklung des Zielplans**
Stufe 4 beinhaltet die Entwicklung von Varianten mit Funktions- und Schemaplanung, Gebäudetechnischer Konzeption, Erweiterungsmöglichkeit, Unterteilung in Bauabschnitte und Kostenprognose. Darüber hinaus werden die Varianten bewertet und Empfehlung einer Vorzugsvariante ausgesprochen. Abschließend folgt eine zusammenfassende Darstellung in Plänen mit Erläuterung (Zielplan).

Tab. 48: Eckdaten der „Empfehlungen zur Zielplanung" 2014

Methodenbezeichnung:	**Empfehlungen zur Zielplanung**
Autor(en):	Architekten für Krankenhausbau und Gesundheitswesen e.V. (AKG)
Anwendungsbereich:	Krankenhausbauten und Bauten des Gesundheitswesens
Entstehung:	1994 (Positionspapier Zielplanung)
Letzte themenbezogene Veröffentlichung:	2014
Grundlage / Ausgangsbasis:	Das in der 60er Jahren des vergangenen Jahrhunderts für die Entwicklung von Krankenhäusern entstandene Instrument der „Zielplanung"
Zielgruppen:	Architekten, Ingenieure und Bauherrn im Krankenhausbau
Ausgewertete Literatur:	Empfehlungen zur Zielplanung 2014, Architekten für Krankenhausbau und Gesundheitswesen e.V. (AKG), Berlin 2014

Grundsätze zur Strukturierung – Phasen:					
1. Stufenweise Erarbeitung	–	2. Programmiterationen	–	3. Schnittstellenphase	–
4. Verzahnung von Bedarfs- + Gebäudeplanung	–	5. Qualitätssicherung	–	6. Evaluation	–

Teilaspekte und Schwerpunkte – Aktivitäten:					
Aktivitäten zur Grundlagenermittlung					
7. Recherchen	–	8. Besichtigungen	–	9. Befragungen	–
Aktivitäten zur Einbindung der Nutzer					
10. Workshops, Interviews	O	11. Rollen- + Auktionsspiele	–	12. Ergebnisprüfung	–
Aktivitäten zur Ergebnisableitung					
13. Strategieentwicklungen	O	14. Prozessentwicklungen	–	15. Ermittlung von Projektgrößen + Quantitäten	O

| 16. Entwicklung Kosten + Zeit | – | | | | |

Teilaspekte und Schwerpunkte – Werkzeuge:

Werkzeuge zur Datenaufnahme, Datenauflistung

| 17. Listen, Fragebögen | – | 18. Benchmarking | – | 19. Observationen | – |

Werkzeuge zur Datenvisualisierung, Darstellung von Verknüpfungen + Abläufen

| 20. Darstellung von Bereichen + Strukturen | – | 21. Verknüpfung von Bereichen | O | 22. Prozessvisualisierung + -entwicklung | – |
| 23. Rating-/ Auswahl-/ Ausschlusswerkzeuge | – | 24. Rollenspiele | – | | |

Prognosen und Wirtschaftlichkeitsbetrachtungen

| 25. Prognosen | – | 26. Wirtschaftlichkeitsbetrachtungen | – | | |

Werkzeuge zur Ergebnisableitung

27. Ermittlung Flächenbedarfe	O	28. Personal- + Materialbedarf	–	29. Businessentwicklung	–
30. Visualisierung+Simulation	●	31. Kosten	–	32. Zeitplan	–
33. Gebäudebewertung	–	34. Doku.+ Kontrolle	–		

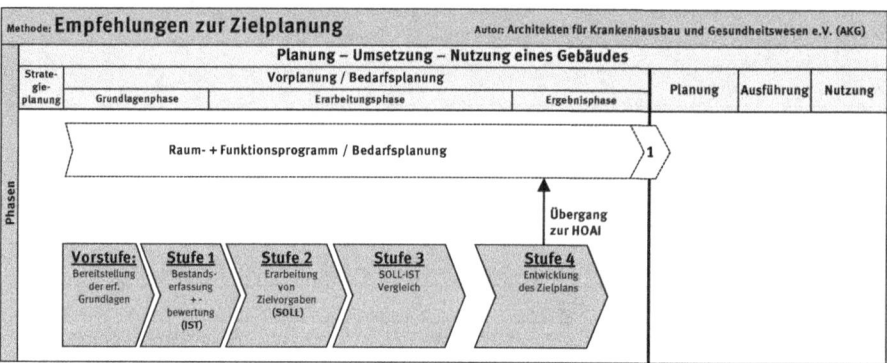

Abb. 19: Phasen der „Empfehlungen zur Zielplanung" – AKG, eigene Darstellung in Anlehnung an AKG – Architekten für Krankenhausbau und Gesundheitswesen im Bund deutscher Architekten e.V. 2014

I.3 Orientierungshilfen für Antrags- und Bewilligungsverfahren bei Krankenhausbaumaßnahmen am Beispiel des Bundeslandes Rheinland-Pfalz

Im Rahmen von Antragsverfahren zur Vergabe von Fördermitteln für den Krankenhausbau haben auch die Bundesländer unterschiedliche Vorgaben für eine Vorplanungs-/Bedarfsplanungsphase erarbeitet. Die Vorgaben sind unterschiedlich, sodass eine Untersuchung aller landesspezifischen Gegebenheiten im Rahmen dieser Arbeit nicht möglich ist. Als ein Beispiel für eine Vorgehensweise soll hier das Antragsverfahren im Bundesland Rheinland-Pfalz aufgeführt werden. Es handelt sich um ein 5-stufiges Verfahren, in dem ein idealisiertes Raum- und Funktionsprogramm erarbeitet wird, dass die Basis für die Gebäudeplanung bildet. Als Basis zur Erarbeitung des Raum- und Funktionsprogramms werden das Betriebsorganisationskonzept, sowie eine Abstimmung mit den Nutzern aufgeführt. Für viele Bereiche des Krankenhauses sind Arbeitshilfen mit Raumauflistungen und Soll-Angaben zu Raumgrößen veröffentlicht, die Beurteilungsmaßstab bei der Prüfung durch das Ministerium sind. Je nach Komplexität der Maßnahmen werden eine umfangreichere Zielplanung, oder lediglich eine Machbarkeitsstudie für klar abgegrenzte Projekte mit wenigen Funktionsbereichen aufgestellt. Zielplanung bzw. Machbarkeitsstudien dienen der Prüfung der Umsetzbarkeit des idealisierten Raum- und Funktionsprogramms, sowie der Variantenentwicklung in der konkreten baulichen und funktionalen Örtlichkeit. Grundsätzlich sind die Verfahren in anderen Bundesländern ähnlich, unterscheiden sich jedoch im Grad der Ausdifferenzierung und der Formalisierung sowie in Umfang und Schwerpunkten der konkret einzureichenden Unterlagen. Auch sind Verfahrenszuständigkeiten und -abläufe unterschiedlich geregelt.

Tab. 49: Eckdaten „Orientierungshilfen für Antrags- und Bewilligungsverfahrens bei Krankenhausbaumaßnahmen" Rheinland-Pfalz

Methodenbezeichnung:	**Orientierungshilfen für Antrags- und Bewilligungsverfahren bei Krankenhausbaumaßnahmen am Beispiel des Bundeslandes Rheinland-Pfalz**
Autor(en):	Ministerium für Soziales, Arbeit, Gesundheit und Demographie Rheinland-Pfalz (MSAGD)
Anwendungsbereich:	Krankenhausbauten zur stationären Versorgung
Entstehung:	Unterstützung der Krankenhausträger bei der Beantragung von Fördermitteln du Schaffung von Transparenz des Prüfungsmaßstabes
Letzte themenbezogene Veröffentlichung:	2013
Grundlage / Ausgangsbasis:	Krankenhausfinanzierungsgesetz (KHG), Landeskrankenhausgesetz Reinland-Pfalz (LKG), Verwaltungsvorschriften zu § 44 Landeshaushaltsordnung (LHO).
Zielgruppen:	Architekten, Bauherren im Krankenhausbau
Ausgewertete Literatur:	Vortragsunterlagen der Informationsveranstaltung des MSAGD vom 19.04.2016 in Mainz Orientierungshilfen für das Antrags- und Bewilligungsverfahren bei Krankenhausbaumaßnahmen in Rheinland-Pfalz (Stand: Juli 2016) – veröffentlicht auf der Homepage des MSAGD (msagd.rlp.de) – Download am 17.02.2020

Grundsätze zur Strukturierung – Phasen:					
1. Stufenweise Erarbeitung	–	2. Programm-iterationen	–	3. Schnittstellenphase	–
4. Verzahnung von Bedarfs- + Gebäudeplanung	–	5. Qualitätssicherung	–	6. Evaluation	–
Teilaspekte und Schwerpunkte – Aktivitäten:					
Aktivitäten zur Grundlagenermittlung					
7. Recherchen	–	8. Besichtigungen	–	9. Befragungen	–
Aktivitäten zur Einbindung der Nutzer					
10. Workshops, Interviews	–	11. Rollen- + Auktionsspiele	–	12. Ergebnisprüfung	–
Aktivitäten zur Ergebnisableitung					
13. Strategieentwicklungen	O	14. Prozessentwicklungen	O	15. Ermittlung von Projektgrößen + Quantitäten	O
16. Entwicklung Kosten + Zeit	–				
Teilaspekte und Schwerpunkte – Werkzeuge:					
Werkzeuge zur Datenaufnahme, Datenauflistung					
17. Listen, Fragebögen	–	18. Benchmarking	–	19. Observationen	–
Werkzeuge zur Datenvisualisierung, Darstellung von Verknüpfungen + Abläufen					
20. Darstellung von Bereichen + Strukturen	–	21. Verknüpfung von Bereichen	O	22. Prozessvisualisierung + -entwicklung	–
23. Rating-/ Auswahl-/ Ausschlusswerkzeuge	–	24. Rollenspiele	–		
Prognosen und Wirtschaftlichkeitsbetrachtungen					
25. Prognosen	–	26. Wirtschaftlichkeitsbetrachtungen	–		
Werkzeuge zur Ergebnisableitung					
27. Ermittlung Flächenbedarfe	O	28. Personal- + Materialbedarf	–	29. Businessentwicklung	–
30. Visualisierung+Simulation	–	31. Kosten	–	32. Zeitplan	–
33. Gebäudebewertung	–	34. Doku.+ Kontrolle	–		

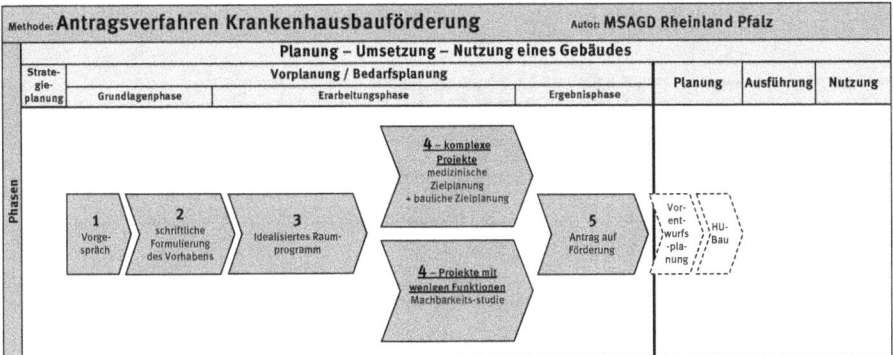

Abb. 20: Phasen der Bedarfsplanung: „Orientierungshilfen für Antragsverfahren Krankenhausbauförderung" – MSAGD, eigene Darstellung

I.4 DIN 18205:2016-11 – DIN Deutsches Institut für Normung e. V.

Die DIN 18205 versteht sich als übergeordnetes Instrument, in dem maßgebliche Begriffe und ein Rahmen definiert werden. Entstanden ist sie aus der internationalen Norm ISO 9699 – 1994 „Performance in building – Checklist for briefing", die in der ersten Ausführung dieser Norm 04/1996 mit nur wenigen Änderungen übernommen wurde. Sie beinhaltete nach Aussage der Verfasser bewusst keine Vorgaben bezüglich Methoden oder Werkzeugen, sondern bestand im Wesentlichen aus Prüflisten, die sich am „Prozessdenken vom Grobentwurf zum Detail" orientieren. Die 3 Prüflisten, die ausschließlich eine Auflistung möglicher, zu berücksichtigender Punkte darstellten, wurden eingeteilt in Grobkategorien. In der Überarbeitung im Jahr 2016 wurden erstmals Prozessschritte definiert und damit ein Vorschlag für einen konkreten Ablauf der Bedarfsplanung gemacht. Den Prozessschritten werden in den Checklisten Unterpunkte zugeordnet. Nach den Schritten 1 (Projektkontext klären), 2 (Projektziele festlegen) und 3 (Informationen erfassen und auswerten) wird in Schritt 4 der Bedarfsplan aufgestellt. In Schritt 5 (Bedarfsdeckung untersuchen und festlegen) sollen Varianten zur Umsetzung des Bedarfsplanes (Anmietung, Leasing, Kauf einer Immobilie, Umbau oder Neubau) untersucht und bewertet werden. Die Bewertung erfolgt auf Basis von baulichen, rechtlichen und örtlichen Randbedingungen sowie aufgrund von Wirtschaftlichkeitsaspekten und einer lebenszyklusorientierten Optimierung. Nach der Festlegung welche Variante der weiteren Planung zugrunde gelegt werden soll, werden in Schritt 6 (Bedarfsdeckung und Lösung abgleichen) zum einen die entwickelten Entwurfsvarianten, die Ausführungsplanung und die Bauausführung auf Erfüllung des Bedarfsplanes hin überprüft, zum anderen ist der Bedarfsplan fortzuschreiben und entsprechend den jeweiligen Anforderungen weiter zu detaillieren. Aufgrund der Kürze der Erläuterungen und dem Fehlen von methodischen Angaben bleibt die Norm jedoch mehr ein übergeordnetes Instrument als ein konkreter Handlungsleitfaden.

Tab. 50: Eckdaten Bedarfsplanungsmethode DIN 18205: 2016-11

Methodenbezeichnung:	DIN 18205:2016-11				
Autor(en):	Normenausschuss im Bauwesen (NABau) im DIN Deutsches Institut für Normung e.V.				
Anwendungsbereich:	Alle Gebäudetypen und -größen				
Entstehung:	1996				
Letzte themenbezogene Veröffentlichung:	2016				
Grundlage / Ausgangsbasis:	ISO-Norm 9699 – Performance standards in building – Checklist for briefing – Contents of brief for building design, ISO 19208 – Framework for specifying performance in buildings				
Zielgruppen:	Nutzer, Bauherren, Architekten, Berater, alle Personen, die sich an der Erarbeitung eines Bedarfsplanes beteiligen				
Ausgewertete Literatur:	DIN 18205:2016-11				
Grundsätze zur Strukturierung – Phasen:					
1. Stufenweise Erarbeitung	●	2. Programm-iterationen	–	3. Schnittstellenphase	–
4. Verzahnung von Bedarfs- + Gebäudeplanung	–	5. Qualitätssicherung	–	6. Evaluation	●
Teilaspekte und Schwerpunkte – Aktivitäten:					
Aktivitäten zur Grundlagenermittlung					
7. Recherchen	O	8. Besichtigungen	O	9. Befragungen	O
Aktivitäten zur Einbindung der Nutzer					
10. Workshops, Interviews	O	11. Rollen- + Auktionsspiele	–	12. Ergebnisprüfung	–
Aktivitäten zur Ergebnisableitung					
13. Strategieentwicklungen	O	14. Prozessentwicklungen	O	15. Ermittlung von Projektgrößen + Quantitäten	O
16. Entwicklung Kosten + Zeit	O				
Teilaspekte und Schwerpunkte – Werkzeuge:					
Werkzeuge zur Datenaufnahme, Datenauflistung					
17. Listen, Fragebögen	–	18. Benchmarking	–	19. Observationen	–
Werkzeuge zur Datenvisualisierung, Darstellung von Verknüpfungen + Abläufen					
20. Darstellung von Bereichen + Strukturen	–	21. Verknüpfung von Bereichen	O	22. Prozessvisualisierung + -entwicklung	O
23. Rating-/ Auswahl-/ Ausschlusswerkzeuge	–	24. Rollenspiele	–		
Prognosen und Wirtschaftlichkeitsbetrachtungen					
25. Prognosen	–	26. Wirtschaftlichkeitsbetrachtungen	O		

Werkzeuge zur Ergebnisableitung					
27. Ermittlung Flächenbedarfe	O	28. Personal- + Materialbedarf		29. Businessentwicklung	O
30. Visualisierung+Simulation	–	31. Kosten		32. Zeitplan	O
33. Gebäudebewertung	–	34. Doku.+ Kontrolle	O		

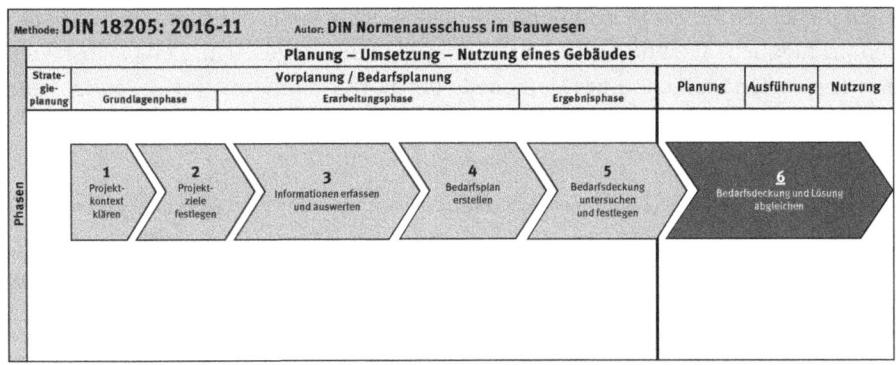

Abb. 21: Phasen der Bedarfsplanung: DIN 18205:2016-11 – DIN Normenausschuss im Bauwesen, eigene Darstellung in Anlehnung an Normenausschuss Bauwesen im DIN Deutsches Institut für Normung e.V. 2016

II. Methoden der Bedarfsplanung im nordamerikanischen Raum

II.1 Problem Seeking – William Peña, Steven Parshall

Die Methode „Problem Seeking" geht auf Bill Caudill und Wallie Scott zurück, die 1969 in den USA das erste umfassendes Buch zur Bedarfsplanung veröffentlichten. Zu diesem Zeitpunkt beschäftigten sie sich bereits seit vielen Jahren mit der Thematik und hatten seit den 50er Jahren entsprechende Artikel in Fachzeitschriften veröffentlicht (Cherry 1998, S. 9). Die Methode wurde von William Peña und Steven Parshall weiterentwickelt und gilt als Klassiker der amerikanischen Programming-Literatur (Hodulak und Schramm 2019, S.30). Problem Seeking war gleichzeitig die Basis für vielfältige Weiterentwicklungen. Es handelt sich um eine Problem-Analysemethode mit 2 übergeordneten Phasen, dem Schematic Program und dem Program Development, erweitert auf 3 Phasen bei Erfordernis eines Masterplans und einem 5-Stufen-Prozess, basierend auf Interviews und Worksessions. Die Reihenfolge kann variieren, lediglich den Abschluss bildet immer Stufe 5. Durch 4 Grade der Verfeinerung des Prozesses kann er an die Komplexität der Aufgabe angepasst werden. Kernaktivität ist es Informationen zu sammeln, zu bewerten, zu klären und zu vereinfachen. Hierzu erfolgt eine Einteilung aller Informationen in 4 Kategorien: Funktion, Form, Wirtschaftlichkeit und Zeit. In Kombination mit Zielen, Fakten,

Konzepten, Anforderungen und Problemen wird ein Informations-Index aufgestellt, der ein Kernstück der Methode ist. Die Methode findet große Resonanz in der Fachwelt, was Robert Kumlin darauf zurückführt, dass es sich um das erste komplette System handelte.

> „Problem seeking was the first (although idiosyncratic) approach to programming that was conceived as a complete system" (Kumlin 1995, S. 5)

Auch die klaren Prozessschritte und die eingesetzten Mittel der Visualisierung werden als mögliche Gründe für den Erfolg der Methode angesehen. Peña selbst sieht eine der großen Stärken seiner Methode in der aktiven Einbeziehung der Nutzer und Auftraggeber.

Tab. 51: Eckdaten Bedarfsplanungsmethode „Problem Seeking" von Wiliam Peña und Steven A. Parshall

Methodenbezeichnung:	**Problem Seeking**
Autor(en):	William M. Peña, Steven A. Parshall
Anwendungsbereich:	Alle Gebäudetypen und -größen
Entstehung:	1969
Letzte themenbezogene Veröffentlichung:	2012
Grundlage / Ausgangsbasis:	Forschung und Planungspraxis in den 50er und 60er Jahren des vergangenen Jahrhunderts
Zielgruppen:	Architekten, Studierende, Nutzer, Bauherren
Ausgewertete Literatur:	The architect's guide to facility programming, Mickey A. Palmer, McGraw-Hill, New York 1981 Problem seeking – an architectural programming primer, William M. Peña, Steven A. Parshall, 5th edition, Wiley & Sons, New Jersey 2012

Grundsätze zur Strukturierung – Phasen:

1. Stufenweise Erarbeitung	●	2. Programmiterationen	●	3. Schnittstellenphase	–
4. Verzahnung von Bedarfs- + Gebäudeplanung	○	5. Qualitätssicherung	–	6. Evaluation	●

Teilaspekte und Schwerpunkte – Aktivitäten:

Aktivitäten zur Grundlagenermittlung

7. Recherchen	○	8. Besichtigungen	○	9. Befragungen	●

Aktivitäten zur Einbindung der Nutzer

10. Workshops, Interviews	●	11. Rollen- + Auktionsspiele	–	12. Ergebnisprüfung	○

Aktivitäten zur Ergebnisableitung

13. Strategieentwicklungen	○	14. Prozessentwicklungen	–	15. Ermittlung von Projektgrößen + Quantitäten	○

Anhang A – Qualitative Inhaltsanalysen von Methoden der Bedarfsplanung — 157

16. Entwicklung Kosten + Zeit	○				

Teilaspekte und Schwerpunkte – Werkzeuge:

Werkzeuge zur Datenaufnahme, Datenauflistung
17. Listen, Fragebögen	●	18. Benchmarking	○	19. Observationen	○

Werkzeuge zur Datenvisualisierung, Darstellung von Verknüpfungen + Abläufen
20. Darstellung von Bereichen + Strukturen	●	21. Verknüpfung von Bereichen	●	22. Prozessvisualisierung + -entwicklung	–
23. Rating-/ Auswahl-/ Ausschlusswerkzeuge	–	24. Rollenspiele	●		

Prognosen und Wirtschaftlichkeitsbetrachtungen
25. Prognosen	–	26. Wirtschaftlichkeitsbetrachtungen	●		

Werkzeuge zur Ergebnisableitung
27. Ermittlung Flächenbedarfe	●	28. Personal- + Materialbedarf	–	29. Businessentwicklung	○
30. Visualisierung+Simulation (Kartentechnik, graf. Werkzeuge)	●	31. Kosten	●	32. Zeitplan	○
33. Gebäudebewertung	–	34. Doku.+ Kontrolle	●		

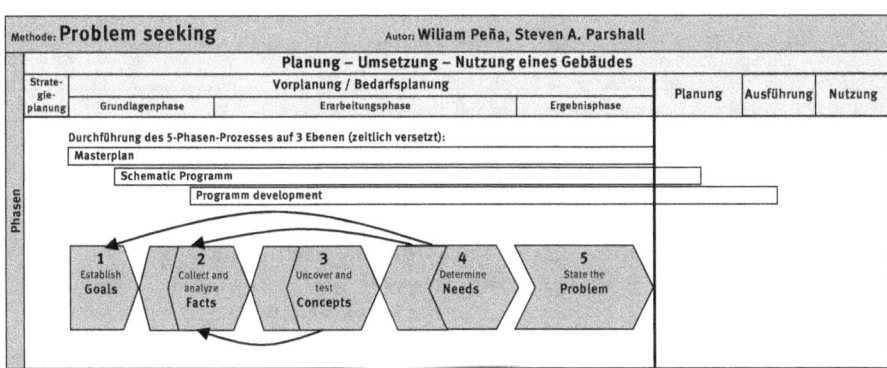

Abb. 22: Phasen der Bedarfsplanung: „Problem Seeking" – William M. Peña, Steven A. Parshall, eigene Darstellung in Anlehnung an Pena und Parshall 2012

II.2 Person-Environment Programming – Jay Farbstein

Jay Farbstein gilt als einer der „Programming-Pioniere" (Hodulak und Schramm 2019), der sich bereits in den 70er Jahren des vergangenen Jahrhunderts in den USA auf die Bedarfsplanung spezialisiert hat. Seine Methode besteht aus 5 Phasen. Am Beginn steht eine Literaturrecherche zum Gebäudetyp. Im 2. Schritt werden die Gebäudenutzer, ihre Aktivitäten, Standpunkte und Charakteristiken identifiziert, dann Performance-Kriterien für Raumanforderungen, Verkehrsflächen, Flexibilität,

Sicherheitsanforderungen, Gestaltung, Design und Oberflächen erarbeitet. Nach einer Abstimmung der Kriterien mit dem Auftraggeber werden die Planungsprobleme, sowie Programm-Optionen für jedes Problem identifiziert. Es erfolgt eine Bewertung jeder Option mittels Kosten- und Nutzenbetrachtungen sowie durch Analyse zur Erfüllung von Zielkonflikten. Nach Bewertung der Alternativen durch den Auftraggeber werden Raumanforderungen und Abhängigkeiten entwickelt und das finale Programm inklusive eines Kostenbudgets abschließend vom Auftraggeber freigegeben. Kontrollschritte während der Planung und des Baus sowie eine regelmäßige Bewertung des Gebäudes nach der Inbetriebnahme werden betont. Schwerpunkte im Prozess sind die Analyse von Entscheidungsstrukturen, die Teambildung und eine aktive Rolle der Nutzer bei der Entwicklung von Konzepten und Alternativen.

Tab. 52: Eckdaten Bedarfsplanungsmethode „Person-Environment Programming" von Jay Farbstein

Methodenbezeichnung:	**Person-Environment Programming**				
Autor(en):	Jay Farbstein				
Anwendungsbereich:	Alle Gebäudetypen und -größen				
Entstehung:	1976				
Letzte themenbezogene Veröffentlichung:	2085				
Grundlage / Ausgangsbasis:	Praktische Erfahrung als Architekt				
Zielgruppen:	Bauherren				
Ausgewertete Literatur:	Facility Programming, Methodes and Applications, Wolfgang F. E. Preiser (ed.), Dowden, Hutchinson & Ross, Stroudsburg 1978 Integrating Programming, Evaluation and Participation in Design – A Theory Z Approach, Henry Sanoff, Routledge, New York 1992 The architect's guide to facility programming, Mickey A. Palmer, McGraw-Hill, New York 1981 Programming the Build Environment, Wolfang E. Preiser (ed.), Van Nostrand Reinhold, New York 1985				
Grundsätze zur Strukturierung – Phasen:					
1. Stufenweise Erarbeitung	●	2. Programmiterationen	–	3. Schnittstellenphase	●
4. Verzahnung von Bedarfs- + Gebäudeplanung	–	5. Qualitätssicherung	●	6. Evaluation	●
Teilaspekte und Schwerpunkte – Aktivitäten:					
Aktivitäten zur Grundlagenermittlung					
7. Recherchen	○	8. Besichtigungen	○	9. Befragungen	●
Aktivitäten zur Einbindung der Nutzer					
10. Workshops, Interviews	●	11. Rollen- + Auktionsspiele	–	12. Ergebnisprüfung	●
Aktivitäten zur Ergebnisableitung					

13. Strategieentwicklungen	O	14. Prozessentwicklungen	-	15. Ermittlung von Projektgrößen + Quantitäten	●	
16. Entwicklung Kosten + Zeit	●					

Teilaspekte und Schwerpunkte – Werkzeuge:

Werkzeuge zur Datenaufnahme, Datenauflistung

17. Listen, Fragebögen	O	18. Benchmarking	-	19. Observationen	O

Werkzeuge zur Datenvisualisierung, Darstellung von Verknüpfungen + Abläufen

20. Darstellung von Bereichen + Strukturen	●	21. Verknüpfung von Bereichen	●	22. Prozessvisualisierung + -entwicklung	-
23. Rating-/ Auswahl-/ Ausschlusswerkzeuge	-	24. Rollenspiele	-		

Prognosen und Wirtschaftlichkeitsbetrachtungen

25. Prognosen	-	26. Wirtschaftlichkeitsbetrachtungen	●

Werkzeuge zur Ergebnisableitung

27. Ermittlung Flächenbedarfe	●	28. Personal- + Materialbedarf	-	29. Businessentwicklung	-
30. Visualisierung+Simulation	●	31. Kosten	●	32. Zeitplan	O
33. Gebäudebewertung	-	34. Doku.+ Kontrolle	●		

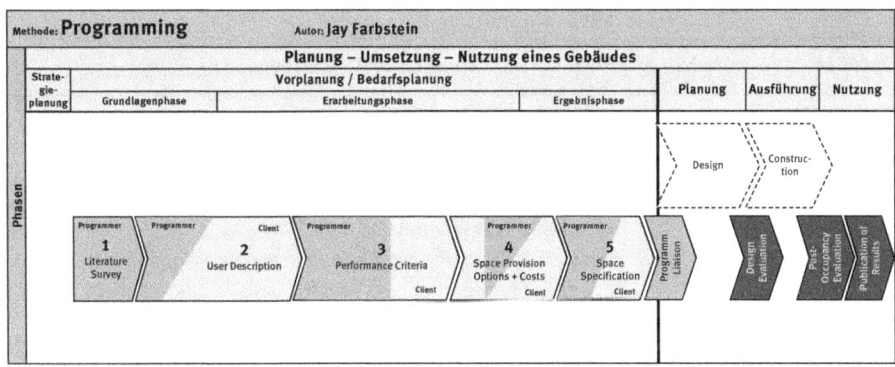

Abb. 23: Phasen der Bedarfsplanung: „Person Environment Programming" – Jay Farbstein, eigene Darstellung in Anlehnung an Palmer 1981

II.3 Programming of Facilities – Gerald Davis

Gerald Davis hat sich in Kanada ebenfalls bereits in den 70er Jahren des vergangenen Jahrhunderts auf die Bedarfsplanung spezialisiert. Er entwickelte eine 21-Stufen-Methode, die ausgerichtet ist auf Gewerbeimmobilen. Am Beginn des Bedarfsplanungs-Prozesses steht das „Preprogramming" und die Evaluation der vorhandenen Gebäudenutzung. Ein Schwerpunkt ist die Erarbeitung eines Verständnisses für die Geschäftsorganisation des Kunden, seines Betriebes, seiner Aktivitäten und Anforderungen, sowohl kurz- als auch langfristig. Es werden Bestandsdaten vorhandener Gebäude, physiologische Daten zur Gesundheit, Sicherheit und Performance sowie Daten zu Verhaltens- und Handlungsweisen (Motivation, Lernbereitschaft, Einstellungen) ermittelt. Die Auswirkungen des Projektes werden sowohl im Bezug auf das Unternehmen und die Funktionalitäten als auch im Bezug auf die Umgebung und die Öffentlichkeit untersucht. Als Ergebnisse folgen die Erstellung von Kostenschätzungen und essenziellen Planungskriterien. Der Bedarfsplanungsprozess endet nicht im Vorfeld der Planung, sondern mit der Evaluierung des Ergebnisses nach Inbetriebnahme der Baumaßnahme. Dabei liefert der Bedarfsplaner während des gesamten Gebäudeplanungsprozesses ein Feedback an die Planer, unterstützt bei der Inbetriebnahme des Gebäudes und führt einige Monate nach der Inbetriebnahme eine abschließende Evaluierung durch.

Tab. 53: Eckdaten Bedarfsplanungsmethode „Programming of Facilities" von Gerald Davis

Methodenbezeichnung:	**Programming of Facilities**				
Autor(en):	Gerald Davis				
Anwendungsbereich:	Gewerbeimmobilien				
Entstehung:	1969				
Letzte themenbezogene Veröffentlichung:	1986				
Grundlage / Ausgangsbasis:	Praktische Erfahrung als Bedarfsplaner und Architekt				
Zielgruppen:	Unternehmen/Firmen als Bauherren				
Ausgewertete Literatur:	Facility Programming, Methodes and Applications, Wolfgang F. E. Preiser (ed.), Dowden, Hutchinson & Ross, Stroudsburg 1978 The architect's guide to facility programming, Mickey A. Palmer, McGraw-Hill, New York 1981 Integrating Programming, Evaluation and Participation in Design – A Theory Z Approach, Henry Sanoff, Routledge, New York 1992				
Grundsätze zur Strukturierung – Phasen:					
1. Stufenweise Erarbeitung	●	2. Programmiterationen	–	3. Schnittstellenphase	–
4. Verzahnung von Bedarfs- + Gebäudeplanung	●	5. Qualitätssicherung	–	6. Evaluation	●
Teilaspekte und Schwerpunkte – Aktivitäten:					
Aktivitäten zur Grundlagenermittlung					
7. Recherchen	○	8. Besichtigungen	–	9. Befragungen	●
Aktivitäten zur Einbindung der Nutzer					
10. Workshops, Interviews	●	11. Rollen- + Auktionsspiele	–	12. Ergebnisprüfung	○

Anhang A – Qualitative Inhaltsanalysen von Methoden der Bedarfsplanung — 161

Aktivitäten zur Ergebnisableitung					
13. Strategieentwicklungen	O	14. Prozessentwicklungen	–	15. Ermittlung von Projektgrößen + Quantitäten	O
16. Entwicklung Kosten + Zeit	O				

Teilaspekte und Schwerpunkte – Werkzeuge:					
Werkzeuge zur Datenaufnahme, Datenauflistung					
17. Listen, Fragebögen	O	18. Benchmarking	O	19. Observationen	–
Werkzeuge zur Datenvisualisierung, Darstellung von Verknüpfungen + Abläufen					
20. Darstellung von Bereichen + Strukturen	●	21. Verknüpfung von Bereichen	O	22. Prozessvisualisierung + -entwicklung	–
23. Rating-/ Auswahl-/ Ausschlusswerkzeuge	–	24. Rollenspiele	–		
Prognosen und Wirtschaftlichkeitsbetrachtungen					
25. Prognosen	–	26. Wirtschaftlichkeitsbetrachtungen	O		
Werkzeuge zur Ergebnisableitung					
27. Ermittlung Flächenbedarfe	O	28. Personal- + Materialbedarf	–	29. Businessentwicklung	–
30. Visualisierung+Simulation	●	31. Kosten	O	32. Zeitplan	O
33. Gebäudebewertung	–	34. Doku.+ Kontrolle	O		

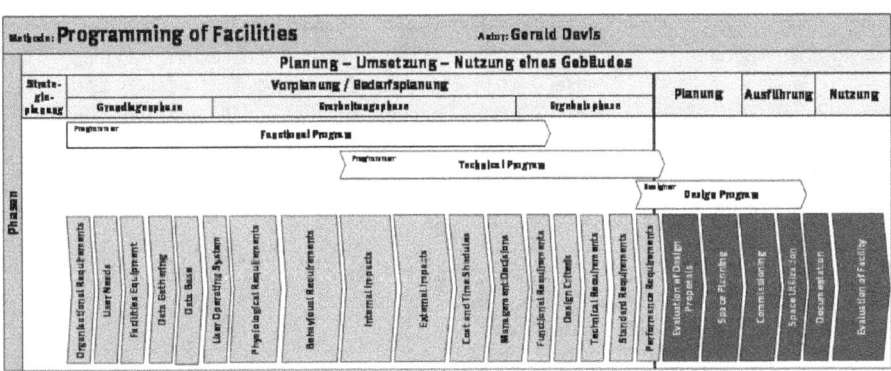

Abb. 24: Phasen der Bedarfsplanung: „Programming of Facilities" – Gerald Davis, eigene Darstellung in Anlehnung an Sanoff 1992

II.4 Programming – Herbert McLaughlin

McLaughlin geht von dem Grundgedanken aus, dass die Bedarfsplanung und auch die Gebäudeevaluation integrative Bestandteile des Entwerfens sind. Sein Bedarfsplanungsprozess besteht aus 3 Phasen. Die erste Phase umfasst die Identifikation der Nutzer, ihrer organisatorischen Philosophie, Ziele sowie der finanziellen Rahmenbedingungen des Projektes. In der 2. Phase werden die Offenheit des Kunden für neue Ideen, ästhetische Anforderungen und der physische Kontext untersucht und funktionale Analysen durchgeführt. Diese Phase beinhaltet auch eine Studie zu Gebäudetypen und möglichen Einflussfaktoren auf die Form und den Inhalt des Gebäudes. In der finalen Phase werden Studien zur Gebäudeorganisation, Grundrissstudien, Zeitpläne und Budgets entwickelt. Auch für die Evaluierung folgt McLaughlin einem 3-Phasen-Prozess, beginnend in der Bedarfsplanung mit einer Erkundung der zukünftigen Nutzer und Anforderungen an das neue Gebäude. Einige Monate nach Inbetriebnahme wird eine weitere Untersuchung zu Nutzererwartungen durchgeführt. Die dritte Untersuchung wird durchgeführt, nachdem die Nutzer die Prozesse an das neue Gebäude angepasst haben.

Tab. 54: Eckdaten Bedarfsplanungsmethode „Programming" von Herbert McLaughlin

Methodenbezeichnung:	**Programming**				
Autor(en):	Herbert McLaughlin – Architekturbüro Kaplan, McLaughlin, Diaz (KMD)				
Anwendungsbereich:	Alle Gebäudetypen und -größen				
Entstehung:	1976				
Letzte themenbezogene Veröffentlichung:	1992				
Grundlage / Ausgangsbasis:	Eigene Planungserfahrungen, sozialwissenschaftliche Erkenntnisse				
Zielgruppen:	Unternehmen/Firmen als Bauherren				
Ausgewertete Literatur:	Facility Programming, Methodes and Applications, Wolfgang F. E. Preiser (ed.), Dowden, Hutchinson & Ross, Stroudsburg 1978 Integrating Programming, Evaluation and Participation in Design – A Theory Z Approach, Henry Sanoff, Routledge, New York 1992				
Grundsätze zur Strukturierung – Phasen:					
1. Stufenweise Erarbeitung	–	2. Programmiterationen	–	3. Schnittstellenphase	–
4. Verzahnung von Bedarfs- + Gebäudeplanung	–	5. Qualitätssicherung	O	6. Evaluation	●
Teilaspekte und Schwerpunkte – Aktivitäten:					
Aktivitäten zur Grundlagenermittlung					
7. Recherchen	O	8. Besichtigungen	●	9. Befragungen	O
Aktivitäten zur Einbindung der Nutzer					
10. Workshops, Interviews	●	11. Rollen- + Auktionsspiele	–	12. Ergebnisprüfung	O
Aktivitäten zur Ergebnisableitung					
13. Strategieentwicklungen	O	14. Prozessentwicklungen	–	15. Ermittlung von Projektgrößen + Quantitäten	O
16. Entwicklung Kosten + Zeit	O				

Teilaspekte und Schwerpunkte – Werkzeuge:

Werkzeuge zur Datenaufnahme, Datenauflistung					
17. Listen, Fragebögen	O	18. Benchmarking	O	19. Observationen	O

Werkzeuge zur Datenvisualisierung, Darstellung von Verknüpfungen + Abläufen					
20. Darstellung von Bereichen + Strukturen	O	21. Verknüpfung von Bereichen	O	22. Prozessvisualisierung + -entwicklung	–
23. Rating-/ Auswahl-/ Ausschlusswerkzeuge	–	24. Rollenspiele	–		

Prognosen und Wirtschaftlichkeitsbetrachtungen					
25. Prognosen	–	26. Wirtschaftlichkeitsbetrachtungen	O		

Werkzeuge zur Ergebnisableitung					
27. Ermittlung Flächenbedarfe	O	28. Personal- + Materialbedarf	–	29. Businessentwicklung	–
30. Visualisierung+Simulation	O	31. Kosten	O	32. Zeitplan	O
33. Gebäudebewertung	–	34. Doku.+ Kontrolle	O		

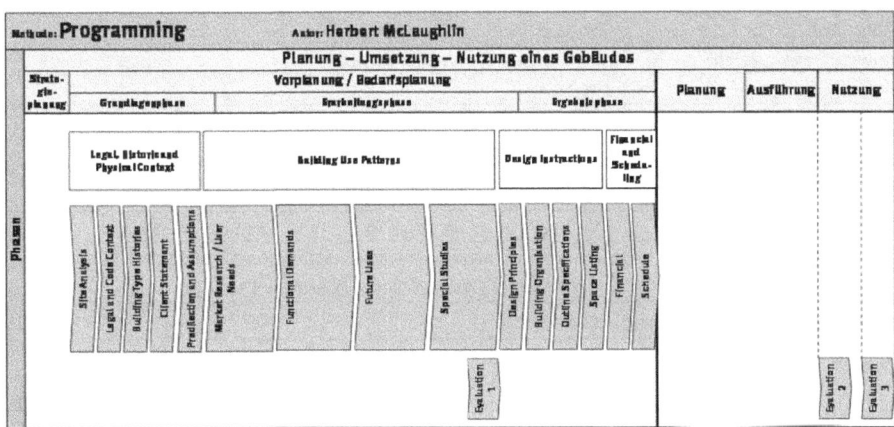

Abb. 25: Phasen der Bedarfsplanung: „Programming" – Herbert McLaughlin, eigene Darstellung in Anlehnung an Sanoff 1992

II.5 Architectural Programming – Donna P. Duerk

Nach Jahrzehnten der Programming-Entwicklung und -praxis in den USA, in denen das Programming zu einem von vielen Büros angebotenen Leistungsbild wurde, ist es Donna Duerk ein Anliegen den Programming-Prozess wieder klarer herauszustellen, zu systematisieren und zu gliedern. Den Gesamtprozess unterteilt sie grundsätzlich in einen analytischen Teil („existing state") und einen synthesebildenden Teil („future state"). Sie strukturiert den Programming-Prozess stärker hierarchisch und spricht auch von „Issue-based programming". Ausgehend von Fakten (facts) aus denen sich Problemstellungen / Fragen (Issues) ableiten, werden über die Werte / Ausprägungen (Values) der Problemstellungen Ziele (Goals) ermittelt. Aus den jeweiligen Zielen wiederum können Anforderungen für deren Umsetzung (Performance Requirements) und konzeptionelle Möglichkeiten der Realisierung (Concepts) erarbeitet werden. Sie entwickelt eine eigene Matrix zur Einteilung von Daten in Fakten, Nutzen, Ziele, Anforderungen und Konzepte, die wiederum unterschiedlichen Themen, wie Umgebung, Sicherheit, physischer Komfort, Sichtbarkeit, Hörbarkeit etc. zugeordnet werden. So sollen Informationen aufgespalten, kategorisiert und damit besser handhabbar gemacht werden. Sie zeigt eine Vielzahl an Techniken zur Definition von Problemen, Identifikation von Zielen und zur Entwicklung von Anforderungen und Konzepten auf. In einem eigenen Kapitel geht Donna P. Duerk ausführlich auf eine systematische Evaluation über den gesamten Entstehungs- und Nutzungszeitraum der Immobilie ein.

Tab. 55: Eckdaten Bedarfsplanungsmethode „Architectural Programming" von Donna P. Duerk

Methodenbezeichnung:	**Architectural Programming**				
Autor(en):	Donna P. Duerk				
Anwendungsbereich:	Alle Gebäudetypen und -größen				
Entstehung:	1993				
Letzte themenbezogene Veröffentlichung:	1993				
Grundlage / Ausgangsbasis:	Methoden von Henry Sanoff, William M. Peña				
Zielgruppen:	Studenten und Einsteiger in die Praxis des Programmings				
Ausgewertete Literatur:	Architectural Programming – Information Management for design, Donna Duerck, Wiley & Sons, New York 1993				
Grundsätze zur Strukturierung – Phasen:					
1. Stufenweise Erarbeitung		2. Programmiterationen	●	3. Schnittstellenphase	○ –
4. Verzahnung von Bedarfs- + Gebäudeplanung	●	5. Qualitätssicherung	●	6. Evaluation	●
Teilaspekte und Schwerpunkte – Aktivitäten:					
Aktivitäten zur Grundlagenermittlung					
7. Recherchen	●	8. Besichtigungen	●	9. Befragungen	●
Aktivitäten zur Einbindung der Nutzer					
10. Workshops, Interviews	●	11. Rollen- + Auktionsspiele	●	12. Ergebnisprüfung	○
Aktivitäten zur Ergebnisableitung					
13. Strategieentwicklungen	○	14. Prozessentwicklungen	–	15. Ermittlung von Projektgrößen + Quantitäten	○
16. Entwicklung Kosten + Zeit	○				

Teilaspekte und Schwerpunkte – Werkzeuge:					
Werkzeuge zur Datenaufnahme, Datenauflistung					
17. Listen, Fragebögen	●	18. Benchmarking	–	19. Observationen	●
Werkzeuge zur Datenvisualisierung, Darstellung von Verknüpfungen + Abläufen					
20. Darstellung von Bereichen + Strukturen	●	21. Verknüpfung von Bereichen	●	22. Prozessvisualisierung + -entwicklung	○
23. Rating-/ Auswahl-/ Ausschlusswerkzeuge	–	24. Rollenspiele	●		
Prognosen und Wirtschaftlichkeitsbetrachtungen					
25. Prognosen	–	26. Wirtschaftlichkeitsbetrachtungen	–		
Werkzeuge zur Ergebnisableitung					
27. Ermittlung Flächenbedarfe	○	28. Personal- + Materialbedarf	–	29. Businessentwicklung	–
30. Visualisierung+Simulation	●	31. Kosten	●	32. Zeitplan	–
33. Gebäudebewertung	–	34. Doku.+ Kontrolle	●		

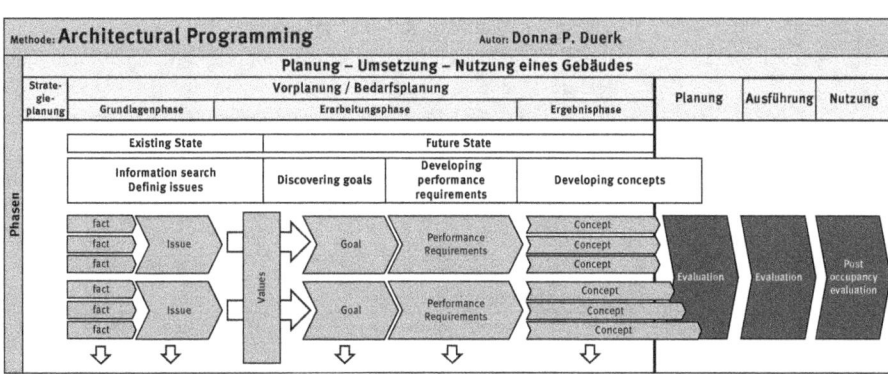

Abb. 26: Phasen der Bedarfsplanung: „Architectural Programming" – Donna P. Duerk, eigene Darstellung in Anlehnung an Duerk 1993

II.6 Architectural Programming – Edward T. White

Die Methode von White besteht aus einer Serie von Aufgaben, unterteilt in 3 Phasen: „Preprogramming, Programming und Postprogramming". In der „Preprogramming-Phase" werden zusammen mit dem Kunden der Prozess, die Verantwortlichkeiten, grundlegende Regularien und der Inhalt der Bedarfsplanung festgelegt. Auch werden die relevanten Informationen identifiziert und die Informationsbeschaffung organisiert. Es werden Teams mit jeweils klarer Aufgabenbeschreibung gebildet. In der „Programming-Phase" werden Informationen ausgewertet, evaluiert, in Beziehung gesetzt, organisiert, dokumentiert und dem Kunden zur Genehmigung vorgelegt. Raumanforderungen werden jeweils zusammen mit den erforderlichen Budgets getestet, Randbedingungen für die Planung erarbeitet und mit dem Kunden besprochen. Die „Postprogramming-Phase" besteht aus der Erarbeitung, Verteilung und, wenn erforderlich, der Vorstellung des Bedarfsplans. Auch eine Evaluation des fertiggestellten Gebäudes auf Basis des Bedarfsplanes wird erwähnt. Ein Schwerpunkt seiner Methode ist die Nutzereinbindung, deren Motivierung, die möglichst eindeutige und widerspruchsfreie Kommunikation und definierte Verteilung von Aufgaben und Kompetenzen.

Tab. 56: Eckdaten Bedarfsplanungsmethode „Architectural Programming" von Edward T. White

Methodenbezeichnung:	**Architectural Programming**				
Autor(en):	Edward T. White				
Anwendungsbereich:	Alle Gebäudetypen und -größen				
Entstehung:	1972				
Letzte themenbezogene Veröffentlichung:	1992				
Grundlage / Ausgangsbasis:	Praxiserfahrung und Forschung im Bereich der Bedarfsplanung				
Zielgruppen:	Studenten, Bedarfsplaner und Bauherren				
Ausgewertete Literatur:	Introduction to Architectural Programming, Edward T. White, Architectural Media, Tuscon 1972 The architect's guide to facility programming, Mickey A. Palmer, McGraw-Hill, New York 1981 Site Analysis – Diagramming Information for Architectural Design, Edward T. White, Architectural Media, Tallahassee 1983				
Grundsätze zur Strukturierung – Phasen:					
1. Stufenweise Erarbeitung	–	2. Programmiterationen	–	3. Schnittstellenphase	–
4. Verzahnung von Bedarfs- + Gebäudeplanung	–	5. Qualitätssicherung	●	6. Evaluation	●
Teilaspekte und Schwerpunkte – Aktivitäten:					
Aktivitäten zur Grundlagenermittlung					
7. Recherchen	O	8. Besichtigungen	O	9. Befragungen	●
Aktivitäten zur Einbindung der Nutzer					
10. Workshops, Interviews	●	11. Rollen- + Auktionsspiele	–	12. Ergebnisprüfung	O
Aktivitäten zur Ergebnisableitung					
13. Strategieentwicklungen	O	14. Prozessentwicklungen	–	15. Ermittlung von Projektgrößen + Quantitäten	O
16. Entwicklung Kosten + Zeit	O				

Teilaspekte und Schwerpunkte – Werkzeuge:					
Werkzeuge zur Datenaufnahme, Datenauflistung					
17. Listen, Fragebögen	O	18. Benchmarking	–	19. Observationen	O
Werkzeuge zur Datenvisualisierung, Darstellung von Verknüpfungen + Abläufen					
20. Darstellung von Bereichen + Strukturen	O	21. Verknüpfung von Bereichen	O	22. Prozessvisualisierung + -entwicklung	–
23. Rating-/ Auswahl-/ Ausschlusswerkzeuge	–	24. Rollenspiele	O		
Prognosen und Wirtschaftlichkeitsbetrachtungen					
25. Prognosen	–	26. Wirtschaftlichkeitsbetrachtungen	–		
Werkzeuge zur Ergebnisableitung					
27. Ermittlung Flächenbedarfe	O	28. Personal- + Materialbedarf	–	29. Businessentwicklung	–
30. Visualisierung+Simulation	O	31. Kosten	O	32. Zeitplan	O
33. Gebäudebewertung	–	34. Doku.+ Kontrolle	●		

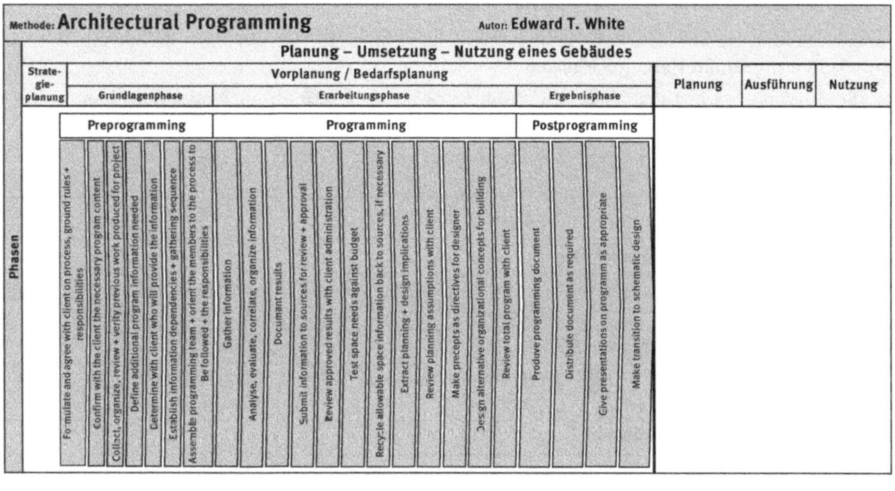

Abb. 27: Phasen der Bedarfsplanung: „Architectural Programming" – Edward T. White, eigene Darstellung in Anlehnung an Palmer 1981

II.7   Architectural Programming – Robert R. Kumlin

Robert R. Kumlin analysiert die Methoden von Peña, White und Duerk und entwickelt einen eigenen konzeptionellen Rahmen. Der Schwerpunkt seiner Arbeit liegt auf der praktischen Umsetzung des Programmings und der Vermittlung von in der Praxis bewährten Methoden und Techniken auf der Grundlage seiner eigenen Praxiserfahrung auf diesem Betätigungsfeld. Vorgestellt wird eine sehr differenzierte Methode, in der die Bedarfsplanung in iterativen Schritten auf mehreren Ebenen durchgeführt wird. Es werden sehr praxisnah die Schritte der Bedarfsplanung erläutert, von der Teambildung, über einen konkreten Ablaufplan bis hin zu detaillierten Erläuterungen von Werkzeugen. Schwerpunkte liegen dabei auf grafischen Werkzeugen sowie der Ermittlung von Kosten und Flächenvorgaben.

Tab. 57: Eckdaten Bedarfsplanungsmethode „Architectural Programming" von Robert R. Kumlin

Methodenbezeichnung:	**Architectural Programming**
Autor(en):	Robert R. Kumlin
Anwendungsbereich:	Alle Gebäudetypen und -größen
Entstehung:	1995
Letzte themenbezogene Veröffentlichung:	1995
Grundlage / Ausgangsbasis:	William M. Peña, praktische Erfahrung als Bedarfsplaner
Zielgruppen:	Praktiker in der Bedarfsplanung, Verantwortliche in der Immobilienwirtschaft, sowie Studierende
Ausgewertete Literatur:	Architectural Programming – creative techniques for design professionals, Robert R. Kumlin, McGraw-Hill, New York 1995

Grundsätze zur Strukturierung – Phasen:

1. Stufenweise Erarbeitung	●	2. Programmiterationen		3. Schnittstellenphase	–
4. Verzahnung von Bedarfs- + Gebäudeplanung	–	5. Qualitätssicherung		6. Evaluation	–

Teilaspekte und Schwerpunkte – Aktivitäten:

Aktivitäten zur Grundlagenermittlung

7. Recherchen	–	8. Besichtigungen	O	9. Befragungen	●

Aktivitäten zur Einbindung der Nutzer

10. Workshops, Interviews	●	11. Rollen- + Auktionsspiele	–	12. Ergebnisprüfung	●

Aktivitäten zur Ergebnisableitung

13. Strategieentwicklungen	O	14. Prozessentwicklungen	–	15. Ermittlung von Projektgrößen + Quantitäten	●
16. Entwicklung Kosten + Zeit	●				

Teilaspekte und Schwerpunkte – Werkzeuge:

Werkzeuge zur Datenaufnahme, Datenauflistung

17. Listen, Fragebögen	●	18. Benchmarking	–	19. Observationen	O

Werkzeuge zur Datenvisualisierung, Darstellung von Verknüpfungen + Abläufen

20. Darstellung von Bereichen + Strukturen	●	21. Verknüpfung von Bereichen	●	22. Prozessvisualisierung + -entwicklung	O

Anhang A – Qualitative Inhaltsanalysen von Methoden der Bedarfsplanung — 169

23. Rating-/ Auswahl-/ Ausschlusswerkzeuge	○	24. Rollenspiele	–		
Prognosen und Wirtschaftlichkeitsbetrachtungen					
25. Prognosen	–	26. Wirtschaftlichkeitsbetrachtungen	○		
Werkzeuge zur Ergebnisableitung					
27. Ermittlung Flächenbedarfe	●	28. Personal- + Materialbedarf	●	29. Businessentwicklung	–
30. Visualisierung+Simulation	●	31. Kosten	●	32. Zeitplan	●
33. Gebäudebewertung	●	34. Doku.+ Kontrolle	●		

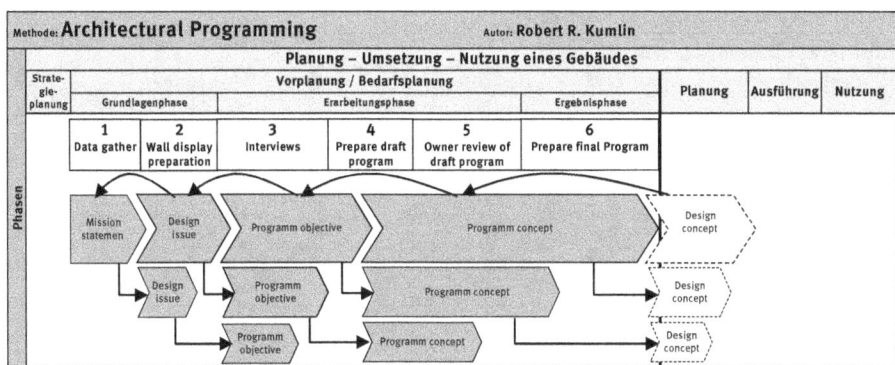

Abb. 28: Phasen der Bedarfsplanung: „Architectural Programming" – Robert R. Kumlin, eigene Darstellung in Anlehnung an Kumlin 1995

II.8 Programming for Design – Edith Cherry

Edith Cherry verglich und analysierte die Methoden von Farbstein, Peña, Kumlin und Duerk und verfasste ein eigenes Programming-Lehrbuch mit einer Vielzahl an praxisorientierten, grafischen und tabellarischen Arbeitsmitteln. Aufbauend auf der Methode des „Problem seeking" wird das „Programming" von 5 auf 7 Stufen erweitert und praxisnah erläutert. Es werden 3 Ebenen des Programming unterschieden: Master Site Plan, Schematic Buiding Design und Interior Design.

Tab. 58: Eckdaten Bedarfsplanungsmethode „Programming for Design" von Edith Cherry

Methodenbezeichnung:	**Programming for Design**
Autor(en):	Edith Cherry
Anwendungsbereich:	Alle Gebäudetypen und -größen
Entstehung:	1999
Letzte themenbezogene Veröffentlichung:	1999

Grundlage / Ausgangsbasis:	Problem seeking, Bill Caudill, Wallie Scott, 1969, Problem seeking William M. Peña, Steveb A. Parshall, 1st Edition 1973, sowie langjährige Erfahrung in der Praxis und Ausbildung
Zielgruppen:	Studierende der Architektur in höheren Semestern, Architekten und Planer, die keine Ausbildung im Bereich Programming hatten
Ausgewertete Literatur:	Programmng for Design – from Theory to Practice, Edith Cherry, John Wiley & Sons, New York 1999

Grundsätze zur Strukturierung – Phasen:

1. Stufenweise Erarbeitung	●	2. Programmiterationen	–	3. Schnittstellenphase	–
4. Verzahnung von Bedarfs- + Gebäudeplanung	●	5. Qualitätssicherung	–	6. Evaluation	–

Teilaspekte und Schwerpunkte – Aktivitäten:

Aktivitäten zur Grundlagenermittlung

7. Recherchen	●	8. Besichtigungen	●	9. Befragungen	●

Aktivitäten zur Einbindung der Nutzer

10. Workshops, Interviews	●	11. Rollen- + Auktionsspiele	–	12. Ergebnisprüfung	–

Aktivitäten zur Ergebnisableitung

13. Strategieentwicklungen	●	14. Prozessentwicklungen	–	15. Ermittlung von Projektgrößen + Quantitäten	●
16. Entwicklung Kosten + Zeit	●				

Teilaspekte und Schwerpunkte – Werkzeuge:

Werkzeuge zur Datenaufnahme, Datenauflistung

17. Listen, Fragebögen	○	18. Benchmarking	-	19. Observationen	●

Werkzeuge zur Datenvisualisierung, Darstellung von Verknüpfungen + Abläufen

20. Darstellung von Bereichen + Strukturen	●	21. Verknüpfung von Bereichen	●	22. Prozessvisualisierung + -entwicklung	●
23. Rating-/ Auswahl-/ Ausschlusswerkzeuge	–	24. Rollenspiele	–		

Prognosen und Wirtschaftlichkeitsbetrachtungen

25. Prognosen	●	26. Wirtschaftlichkeitsbetrachtungen	●

Werkzeuge zur Ergebnisableitung

27. Ermittlung Flächenbedarfe	●	28. Personal- + Materialbedarf	●	29. Businessentwicklung	○
30. Visualisierung+Simulation	●	31. Kosten	●	32. Zeitplan	●
33. Gebäudebewertung	●	34. Doku.+ Kontrolle	●		

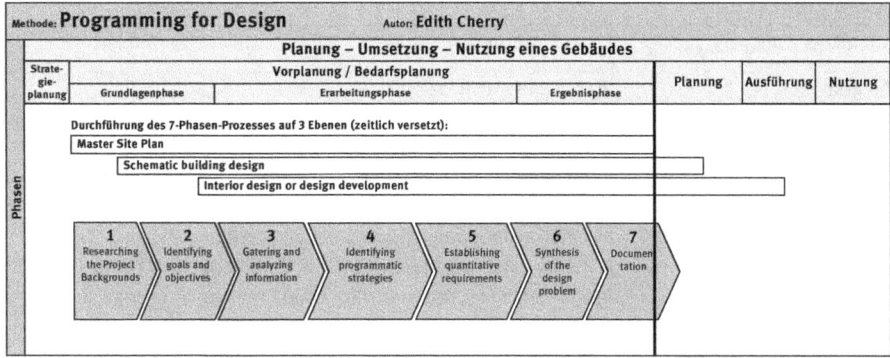

Abb. 29: Phasen der Bedarfsplanung: „Programming for Design" – Edith Cherry, eigene Darstellung in Anlehnung an Cherry 1999

II.9 Architectural Programming – Henry Sanoff

Henry Sanoff analysiert und vergleicht sieben Programming-Methoden aus den USA (Davis, Farbstein, Kurtz, Peña, White, Moleski, Kaplan/McLaughlin/Diaz) und entwickelt ein Prozessmodell, dass er als „amorph und dynamisch" beschreibt. Aus diesem Ansatz entwickelt er 3 grobe Phasen, die nach seiner Auffassung grundsätzlich auf fast alle Bedarfsplanungsprozesse zutreffen. Er beschreibt das Programming als iterativen, individuellen Prozess mit unzähligen untrennbar miteinander verknüpften Prozessen und als Teil eines komplexen Netzwerkes der Entwicklung und Planung. Da der Ablauf individuell an die Aufgabe anzupassen sei, beschreibt er lediglich die Bestandteile zur Entwicklung, nicht ein „Modell-Programm". Er spricht von „Modell" anstatt von einer Methode. Dies soll den Ansatz verdeutlichen, verschiedene Arbeitsschritte und Werkzeuge flexibel zu kombinieren, je nach Projekt, Auftraggeber und Erfordernis. Er spricht auch von „participatory programming" und bringt damit zum Ausdruck, dass er die Nutzerbeteiligung für evident wichtig erachtet. Er fasst 39 Werkzeuge und Aktivitäten, bezeichnet als Strategien, und deren Eignung zur Erreichung bestimmter Ziele in einer Matrix zusammen und stellt eine Vielzahl an Werkzeugen und Aktivitäten vor, die er Kategorien zuordnet. Ein Schwerpunkt sind Werkzeuge zur Informations-Transformation zu Planungsinformationen.

Tab. 59: Eckdaten Bedarfsplanungsmethode „Architectural Programming" von Henry Sanoff

Methodenbezeichnung:	**Architectural Programming**
Autor(en):	Henry Sanoff
Anwendungsbereich:	Alle Gebäudetypen und -größen
Entstehung:	1977
Letzte themenbezogene	2000

Veröffentlichung:	
Grundlage / Ausgangsbasis:	Eigen Erfahrungen, sowie das Studium anderer Methoden
Zielgruppen:	Planer und Architekten
Ausgewertete Literatur:	Methods of Architectural Programming, Henry Sanoff, Dowden Hutchington & Ross, Stroudsburg 1977 Communitiy Participation Methods in Design and Planning, Henry Sanoff, John Wiley & Sons, New York 2000 Integrating Programming, Evaluation and Participation in Design – A Theory Z Approach, Henry Sanoff, Routledge, New York 1992 Professional Practice in Facility Programming, Wolfgang F.E. Preiser (ed.), Van Nostrand Reinhold, New York 1993

Grundsätze zur Strukturierung – Phasen:

1. Stufenweise Erarbeitung	O	2. Programm-iterationen		3. Schnittstellenphase	–
4. Verzahnung von Bedarfs- + Gebäudeplanung	O	5. Qualitätssicherung	–	6. Evaluation	●

Teilaspekte und Schwerpunkte – Aktivitäten:

Aktivitäten zur Grundlagenermittlung

7. Recherchen	O	8. Besichtigungen	●	9. Befragungen	●

Aktivitäten zur Einbindung der Nutzer

10. Workshops, Interviews	●	11. Rollen- + Auktionsspiele		12. Ergebnisprüfung	–

Aktivitäten zur Ergebnisableitung

13. Strategieentwicklungen	–	14. Prozessentwicklungen	–	15. Ermittlung von Projektgrößen + Quantitäten	O
16. Entwicklung Kosten + Zeit	O				

Teilaspekte und Schwerpunkte – Werkzeuge:

Werkzeuge zur Datenaufnahme, Datenauflistung

17. Listen, Fragebögen		18. Benchmarking	-	19. Observationen	●

Werkzeuge zur Datenvisualisierung, Darstellung von Verknüpfungen + Abläufen

20. Darstellung von Bereichen + Strukturen	●	21. Verknüpfung von Bereichen	●	22. Prozessvisualisierung + -entwicklung	O
23. Rating-/ Auswahl-/ Ausschlusswerkzeuge		24. Rollenspiele	●		

Prognosen und Wirtschaftlichkeitsbetrachtungen

25. Prognosen	–	26. Wirtschaftlichkeitsbetrachtungen	–	

Werkzeuge zur Ergebnisableitung

27. Ermittlung Flächenbedarfe	●	28. Personal- + Materialbedarf	–	29. Businessentwicklung	–
30. Visualisierung+Simulation	●	31. Kosten	–	32. Zeitplan	–
33. Gebäudebewertung	–	34. Doku.+ Kontrolle	●		

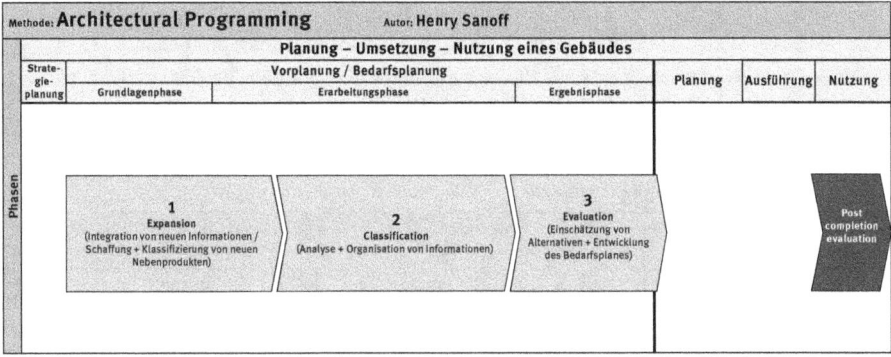

Abb. 30: Phasen der Bedarfsplanung: „Architectural Programming" – Henry Sanoff, eigene Darstellung in Anlehnung an Sanoff 1977

II.10 Facility Programming – John M. Kurtz

Das Bedarfsplanungsmodell von Kurtz betont einen iterativen Programming-Prozess, der bis in die Planungsphase des Gebäudes hinein geführt wird. Dabei sollen grundsätzliche, weitreichende Entscheidungen zu einem frühen Zeitpunkt getroffen werden. Am Beginn des Bedarfsplanungsprozesses steht die Erarbeitung eines Verständnisses für die Geschäftsorganisation des Kunden, seines Betriebes, seiner Aktivitäten, seiner Philosophie und Anforderungen. Zunächst wird auf dieser Basis sowie auf Basis von Literaturrecherchen und der Festlegung von operationalen Anforderungen ein „basic programm" erarbeitet. Das auf dieser Basis erarbeitete „preliminary programm" beinhaltet Anforderungen zur Gebäudeorganisation, Raumanforderungen und Abhängigkeiten. Das „Programm" wird in einem iterativen Prozess von Feedback/Evaluation und Überarbeitung zu einem abgestimmten Bedarfsplan weiterentwickelt. Während der Planungsphase werden die Planungsstände immer wieder einem Feedback und entsprechenden Überarbeitungen unterzogen, bis eine mit dem Bedarfsplan und den Nutzern abgestimmte Planung vorliegt.

Tab. 60: Eckdaten Bedarfsplanungsmethode „Facility Programming" von John M. Kurtz

Methodenbezeichnung:	**Facility Programming**
Autor(en):	John M. Kurtz
Anwendungsbereich:	Alle Gebäudetypen und -größen
Entstehung:	1978
Letzte themenbezogene Veröffentlichung:	1992
Grundlage / Ausgangsbasis:	Keine Information
Zielgruppen:	Unternehmen/Firmen als Bauherren

Ausgewertete Literatur:	Facility Programming, Methods and Applications, Wolfgang F. E. Preiser (ed.), Dowden, Hutchinson & Ross, Stroudsburg 1978 The architect's guide to facility programming, Mickey A. Palmer, McGraw-Hill, New York 1981 Integrating Programming, Evaluation and Participation in Design – A Theory Z Approach, Henry Sanoff, Routledge, New York 1992

Grundsätze zur Strukturierung – Phasen:

1. Stufenweise Erarbeitung	●	2. Programmiterationen		3. Schnittstellenphase	–
4. Verzahnung von Bedarfs- + Gebäudeplanung	●	5. Qualitätssicherung	●	6. Evaluation	●

Teilaspekte und Schwerpunkte – Aktivitäten:

Aktivitäten zur Grundlagenermittlung

7. Recherchen	○	8. Besichtigungen	–	9. Befragungen	●

Aktivitäten zur Einbindung der Nutzer

10. Workshops, Interviews	●	11. Rollen- + Auktionsspiele	–	12. Ergebnisprüfung	●

Aktivitäten zur Ergebnisableitung

13. Strategieentwicklungen	●	14. Prozessentwicklungen	–	15. Ermittlung von Projektgrößen + Quantitäten	–
16. Entwicklung Kosten + Zeit	○				

Teilaspekte und Schwerpunkte – Werkzeuge:

Werkzeuge zur Datenaufnahme, Datenauflistung

17. Listen, Fragebögen	○	18. Benchmarking	–	19. Observationen	●

Werkzeuge zur Datenvisualisierung, Darstellung von Verknüpfungen + Abläufen

20. Darstellung von Bereichen + Strukturen	●	21. Verknüpfung von Bereichen	●	22. Prozessvisualisierung + -entwicklung	–
23. Rating-/ Auswahl-/ Ausschlusswerkzeuge	–	24. Rollenspiele	–		

Prognosen und Wirtschaftlichkeitsbetrachtungen

25. Prognosen	–	26. Wirtschaftlichkeitsbetrachtungen	–		

Werkzeuge zur Ergebnisableitung

27. Ermittlung Flächenbedarfe	○	28. Personal- + Materialbedarf	–	29. Businessentwicklung	–
30. Visualisierung+Simulation	●	31. Kosten	–	32. Zeitplan	●
33. Gebäudebewertung	–	34. Doku.+ Kontrolle	○		

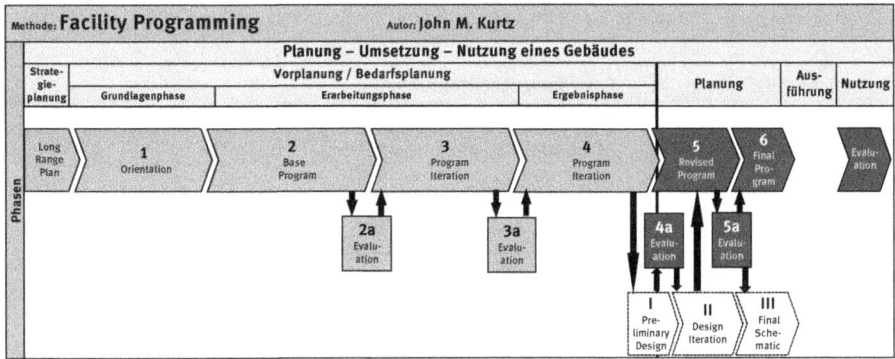

Abb. 31: Phasen der Bedarfsplanung: „Facility Programming" – John M. Kurtz, eigene Darstellung in Anlehnung an Palmer 1981

II.11 Environmental Programming for Human Needs – Walter H. Moleski

Die Vorgehensweise besteht aus 4 Schritten und 2 Überprüfungen mit den Nutzern/Kunden und dem Architekten und basiert auf der Arbeit von Thomas Markus (Markus et al. 1972) und Michael Brill (Brill und Krauss 1970). Die Methode richtet sich vornehmlich an Firmen. Der erste Schritt (Awareness) ist die Erarbeitung eines Verständnisses für die Geschäftsorganisation des Kunden, seines Betriebes, seiner Aktivitäten und Anforderungen sowie seiner Zufriedenheit mit der derzeitigen Immobilie durch Besprechungen, Interviews und durch Identifizierung von Problembereichen. Im 2. Schritt (Diagnoses) werden mittels Interviews, Observationen und Fragebögen Informationen gesammelt und ausgewertet, um Aktivitäten, Abhängigkeiten, Probleme und Anforderungen zu ermitteln. Die Daten werden strukturiert und in einem Vorab-Bedarfsplan Konzepte formuliert. In einer ersten Überprüfung (First Review) im Rahmen einer Besprechung mit dem Kunden erfolgt eine Auswahl von Konzepten für die Weiterentwicklung. Der 3. Schritt (Strategy) besteht aus der Entwicklung von Ausführungskriterien und einer Strategie. In diesem Rahmen werden auch Entwurfsanforderungen und Empfehlungen zu spezifischen Charakteristika, physischen Konstitutionen und Ausgestaltungen für die Planer erarbeitet. Die anschließende 2. Überprüfung (Second Review), in Form einer weiteren Besprechung, dient der Diskussion und Freigabe des Bedarfsplanes. Im 4. Schritt (Action) berät der Bedarfsplaner die Gebäudeplaner bezüglich der Intentionen und evaluiert die Planungslösungen. Eine abschließende Evaluation in Schritt 5 schlägt Moleski in 2 Abschnitten vor: Nach der Errichtung des Gebäudes und 2 Jahre nach Inbetriebnahme.

Tab. 61: Eckdaten Bedarfsplanungsmethode „Environmental Programming" von Walter H. Moleski

Methodenbezeichnung:	**Environmental Programming**
Autor(en):	Walter H. Moleski
Anwendungsbereich:	Alle Gebäudetypen und -größen
Entstehung:	1978
Letzte themenbezogene Veröffentlichung:	1992
Grundlage / Ausgangsbasis:	Bedarfsplanungsmethoden von Thomas Markus und Michael Brill, sowie Erkenntnisse der Psychologie
Zielgruppen:	Unternehmen/Firmen als Bauherren
Ausgewertete Literatur:	Facility Programming, Methods and Applications, Wolfgang F. E. Preiser (ed.), Dowden, Hutchinson & Ross, Stroudsburg 1978 The architect's guide to facility programming, Mickey A. Palmer, McGraw-Hill, New York 1981 Integrating Programming, Evaluation and Participation in Design – A Theory Z Approach, Henry Sanoff, Routledge, New York 1992

Grundsätze zur Strukturierung – Phasen:

1. Stufenweise Erarbeitung	●	2. Programmiterationen	–	3. Schnittstellenphase	○
4. Verzahnung von Bedarfs- + Gebäudeplanung	–	5. Qualitätssicherung	●	6. Evaluation	●

Teilaspekte und Schwerpunkte – Aktivitäten:

Aktivitäten zur Grundlagenermittlung

7. Recherchen	○	8. Besichtigungen	○	9. Befragungen	●

Aktivitäten zur Einbindung der Nutzer

10. Workshops, Interviews	●	11. Rollen- + Auktionsspiele	–	12. Ergebnisprüfung	●

Aktivitäten zur Ergebnisableitung

13. Strategieentwicklungen	–	14. Prozessentwicklungen	–	15. Ermittlung von Projektgrößen + Quantitäten	–
16. Entwicklung Kosten + Zeit	–				

Teilaspekte und Schwerpunkte – Werkzeuge:

Werkzeuge zur Datenaufnahme, Datenauflistung

17. Listen, Fragebögen	○	18. Benchmarking	–	19. Observationen	○

Werkzeuge zur Datenvisualisierung, Darstellung von Verknüpfungen + Abläufen

20. Darstellung von Bereichen + Strukturen	–	21. Verknüpfung von Bereichen	○	22. Prozessvisualisierung + -entwicklung	–
23. Rating-/ Auswahl-/ Ausschlusswerkzeuge	–	24. Rollenspiele	–		–

Prognosen und Wirtschaftlichkeitsbetrachtungen

25. Prognosen	–	26. Wirtschaftlichkeitsbetrachtungen	○

Werkzeuge zur Ergebnisableitung					
27. Ermittlung Flächenbedarfe	O	28. Personal- + Materialbedarf	–	29. Businessentwicklung	–
30. Visualisierung+Simulation	–	31. Kosten	O	32. Zeitplan	–
33. Gebäudebewertung	–	34. Doku.+ Kontrolle	●		

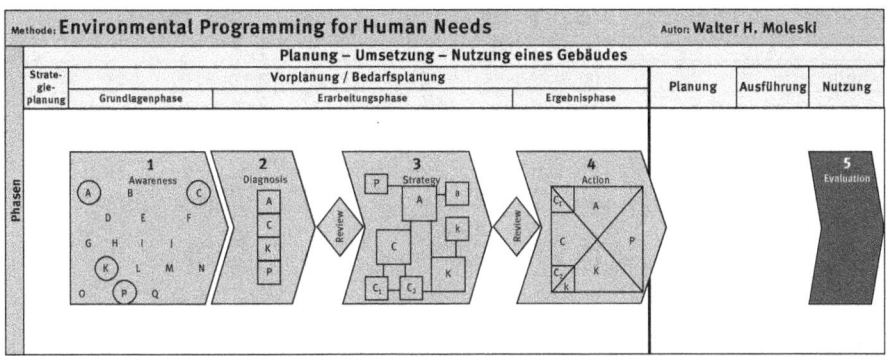

Abb. 32: Phasen der Bedarfsplanung: „Environmental Programming for Human Needs" – Walter H. Moleski, eigene Darstellung in Anlehnung an Palmer 1981

II.12 Facility Programming – Mickey A. Palmer

Mickey A. Palmer verfasste ein umfangreiches Architektenhandbuch mit in den USA angewandten Programming-Methoden und Darstellung des Status-Quo in der Bedarfsplanung. Dabei nimmt er unter anderem Bezug auf Methoden von Peña, Preiser, Sanhoff, White, Moleski und Davis. Er fasst Grundprinzipien zusammen und erarbeitet eine praxisnahe Methode. Ziel ist ein Leitfaden für Architekten. Auch er entwickelt eine eigene Informationsmatrix. Grundsätzlich kann nach Palmer die Bedarfsplanung auf 3 Arten durchgeführt werden: Integriert (parallel zur Planung), separiert (aufeinander folgend, im Vorfeld der Planung) oder interaktiv (fortlaufend, immer wieder, im Vorfeld und während der Planung und Ausführung).

Er entwickelt einen iterativen Prozess, der in 4 Schritten auf unterschiedlichen Ebenen (Master-Programm, Facility-Programm, Component-Programm) ausgeführt wird. Am Ende jeder Iteration steht eine Evaluation. Palmer stellt detailliert eine Vielzahl an Werkzeugen und Techniken vor, die er nach ihrem Einsatzwzeck kategorisiert. Dabei werden sehr differenzierte Werkzeuge vorgestellt. So beschreibt er beispielsweise unterschiedliche Möglichkeiten der Observation zur Datengewinnung, über die Baukostenermittlung hinaus gehende Methoden zur Abschätzung der Energiekosten und der zu erwartenden Lebenszykluskosten, oder Methoden der Kommunikation und Evaluation. Ergänzt wird das Handbuch um 14 Fallbeispiele, in denen der Programming-Prozess erläutert wird.

Tab. 62: Eckdaten Bedarfsplanungsmethode „Facility Programming" von Mickey A. Palmer

Methodenbezeichnung:	**Facility Programming**
Autor(en):	Mickey A. Palmer
Anwendungsbereich:	Alle Gebäudetypen und -größen
Entstehung:	1981
Letzte themenbezogene Veröffentlichung:	1981
Grundlage / Ausgangsbasis:	William M. Peña, Gerald Davis, Walter Moleski, Wolfgang F. E. Preiser, Henry Sanoff, Edward T. White
Zielgruppen:	Praktiker in der Bedarfsplanung, Studenten
Ausgewertete Literatur:	The architect's guide to facility programming, Mickey A. Palmer, McGraw-Hill, New York 1981

Grundsätze zur Strukturierung – Phasen:

1. Stufenweise Erarbeitung	●	2. Programmiterationen	●	3. Schnittstellenphase	–
4. Verzahnung von Bedarfs- + Gebäudeplanung	●	5. Qualitätssicherung	●	6. Evaluation	●

Teilaspekte und Schwerpunkte – Aktivitäten:

Aktivitäten zur Grundlagenermittlung

7. Recherchen	●	8. Besichtigungen	●	9. Befragungen	●

Aktivitäten zur Einbindung der Nutzer

10. Workshops, Interviews	●	11. Rollen- + Auktionsspiele	○	12. Ergebnisprüfung	●

Aktivitäten zur Ergebnisableitung

13. Strategieentwicklungen	●	14. Prozessentwicklungen	●	15. Ermittlung von Projektgrößen + Quantitäten	●
16. Entwicklung Kosten + Zeit	●				

Teilaspekte und Schwerpunkte – Werkzeuge:

Werkzeuge zur Datenaufnahme, Datenauflistung

17. Listen, Fragebögen	●	18. Benchmarking	○	19. Observationen	●

Werkzeuge zur Datenvisualisierung, Darstellung von Verknüpfungen + Abläufen

20. Darstellung von Bereichen + Strukturen	●	21. Verknüpfung von Bereichen	●	22. Prozessvisualisierung + -entwicklung	●
23. Rating-/ Auswahl-/ Ausschlusswerkzeuge	●	24. Rollenspiele	●		

Prognosen und Wirtschaftlichkeitsbetrachtungen

25. Prognosen	○	26. Wirtschaftlichkeitsbetrachtungen	●		

Werkzeuge zur Ergebnisableitung

27. Ermittlung Flächenbedarfe	●	28. Personal- + Materialbedarf	–	29. Businessentwicklung	–
30. Visualisierung+Simulation	●	31. Kosten	●	32. Zeitplan	●
33. Gebäudebewertung	–	34. Doku.+ Kontrolle	●		

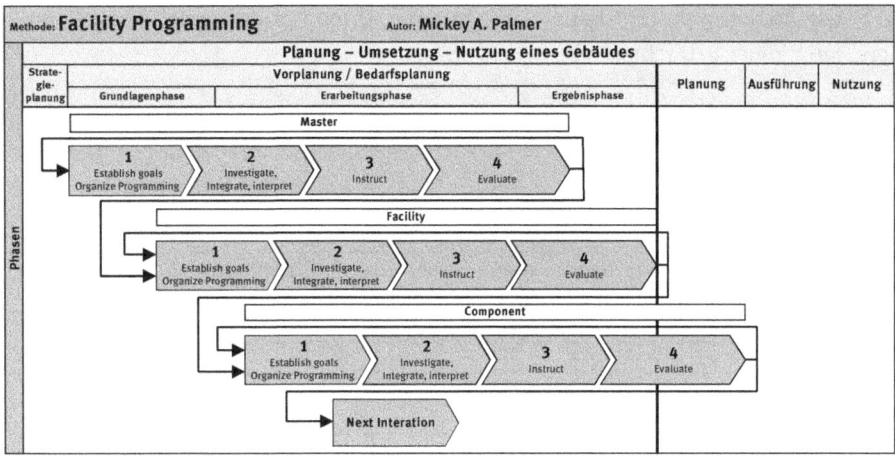

Abb. 33: Phasen der Bedarfsplanung: „Facility Programming" – Mickey A. Palmer, eigene Darstellung in Anlehnung an Palmer 1981

II.13 Health-Care-Facility-Programming – George Agron – Stone, Marrachini & Petterson

George Agron gründete 1965 die Stone, Marrachini & Petterson programming and research group, mit der er ein spezifisches Modell für Gesundheitsimmobilien entwickelt. Als Spezifika dieser Bauaufgabe werden unterschiedliche Nutzergruppen (Patienten als Hauptnutzer und Dienstleister, wie Pflegepersonal, Ärzte, Techniker und Vewalter) identifiziert und differenziert. Auch hebt er die Komplexität dieser Bauaufgabe aufgrund der Vielzahl an Regularien, Parameter, Nutzer und Kriterien hervor, die einen komplexen Programming-Prozess erfordert. Die Methode wird in den Zusammenhang des „Health Facility Planning and Development Process" des „Department of Health, Education and Welfare, Washington D.C." gestellt, der eine mehrstufige Gesundheitsplanung auf unterschiedlichen Ebenen (bundesweite, staatsweite und regionale Planung sowie Planung auf Firmenebene) beschreibt. Der Programming-Prozess selbst bezieht sich auf die Planung auf Firmenebene, bezieht aber lang- und kurzfristige Ziele und Analysen auf unterschiedlichen Ebenen ein. Die Methode ist als 6-stufiger Prozess aufgebaut, wobei die ersten 2 Stufen der Strategieplanung dienen. In den folgenden 4 Stufen wird iterativ jeweils ein wiederum 4-stufiger Unterprozess ausgeführt, wobei bei jedem der 4 Stufen (Investigate Existing Situation – Define Need and Trends – Generate Solutions – Resolve Needs and Resources) einer Matrix folgend 4 Bereiche (Utilisation – Function – Systems – Space) betrachtet werden. Ein Schwerpunkt liegt auf der Analyse und Definition von Prozessen und Abläufen sowie auf der Entwicklung von Szenarien und deren Wirtschaftlichkeitsanalysen. Dabei werden auch krankenhausspezifische Auswertungen, wie Analysen von OP-Raum-Auslastungen, Organisationsmodelle und Computersimulationen betrachtet.

Tab. 63: Eckdaten Bedarfsplanungsmethode „Programming Health Care Facilities" von George Agron – Stone, Marrachini & Petterson

Methodenbezeichnung:	**Health-Care-Facility-Programming**
Autor(en):	George Agron – Stone, Marrachini & Petterson, ab 1985 (nach dem Tod George Agrons) Tusler, Schraishuhn & Meyer)
Anwendungsbereich:	Gesundheitsbauten
Entstehung:	1965
Letzte themenbezogene Veröffentlichung:	1992
Grundlage / Ausgangsbasis:	Praktische Erfahrung als Architekt
Zielgruppen:	Architekten, Planer
Ausgewertete Literatur:	Facility Programming, Methodes and Applications, Wolfgang F. E. Preiser (ed.), Dowden, Hutchinson & Ross, Stroudsburg 1978 Programming the Build Environment, Wolfgang F.E. Preiser (ed.), Van Nostrand Reinhold, New York 1985 Integrating Programming, Evaluation and Participation in Design – A Theory Z Approach, Henry Sanoff, Routledge, New York 1992

Grundsätze zur Strukturierung – Phasen:

1. Stufenweise Erarbeitung	●	2. Programmiterationen		3. Schnittstellenphase	–
4. Verzahnung von Bedarfs- + Gebäudeplanung	–	5. Qualitätssicherung	–	6. Evaluation	O

Teilaspekte und Schwerpunkte – Aktivitäten:

Aktivitäten zur Grundlagenermittlung

7. Recherchen		8. Besichtigungen	O	9. Befragungen	O

Aktivitäten zur Einbindung der Nutzer

10. Workshops, Interviews	O	11. Rollen- + Auktionsspiele	–	12. Ergebnisprüfung	–

Aktivitäten zur Ergebnisableitung

13. Strategieentwicklungen	●	14. Prozessentwicklungen		15. Ermittlung von Projektgrößen + Quantitäten	O
16. Entwicklung Kosten + Zeit	O				

Teilaspekte und Schwerpunkte – Werkzeuge:

Werkzeuge zur Datenaufnahme, Datenauflistung

17. Listen, Fragebögen	●	18. Benchmarking	O	19. Observationen	O

Werkzeuge zur Datenvisualisierung, Darstellung von Verknüpfungen + Abläufen					
20. Darstellung von Bereichen + Strukturen	●	21. Verknüpfung von Bereichen	●	22. Prozessvisualisierung + -entwicklung	●
23. Rating-/ Auswahl-/ Ausschlusswerkzeuge		24. Rollenspiele	–		
Prognosen und Wirtschaftlichkeitsbetrachtungen					
25. Prognosen	●	26. Wirtschaftlichkeitsbetrachtungen	●		
Werkzeuge zur Ergebnisableitung					
27. Ermittlung Flächenbedarfe	○	28. Personal- + Materialbedarf	–	29. Businessentwicklung	●
30. Visualisierung+Simulation	●	31. Kosten	–	32. Zeitplan	●
33. Gebäudebewertung	–	34. Doku.+ Kontrolle	●		

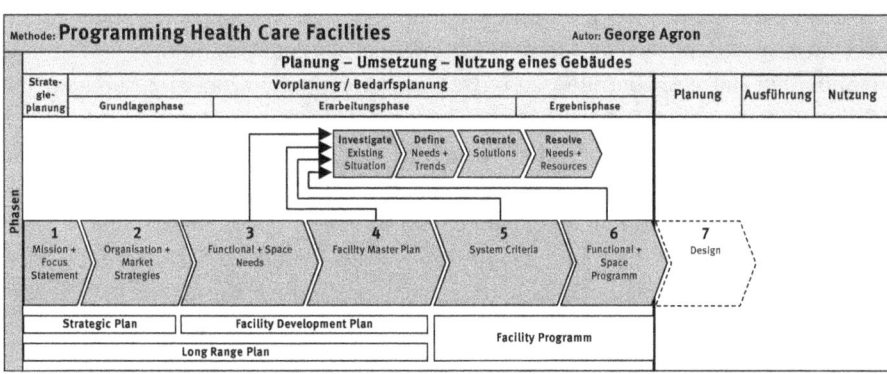

Abb. 34: Phasen der Bedarfsplanung: „Programming Health Care Facilities" von George Agron – Stone, Marrachini & Petterson, eigene Darstellung in Anlehnung an Preiser 1985

II.14 Architectural Programming – Robert G. Hershberger

Hersberger schlägt eine wertebasierte Bedarfsplanungsmethode (Value-Based Programming) vor. Er unterscheidet grundsätzlich 3 Arten der Bedarfsplanung:
1. Design-Based Programming
2. Knowledge-Based Programming
3. Agreement-Based Programming

und leitet daraus das Value-Based Programming als 4. Art ab. Die Design-basierte Bedarfsplanung sieht er als die meist-angewendete Methode an, da sie die einfachste Form einer Bedarfsplanung ist. Sie erfolgt zeitgleich mit der Entwurfsplanung in Gesprächen zwischen Bauherr und Planer, oder mittels einfacher textlicher Aufstellungen des Bauherrn, ist jedoch lediglich für weniger komplexe Bauvorhaben sinnvoll und bedingt einen Bauherrn, der alle Entscheidungen treffen kann. Die wissensbasierte Bedarfsplanung bedient sich einer Vielzahl an Analysen (Observationen, Recherchen, Beispielen), Statistiken sowie verhaltens- und sozialwissenschaftlicher Methoden. Er sieht sie vor allem für komplexe Bauvorhaben als geeignet an, wenn die Anforderungen auf Bauherrenseite nicht ausreichend geklärt sind, da sie bei weniger komplexen Maßnahmen unverhältnismäßig teuer und zeitaufwändig sein kann. Er nennt als Vertreter für diese Methode Gerald Davis, Jay Farbstein, Wolfgang E. Preiser und Walter Moleski. Als den Haupt-Vertreter der Übereinstimmungs-basierten Bedarfsplanung sieht er William Peña. Diese Art der Bedarfsplanung basiert auf dem Wissen von einigen Schlüsselpersonen auf Bauherrenseite, die als Entwicklungsteam das Gros der erforderlichen Informationen für die Bedarfsplanung liefern. In Arbeitssitzungen wird über visuelle Display-Darstellungen Übereinstimmung zu den Zielen und Anforderungen erzielt. Diese Vorgehensweise macht nach Einschätzung von Hershberger den Bedarfsplanungsprozess schlanker, schneller und kostengünstiger, birgt jedoch die Gefahren dass eigentlich wichtige Informationen nicht berücksichtigt werden oder Schlüsselpersonen eigene Entwurfsideen platzieren wollen. In der wertorientierten Bedarfsplanung sieht er eine Kombination der vorgenannten Bedarfsplanungsmethoden, indem zusammen mit Schlüsselpersonen des Bauherrn die wichtigsten Aspekte herausgearbeitet werden und je nach Erfordernis aufwendige wissensbasierte Methoden oder weniger strukturierte Design-basierte Ansätze verfolgt werden. Er sieht so die Möglichkeit die für den Bauherrn wichtigen Punkte entsprechend ihrer Wertigkeit auch in der Bedarfsplanung zu berücksichtigen und das Kosten-Nutzen-Verhältnis der Bedarfsplanung zu optimieren. Seine Methode beschreibt sehr ausführlich die Möglichkeiten der Datenaufnahme, unterschiedliche Arten der Bestandsbesichtigung bzw. Observationen und die die Einbindung der Nutzer mit Befragungen , Interviews und Worksessions. Auch die Umfeld- und Ortsanalyse wird eingehend erörtert und es werden dezidierte Methoden zur Flächen- und Kostenermittlung vorgestellt. Im Ergebnis geht diese Methode bis hin zur Präsentation von Entwurfsgrundsätzen (skizzenhafte Darstellung von Planungsideen) und Entwurfs- Konzeptskizzen zur Zonierung, Wegeführung, Anordnung oder Lage des Gebäudes.

Den Bedarfsplanungsprozess teilt Hershberger in 4 Phasen (Preparing the Program, Information Gathering, Work Sessions, Program Preparation) ein. Die weitere Ausarbeitung der einzelnen Phasen erfolgt beispielhaft und kann je nach Aufgabe variieren.

Zur Evaluierung werden mehrere Formen vorgeschlagen:
1. Nach Abschluss der Bedarfsplanung
2. Nach jeder Planungsphase
3. Nach Fertigstellung des Gebäudes
4. Direkt nach der Inbetriebnahme
5. Einige Zeit nach der Inbetriebnahme

Tab. 64: Eckdaten Bedarfsplanungsmethode „Architectural Programming" von Robert G. Hershberger

Methodenbezeichnung:	**Architectural Programming**
Autor(en):	Robert G. Hershberger
Anwendungsbereich:	Alle Gebäudetypen und -größen
Entstehung:	1969
Letzte themenbezogene Veröffentlichung:	1999
Grundlage / Ausgangsbasis:	Erfahrungen als praktischer Architekt, eigen Hochschulforschungen
Zielgruppen:	Studenten, Architekten
Ausgewertete Literatur:	Architectural Programming and Predesign Manager, Robert G. Hershberger, McGraw-Hill, New York 1999 Professional Practice in Facility Programming, Wolfgang F.E. Preiser (ed.), Van Nostrand Reinhold, New York 1993

Grundsätze zur Strukturierung – Phasen:

1. Stufenweise Erarbeitung –	2. Programmiterationen –	3. Schnittstellenphase –
4. Verzahnung von Bedarfs- + Gebäudeplanung –	5. Qualitätssicherung ●	6. Evaluation ●

Teilaspekte und Schwerpunkte – Aktivitäten:

Aktivitäten zur Grundlagenermittlung

7. Recherchen ●	8. Besichtigungen ●	9. Befragungen ●

Aktivitäten zur Einbindung der Nutzer

10. Workshops, Interviews ●	11. Rollen- + Auktionsspiele –	12. Ergebnisprüfung ●

Aktivitäten zur Ergebnisableitung

13. Strategieentwicklungen ○	14. Prozessentwicklungen –	15. Ermittlung von Projektgrößen + Quantitäten ●
16. Entwicklung Kosten + Zeit ●		

Teilaspekte und Schwerpunkte – Werkzeuge:

Werkzeuge zur Datenaufnahme, Datenauflistung

17. Listen, Fragebögen ●	18. Benchmarking ○	19. Observationen ●

Werkzeuge zur Datenvisualisierung, Darstellung von Verknüpfungen + Abläufen

20. Darstellung von Bereichen + Strukturen ●	21. Verknüpfung von Bereichen ●	22. Prozessvisualisierung + -entwicklung –
23. Rating-/ Auswahl-/ Ausschlusswerkzeuge –	24. Rollenspiele –	–

Prognosen und Wirtschaftlichkeitsbetrachtungen

25. Prognosen –	26. Wirtschaftlichkeitsbetrachtungen –	

Werkzeuge zur Ergebnisableitung					
27. Ermittlung Flächenbedarfe	●	28. Personal- + Materialbedarf	–	29. Businessentwicklung	–
30. Visualisierung+Simulation	●	31. Kosten		32. Zeitplan	●
33. Gebäudebewertung		34. Doku.+ Kontrolle	●		

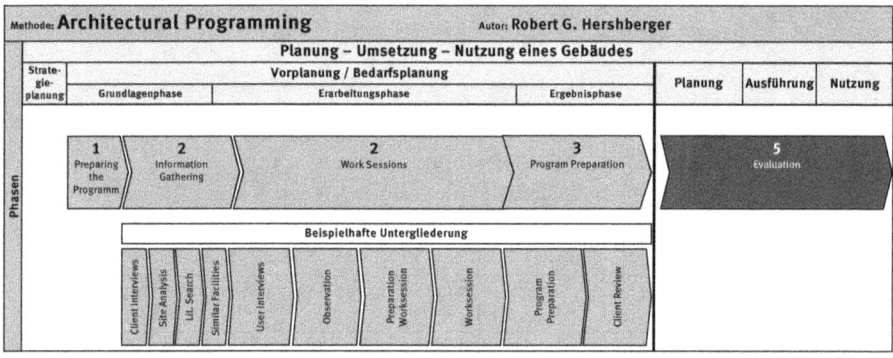

Abb. 35: Phasen der Bedarfsplanung: „Architectural Programming" von Robert G. Hershberger, eigene Darstellung in Anlehnung an Hershberger 1999

II.15 Programming – Leistungskatalog des AIA

Das American Institute of Architects gibt mit dem „Architect's Handbook of Professional Practice" (American Institute of Architects 2014) seit 1920 ein stetig weiterentwickeltes Handbuch für die Architekturpraxis heraus. Bereits in den 70er Jahren des letzten Jahrhunderts wurde das Programming in das Leistungsbild des AIA aufgenommen (Duerk 1993, S.1). Programming wird hier als zusätzliche Leistung definiert, deren Erbringung bei komplexeren Projekten zu Beginn der Planung erforderlich sein kann. Beschrieben wird ein 6-stufiger Prozess: Research the Project Type, Identify Goals and Objectives, Gather Data, Analyze Information, Identify Programmatic Strategies und Establish Quantitative Requirements. Dabei werden als Ziel des Programming-Prozesses das Raumprogramm und die benötigten Flächen sowie deren funktionale Zuordnungen und Abhängigkeiten beschrieben. Eine interaktive Überprüfung, Anpassung und Weiterentwicklung der Bedarfsplanung während des gesamten Planungsprozesses wird als wichtiger Punkt zur Schaffung eines nachhaltigen und besseren Gebäudes angesehen. Darüber hinaus bildet das Programming auch einen wichtigen Baustein des Quality Managements. In diesem Zusammenhang werden Themen wie Teambildung, Benchmarking, Worksessions, Interviews und die Dokumentation der Bedarfsplanung erläutert. Auch wird ein Bezug des Programmings als Baustein einer evidenzbasierten Planung hergestellt. Insgesamt handelt es sich um eine kurze textliche Beschreibung, die keine Angaben zur Durchführung des Prozesses, zu Aktivitäten und Werkzeugen der Bedarfsplanung macht.

Tab. 65: Eckdaten Bedarfsplanungsmethode „Programming" aus dem Leistungskatalog des AIA

Methodenbezeichnung:	**Programming**
Autor(en):	AIA (American Institute of Architects)
Anwendungsbereich:	Alle Gebäudetypen und -größen
Entstehung:	70er Jahre des vergangenen Jahrhunderts (Aufnahme des Programmings in das AIA-Handbook)
Letzte themenbezogene Veröffentlichung:	2014
Grundlage / Ausgangsbasis:	Schaffung eines Kompendiums für die tägliche Arbeit
Zielgruppen:	Studenten, Architekten
Ausgewertete Literatur:	The Architect's Handbook of Professional Practice, American Institute of Architects, 15th Edition, Wiley & Sons, Hoboken, New Jersey 2014

Grundsätze zur Strukturierung – Phasen:

1. Stufenweise Erarbeitung	–	2. Programmiterationen	–	3. Schnittstellenphase	–
4. Verzahnung von Bedarfs- + Gebäudeplanung	–	5. Qualitätssicherung	–	6. Evaluation	●

Teilaspekte und Schwerpunkte – Aktivitäten:

Aktivitäten zur Grundlagenermittlung

7. Recherchen	–	8. Besichtigungen	O	9. Befragungen	O

Aktivitäten zur Einbindung der Nutzer

10. Workshops, Interviews	O	11. Rollen- + Auktionsspiele	–	12. Ergebnisprüfung	O

Aktivitäten zur Ergebnisableitung

13. Strategieentwicklungen	O	14. Prozessentwicklungen	–	15. Ermittlung von Projektgrößen + Quantitäten	O
16. Entwicklung Kosten + Zeit	O				

Teilaspekte und Schwerpunkte – Werkzeuge:

Werkzeuge zur Datenaufnahme, Datenauflistung

17. Listen, Fragebögen	O	18. Benchmarking	O	19. Observationen	O

Werkzeuge zur Datenvisualisierung, Darstellung von Verknüpfungen + Abläufen

20. Darstellung von Bereichen + Strukturen	O	21. Verknüpfung von Bereichen	O	22. Prozessvisualisierung + -entwicklung	–
23. Rating-/ Auswahl-/ Ausschlusswerkzeuge	–	24. Rollenspiele	–		

Prognosen und Wirtschaftlichkeitsbetrachtungen					
25. Prognosen		–	26. Wirtschaftlichkeitsbetrachtungen		–
Werkzeuge zur Ergebnisableitung					
27. Ermittlung Flächenbedarfe	O	28. Personal- + Materialbedarf		– 29. Businessentwicklung	–
30. Visualisierung+Simulation	O	31. Kosten		O 32. Zeitplan	–
33. Gebäudebewertung		–	34. Doku.+ Kontrolle		–

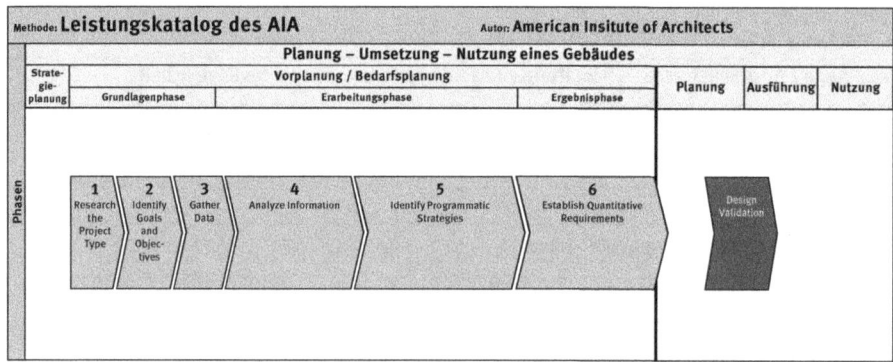

Abb. 36: Phasen der Bedarfsplanung: „Programming" aus dem Leistungskatalog des AIA, eigene Darstellung in Anlehnung an American Institute of Architects 2014

III. Methoden der Bedarfsplanung in Europa

III.1 Strategic Brief – RIBA Plan of Work 2020

Der RIBA Plan of Work ist eine strukturierte Vorgehensweise, erstmals 1964 herausgegeben, die als Leitlinie für in der Praxis tätige Architekten dienen soll. Er besteht aus 8 Phasen, wobei die Bedarfsplanung in den ersten beiden Phasen (Phase 0 „Strategic Definition" und Phase 1 „Preparation and Brief") aufgenommen wurde. Dabei wird für jede Phase beschrieben, welche Ergebnisse erzielt werden sollen und wie hierdurch eine strukturierte Projektbearbeitung ermöglicht wird. Nicht beschrieben werden die Arbeitsprozesse in den jeweiligen Phasen. In Phase 0 sollen grundlegende Fragestellungen zum Projekt bearbeitet werden. Um welches Projekt handelt es sich? Wo, wie und wann soll es realisiert und was soll mit dem Projekt erreicht werden? Auch werden Sachverhalte zur Finanzierbarkeit, zu wirtschaftlichen Randbedingungen, Entwicklungen und Risiken thematisiert. Am Ende steht ein „Stratecic Brief", als erste Stufe der Bedarfsplanung. Phase 1 befasst sich darauf aufbauend mit der Entwicklung des Bedarfsplanes auf Basis von technischen Informationen, Anforderungen des Kunden und Machbarkeitsstudien. Ein zweiter

Schwerpunkt dieser Phase ist die Organisation und Planung des weiteren Projektverlaufs mit Auswahl und Beauftragung des Planungsteams, Festlegung von Zuständigkeiten, sowie Aufstellung eines Ausführungs-Grobzeitplanes und eines Projekt-Budgets. Am Ende dieser Phase steht ein „Initial Project Brief" als Abschluss der Bedarfsplanung. Der Evaluation wird grundsätzlich eine große Bedeutung beigemessen, was darin zum Ausdruck kommt, dass der Projektstart mit einer ausführlichen Erläuterung der Phase 7 (in Use) mit Möglichkeiten der Evaluation, als Voraussetzung für die Phase 0, beginnt. Die Evaluation wird jedoch nicht als Teil der Bedarfsplanung zur Überprüfung des realisierten Projektes, bezogen auf die Erfüllung des Bedarfsplanes beschrieben. Mit der aktuellsten Überarbeitung wurden Nachhaltigkeitsaspekte weiter vertieft und Anforderungen aus der fortschreitenden Digitalisierung und Globalisierung eingearbeitet.

Tab. 66: Eckdaten Bedarfsplanungsmethode „Strategic Brief" aus dem RIBA Plan of Work 2020

Methodenbezeichnung:	**Strategic Brief**
Autor(en):	RIBA Royal Institute of British Architects
Anwendungsbereich:	Alle Gebäudetypen und -größen
Entstehung:	1964
Letzte themenbezogene Veröffentlichung:	2020
Grundlage / Ausgangsbasis:	Entwicklung einer modellhaften Vorgehensweise für eine systematische Planungs- und Entwurfsarbeit
Zielgruppen:	Praktizierende Architekten
Ausgewertete Literatur:	Briefing – A Practical Guide to RIBA Plan of Work 2013, Paul Fletcher and Hilary Satchwell, RIBA Publishing, London 2015 RIBA – Plan of Work 2020 – Overview, Royal Institute of Architects, London 2020

Grundsätze zur Strukturierung – Phasen:					
1. Stufenweise Erarbeitung	●	2. Programmiterationen	–	3. Schnittstellenphase	–
4. Verzahnung von Bedarfs- + Gebäudeplanung	–	5. Qualitätssicherung	–	6. Evaluation	●

Teilaspekte und Schwerpunkte – Aktivitäten:					
Aktivitäten zur Grundlagenermittlung					
7. Recherchen	–	8. Besichtigungen	–	9. Befragungen	O
Aktivitäten zur Einbindung der Nutzer					
10. Workshops, Interviews	O	11. Rollen- + Auktionsspiele	–	12. Ergebnisprüfung	–
Aktivitäten zur Ergebnisableitung					
13. Strategieentwicklungen	O	14. Prozessentwicklungen	–	15. Ermittlung von Projektgrößen + Quantitäten	O
16. Entwicklung Kosten + Zeit	O				

Teilaspekte und Schwerpunkte – Werkzeuge:					
Werkzeuge zur Datenaufnahme, Datenauflistung					
17. Listen, Fragebögen	–	18. Benchmarking	○	19. Observationen	○
Werkzeuge zur Datenvisualisierung, Darstellung von Verknüpfungen + Abläufen					
20. Darstellung von Bereichen + Strukturen	–	21. Verknüpfung von Bereichen	–	22. Prozessvisualisierung + -entwicklung	–
23. Rating-/ Auswahl-/ Ausschlusswerkzeuge		24. Rollenspiele	–		
Prognosen und Wirtschaftlichkeitsbetrachtungen					
25. Prognosen	○	26. Wirtschaftlichkeitsbetrachtungen	○		
Werkzeuge zur Ergebnisableitung					
27. Ermittlung Flächenbedarfe	○	28. Personal- + Materialbedarf	–	29. Businessentwicklung	○
30. Visualisierung+Simulation	○	31. Kosten	○	32. Zeitplan	●
33. Gebäudebewertung	–	34. Doku.+ Kontrolle	●		

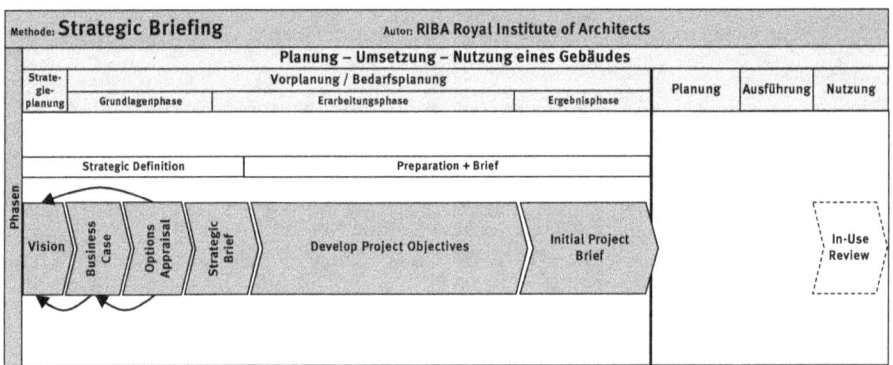

Abb. 37: Phasen der Bedarfsplanung: „Strategic Briefing" aus dem RIBA Plan of Work, eigene Darstellung in Anlehnung an Fletcher und Satchwell 2015

III.2 Construction Briefing – Peter Barrett und Catherine Stanley

Peter Barrett und Catherine Stanley ist es ein Anliegen den Bedarfsplanungsprozess klarer zu strukturieren und mit einer Vielzahl an Praxisbeispielen handhabbar zu machen. Der Ausgangspunkt ihrer Entwicklung ist die Erkenntnis, dass in der Praxis die Bedarfsplanung vielfach als problematisch angesehen wird und viele Planungen ineffizient oder fehlerhaft seien. Barrett und Stanley entwickeln ein sogenanntes „a five-box model", indem sie 5 wichtige Problemlösungs-Schlüsselbereiche identifizieren, um diese Problematik zu verbessern, deren Strukturierung für eine Verbesserung der Bedarfsplanung als wichtig erachtet wird:

1. Den Kunden befähigen
2. Die Projektdynamik leiten
3. Angemessene Nutzerbeteiligung
4. Angemessene Teambildung
5. Angemessene Visualisierungstechniken

Zu jedem Bereich werden Strategien und Checklisten zur Einschätzung des Erfolgs im jeweiligen Bereich erarbeitet und „Good Practice-Erläuterungen" vorgestellt. Im Mittelpunkt der Arbeit steht die Nutzereinbindung und der „Faktor Mensch" im Bedarfs-planungsprozess. Die Bedarfsplanung wird grundsätzlich als mit der Planung verzahnter Prozess verstanden.

Tab. 67: Eckdaten Bedarfsplanungsmethode „Construction Briefing" von Peter Barrett und Catherine Stanley

Methodenbezeichnung:	**Construction Briefing**
Autor(en):	Peter Barrett und Catherine Stanley
Anwendungsbereich:	Alle Gebäudetypen und -größen
Entstehung:	1999
Letzte themenbezogene Veröffentlichung:	1999
Grundlage / Ausgangsbasis:	Probleme in der praktischen Umsetzung sowie ineffiziente oder fehlerhafte Bedarfsplanungen
Zielgruppen:	Planer und Auftraggeber
Ausgewertete Literatur:	Better Construction Briefing, Peter Barrett, Catherine Stanley, Blackwell Science Ltd, Oxford 1999
Grundsätze zur Strukturierung – Phasen:			
1. Stufenweise Erarbeitung ●	2. Programmiterationen –	3. Schnittstellenphase –
4. Verzahnung von Bedarfs- + Gebäudeplanung ●	5. Qualitätssicherung –	6. Evaluation –
Teilaspekte und Schwerpunkte – Aktivitäten:			
Aktivitäten zur Grundlagenermittlung			
7. Recherchen –	8. Besichtigungen ○	9. Befragungen ●
Aktivitäten zur Einbindung der Nutzer			
10. Workshops, Interviews ●	11. Rollen- + Auktionsspiele –	12. Ergebnisprüfung –
Aktivitäten zur Ergebnisableitung			
13. Strategieentwicklungen –	14. Prozessentwicklungen –	15. Ermittlung von Projektgrößen + Quantitäten –
16. Entwicklung Kosten + Zeit –		

Teilaspekte und Schwerpunkte – Werkzeuge:					
Werkzeuge zur Datenaufnahme, Datenauflistung					
17. Listen, Fragebögen	–	18. Benchmarking	–	19. Observationen	–
Werkzeuge zur Datenvisualisierung, Darstellung von Verknüpfungen + Abläufen					
20. Darstellung von Bereichen + Strukturen	–	21. Verknüpfung von Bereichen	–	22. Prozessvisualisierung + -entwicklung	–
23. Rating-/ Auswahl-/ Ausschlusswerkzeuge	–	24. Rollenspiele	–		
Prognosen und Wirtschaftlichkeitsbetrachtungen					
25. Prognosen	–	26. Wirtschaftlichkeitsbetrachtungen	–		
Werkzeuge zur Ergebnisableitung					
27. Ermittlung Flächenbedarfe	–	28. Personal- + Materialbedarf	–	29. Businessentwicklung	–
30. Visualisierung+Simulation	–	31. Kosten	O	32. Zeitplan	O
33. Gebäudebewertung	–	34. Doku.+ Kontrolle	–		

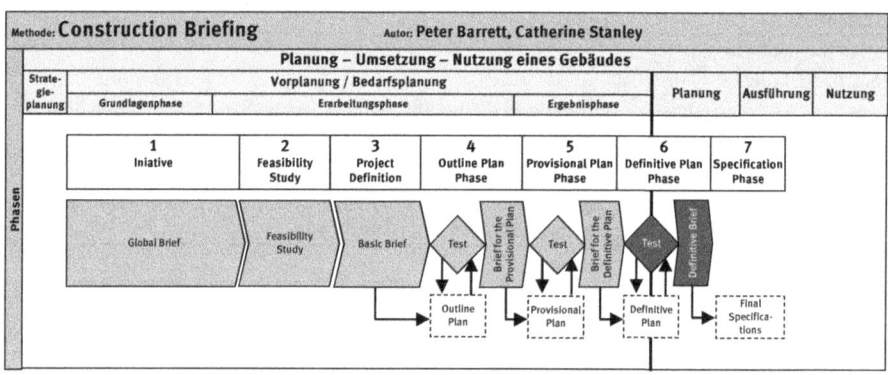

Abb. 38: Phasen der Bedarfsplanung: „Construction Briefing" von Peter Barrett und Catherine Stanley, eigene Darstellung in Anlehnung an Barrett und Stanley 1999

III.3 Programming – Theo JM van der Voordt, Herman BR van Wegen

Ziel von Theo JM van der Voordt und Herman BR van Wegen ist die Messbarmachung der funktionalen Qualität von Gebäuden und die Fragestellung, wie diese Qualität in der Bedarfsplanung formuliert und in der Planung umgesetzt werden kann. In diesem Zusammenhang beschreiben sie einen mehrphasigen, iterativen Bedarfsplanungsprozess. Auf die Prozessgestaltung der Bedarfsplanung, einzelne Aktivitäten und Werkzeuge wird lediglich sehr beschränkt eingegangen. Ausführlich wird der Bereich der Evaluation behandelt.

Tab. 68: Eckdaten Bedarfsplanungsmethode „Programming" von Theo JM van der Voordt und Herman BR van Wegen

Methodenbezeichnung:	**Programming**
Autor(en):	Theo JM van der Voordt und Herman BR van Wegen
Anwendungsbereich:	Alle Gebäudetypen und -größen
Entstehung:	2005
Letzte themenbezogene Veröffentlichung:	2005
Grundlage / Ausgangsbasis:	Forschung und Lehre
Zielgruppen:	Studierende
Ausgewertete Literatur:	Architecture in Use – An Introduction to the Programming, Design and Evaluation of Buildings, Theo JM van der Voordt, Herman BR van Wegen, Architectural Press, Oxford 2005

Grundsätze zur Strukturierung – Phasen:

1. Stufenweise Erarbeitung	●	2. Programmiterationen	●	3. Schnittstellenphase	–
4. Verzahnung von Bedarfs- + Gebäudeplanung	●	5. Qualitätssicherung	●	6. Evaluation	●

Teilaspekte und Schwerpunkte – Aktivitäten:

Aktivitäten zur Grundlagenermittlung

7. Recherchen	–	8. Besichtigungen	–	9. Befragungen	O

Aktivitäten zur Einbindung der Nutzer

10. Workshops, Interviews	O	11. Rollen- + Auktionsspiele	–	12. Ergebnisprüfung	●

Aktivitäten zur Ergebnisableitung

13. Strategieentwicklungen	–	14. Prozessentwicklungen	–	15. Ermittlung von Projektgrößen + Quantitäten	O
16. Entwicklung Kosten + Zeit	O				

Teilaspekte und Schwerpunkte – Werkzeuge:

Werkzeuge zur Datenaufnahme, Datenauflistung

17. Listen, Fragebögen	–	18. Benchmarking	–	19. Observationen	–

Werkzeuge zur Datenvisualisierung, Darstellung von Verknüpfungen + Abläufen

20. Darstellung von Bereichen + Strukturen	●	21. Verknüpfung von Bereichen	●	22. Prozessvisualisierung + -entwicklung	–
23. Rating-/ Auswahl-/ Ausschlusswerkzeuge		24. Rollenspiele	●		–

Prognosen und Wirtschaftlichkeitsbetrachtungen

25. Prognosen	–	26. Wirtschaftlichkeitsbetrachtungen	-		

Werkzeuge zur Ergebnisableitung

27. Ermittlung Flächenbedarfe	●	28. Personal- + Materialbedarf	–	29. Businessentwicklung	–

30. Visualisierung+Simulation	O	31. Kosten O	32. Zeitplan O
33. Gebäudebewertung	—	34. Doku.+ Kontrolle ●	

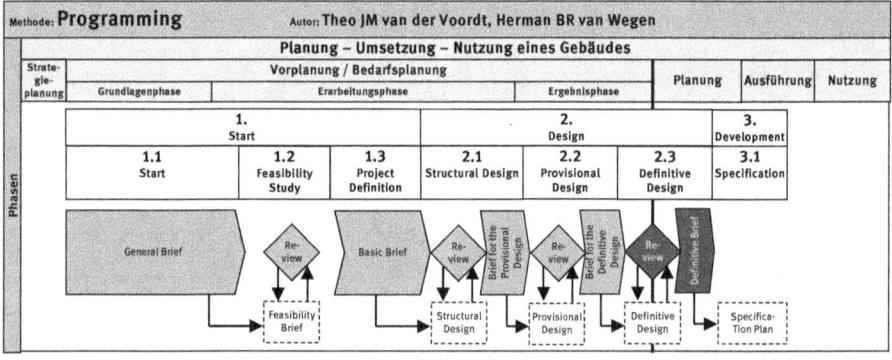

Abb. 39: Phasen der Bedarfsplanung: „Programming" von Theo JM van der Voordt und Herman BR van Wegen, eigene Darstellung in Anlehnung an van der Voordt und van Wegen 2005

III.4 Briefing – Alastair Blyth, John Worthington

Alastair Blyth und John Worthington sehen die Bedarfsplanung nicht ausschließlich als Prozess am Beginn der Planung, der mit dem Bedarfsplan endet, sondern als begleitende evolutionäre, interaktive Leistung. Dabei geben sie dem Prozess selbst, der Bildung von geeigneten Teams, der Einbeziehung der Nutzer, der Verwendung verständlicher Visualisierungstechniken und dem Management der Projektdynamik, deutlich mehr Gewicht als dem Bedarfsplan. Durch Ausführungen zur Bildung des Projektteams, der individuellen Einbeziehung unterschiedlicher handelnder Personen bzw. Gruppen in verschiedenen Projektphasen und Festlegungen zu Rollen und Befugnissen der Personen oder Gruppen wird sehr dezidiert auf komplexe Organisationen als Auftraggeber eingegangen. Darüber hinaus ist die Methode mit der Gebäudeplanung verzahnt und beschäftigt sich ausführlich mit der Evaluation. Die Autoren entwickeln den Gedanken der Evaluation sogar weiter und sprechen darüber hinaus von einem „Continuous-Strategic-Briefing" bzw. von einem „Whole-Life-Briefing". Gemeint ist die Ausdehnung des Bedarfsplanungsprozesses auf den gesamten Gebäudelebenszyklus. Die Autoren befassen sich darüber hinaus auch mit Grundlagen einer Bedarfsplanung bezogen auf die Anpassungsfähigkeit und Flexibilität von Gebäuden als eigenem Themenschwerpunkt.

Anhang A – Qualitative Inhaltsanalysen von Methoden der Bedarfsplanung — 193

Tab. 69: Eckdaten Bedarfsplanungsmethode „Briefing" von Alastair Blyth, John Worthington

Methodenbezeichnung:	**Briefing**
Autor(en):	Alastair Blyth, John Worthington
Anwendungsbereich:	Alle Gebäudetypen und -größen
Entstehung:	2001
Letzte themenbezogene Veröffentlichung:	2010
Grundlage / Ausgangsbasis:	Praxiserfahrung als Architekt, Forschung und Lehre
Zielgruppen:	Bauherren, Architekten und Planer
Ausgewertete Literatur:	Managing the Brief for Better Design, Alastair Blyth, John Worthington, 2nd Edition, Routledge, New York 2010

Grundsätze zur Strukturierung – Phasen:

1. Stufenweise Erarbeitung	●	2. Programmiterationen	●	3. Schnittstellenphase	-
4. Verzahnung von Bedarfs- + Gebäudeplanung	●	5. Qualitätssicherung	●	6. Evaluation	●

Teilaspekte und Schwerpunkte – Aktivitäten:

Aktivitäten zur Grundlagenermittlung

7. Recherchen	O	8. Besichtigungen	●	9. Befragungen	●

Aktivitäten zur Einbindung der Nutzer

10. Workshops, Interviews	●	11. Rollen- + Auktionsspiele	-	12. Ergebnisprüfung	●

Aktivitäten zur Ergebnisableitung

13. Strategieentwicklungen	●	14. Prozessentwicklungen	-	15. Ermittlung von Projektgrößen + Quantitäten	O
16. Entwicklung Kosten + Zeit	O				

Teilaspekte und Schwerpunkte – Werkzeuge:

Werkzeuge zur Datenaufnahme, Datenauflistung

17. Listen, Fragebögen	O	18. Benchmarking	-	19. Observationen	●

Werkzeuge zur Datenvisualisierung, Darstellung von Verknüpfungen + Abläufen

20. Darstellung von Bereichen + Strukturen	-	21. Verknüpfung von Bereichen	●	22. Prozessvisualisierung + -entwicklung	-
23. Rating-/ Auswahl-/ Ausschlusswerkzeuge	-	24. Rollenspiele	O		

Prognosen und Wirtschaftlichkeitsbetrachtungen

25. Prognosen	O	26. Wirtschaftlichkeitsbetrachtungen	-		

Werkzeuge zur Ergebnisableitung

27. Ermittlung Flächenbedarfe	-	28. Personal- + Materialbedarf	-	29. Businessentwicklung	O
30. Visualisierung+Simulation	●	31. Kosten	-	32. Zeitplan	●
33. Gebäudebewertung	-	34. Doku.+ Kontrolle	●		

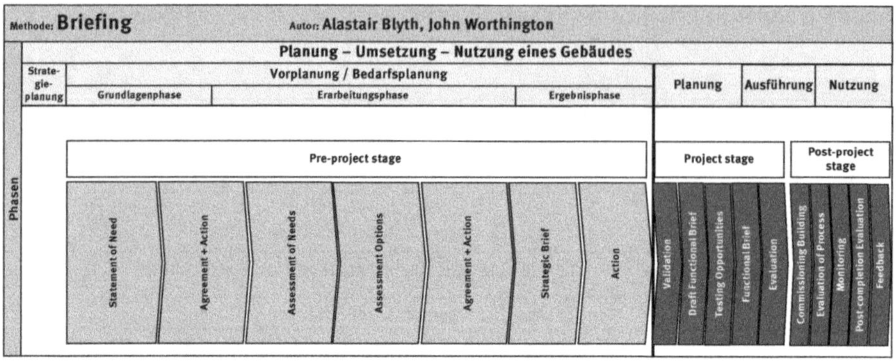

Abb. 40: Phasen der Bedarfsplanung: „Briefing" von Alastair Blyth, John Worthington, eigene Darstellung in Anlehnung an Blyth und Worthington 2010

III.5 Usability Briefing for hospital design – Aneta Fronczek-Munter

Aneta Fronczek-Munter hat 2016 an der Technischen Universität Dänemark eine Dissertation zur Bedarfsplanung im Krankenhausbau verfasst. Dabei liegen ihre Schwerpunkte auf der Prozessgestaltung einer Bedarfsplanung im Krankenhausbau und auf der Erfassung der Nutzeranforderungen und -erfahrungen. Sie entwickelt ein eigenes Prozessmodell, dass in 7 Phasen Bedarfsplanung, Gebäudeplanung und Evaluation verknüpft betrachtet und in jeder Phase die Einbeziehung der Nutzer, die erforderlichen Aktivitäten und den jeweiligen Fokus der Bedarfsplanung thematisiert. Dabei werden Nutzer als aktiv involvierte „Co-Designer" in einem gemeinsamen Veränderungsprozess betrachtet, die in einem kontinuierlichen Dialogprozess die gesamte Gebäudeentwicklung und -errichtung begleiten, bis hin zur Evaluation nach der Inbetriebnahme. In Phase 0 (Strategic Definition) wird zunächst ein strategischer Bedarfsplan (Strategic Brief) erarbeitet, indem Ideen und Aussagen zu Anforderungen in eine Strategie transformiert werden. Als Phase 1 (Preparation Brief) wird die klassische Bedarfsplanung, bestehend aus Recherchen, Besichtigungen, Interviews und Workshops beschrieben, an deren Ende ein Bedarfsplan für das Gebäude (Project Brief) steht. Hervorgehoben werden gute Erfahrungen in dieser Phase durch Workshops mit sogenannten „highly effective lead users" und „advanced users with special knowledge". In dieser Phase ist die Nutzerbeteiligung am intensivsten und es werden verschiedenste Nutzer einbezogen. In den folgenden Phasen 2 bis 5 (Concept Design, Development Design, Technical Design, Construction) wird der „Project Brief" parallel zur Gebäudeplanung und zum Bau zu unterschiedlichen Detailplänen (Detailed Briefs) weiterentwickelt. In einem kontinuierlichen Nutzerbeteiligungsprozess werden Vorgaben für Detaillösungen, Innenraumgestaltungen, den Betrieb oder das Facility Management entwickelt und in Evaluationen die Funktionalität überprüft. Die Nutzereinbindung verändert sich vom aktiven, kreativen Entwicklungsprozess hin zur Regulierung von Details, zum

Informationsaustausch zum Fortschritt und zur Überprüfung der Funktionstauglichkeit der Weiterentwicklungen aus dem Bedarfsplan. Phase 6 und 7 (Handover, In-Use) beinhalten die Inbetriebnahme des Gebäudes durch Nutzerschulung und -einweisungen sowie die Evaluation, den Support und das Monitoring in den ersten Jahren nach der Inbetriebnahme. Dabei werden eine Vielzahl an Evaluationsbereichen untersucht.

Tab. 70: Eckdaten Bedarfsplanungsmethode „Usability Briefing for hospital design" von Aneta Fronczek-Munter

Methodenbezeichnung:	Usability Briefung for hospital design				
Autor(en):	Aneta Fronczek-Munter				
Anwendungsbereich:	Krankenhausbauten				
Entstehung:	2016				
Letzte themenbezogene Veröffentlichung:	2016				
Grundlage / Ausgangsbasis:	PhD-Studium				
Zielgruppen:	Forscher, Architekten, Bedarfsplaner, Bauherren, Facility Manager				
Ausgewertete Literatur:	Usability Briefing for hospital design – Exploring user needs and experiences to improve complex buildings, Aneta Fronczek-Munter, Centre for Facilities Management – Realdania Research, Technical University of Denmark 2016				
Grundsätze zur Strukturierung – Phasen:					
1. Stufenweise Erarbeitung	●	2. Programmiterationen	–	3. Schnittstellenphase	–
4. Verzahnung von Bedarfs- + Gebäudeplanung	●	5. Qualitätssicherung	●	6. Evaluation	●
Teilaspekte und Schwerpunkte – Aktivitäten:					
Aktivitäten zur Grundlagenermittlung					
7. Recherchen	●	8. Besichtigungen	●	9. Befragungen	●
Aktivitäten zur Einbindung der Nutzer					
10. Workshops, Interviews	●	11. Rollen- + Auktionsspiele	○	12. Ergebnisprüfung	●
Aktivitäten zur Ergebnisableitung					
13. Strategieentwicklungen	●	14. Prozessentwicklungen	●	15. Ermittlung von Projektgrößen + Quantitäten	–
16. Entwicklung Kosten + Zeit	–				

Teilaspekte und Schwerpunkte – Werkzeuge:					
Werkzeuge zur Datenaufnahme, Datenauflistung					
17. Listen, Fragebögen	○	18. Benchmarking	●	19. Observationen	●
Werkzeuge zur Datenvisualisierung, Darstellung von Verknüpfungen + Abläufen					
20. Darstellung von Bereichen + Strukturen	–	21. Verknüpfung von Bereichen	–	22. Prozessvisualisierung + -entwicklung	○
23. Rating-/ Auswahl-/ Ausschlusswerkzeuge	–	24. Rollenspiele	○		
Prognosen und Wirtschaftlichkeitsbetrachtungen					
25. Prognosen	–	26. Wirtschaftlichkeitsbetrachtungen	–		
Werkzeuge zur Ergebnisableitung					
27. Ermittlung Flächenbedarfe	–	28. Personal- + Materialbedarf	–	29. Businessentwicklung	–
30. Visualisierung+Simulation	●	31. Kosten	–	32. Zeitplan	–
33. Gebäudebewertung	●	34. Doku.+ Kontrolle	●		

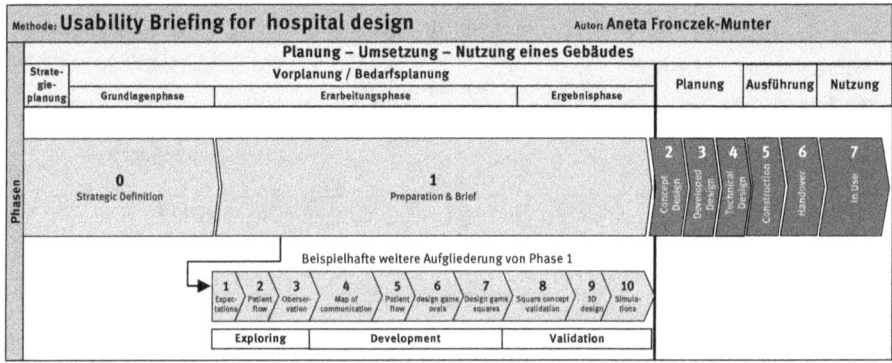

Abb. 41: Phasen der Bedarfsplanung: „Usability Briefing for hospital design" von Aneta Fronczek-Munter, eigene Darstellung in Anlehnung an Fronczek-Munter 2016

IV. Methoden der Bedarfsplanung in Deutschland

IV.1 Bedarfsplanung in der Projektentwicklung – Hans-Peter Achatzi, Werner Schneider, Walter Volkmann

Ziel der Methode von Hans-Peter Achatzi, Werner Schneider und Walter Volkmann ist nach eigener Aussage eine praxiserprobte Durchführung der Bedarfsplanung nach der DIN 18205. Es handelt sich um einen Leitfaden, der die 5 durch die DIN 18205 definierten Schritte in operative Phasen umsetzt. Dabei entsprechen die Schritte 1 und 2 der DIN 18205 der Phase 1 (Projektdefinition). Die Schritte 3 bis 5 der

DIN werden in 2 Ebenen, als Grob- und Feinprogramm in den Phasen 2 und 4 zwei Mal umgesetzt. Dazwischen geschaltet wird mit Phase 3 ein Strategiekonzept, das auf Basis des Grobprogramms und damit der belegten grundsätzlichen Machbarkeit, Strategien zur Realisierung, Standortwahl, Bedarfsplanung, Kosten- und Terminplanung entwickelt. Für alle Phasen werden Ablaufschemata in Form von Flussdiagrammen dargelegt, die auch die Aufgabenverteilung zwischen Auftraggeber und Bedarfsplaner zeigen. Alle Phasen sollen jeweils so lange iterierend durchlaufen werden, bis das gewünschte Ergebnis erzielt ist und in die nächste Phase eingetreten werden kann. Es werden lediglich wenige Beispielwerkzeuge aufgeführt, da es sich nach Aussage der Autoren um eine Kurzanleitung handelt, die aufgrund ihrer Allgemeingültigkeit und der Vielfalt an Projektarten, Bauherren und Komplexitäten keinen festen Katalog und keine „Standardrezepte" für die Bedarfsplanung anbieten möchte.

Tab. 71: Eckdaten Bedarfsplanungsmethode „Bedarfsplanung in der Projektentwicklung" von Hans-Peter Achatzi, Werner Schneider und Walter Volkmann

Methodenbezeichnung:	**Bedarfsplanung in der Projektentwicklung**
Autor(en):	Hans-Peter Achatzi, Werner Schneider, Walter Volkmann
Anwendungsbereich:	Alle Gebäudetypen und -größen
Entstehung:	2017
Letzte themenbezogene Veröffentlichung:	2017
Grundlage / Ausgangsbasis:	Erfahrungen aus Lehre, Forschung und Praxis
Zielgruppen:	Bauherren, Planer, Projektmanager, Nutzer, Betreiber und Berater
Ausgewertete Literatur:	Bedarfsplanung in der Projektentwicklung – Kurzanleitung Heft 6, Hans-Peter Achatzi, Werner Schneider, Walter Volkmann, Springer Verlag, Berlin 2017

Grundsätze zur Strukturierung – Phasen:					
1. Stufenweise Erarbeitung	●	2. Programmiterationen	●	3. Schnittstellenphase	–
4. Verzahnung von Bedarfs- + Gebäudeplanung	–	5. Qualitätssicherung	●	6. Evaluation	O

Teilaspekte und Schwerpunkte – Aktivitäten:					
Aktivitäten zur Grundlagenermittlung					
7. Recherchen	O	8. Besichtigungen	O	9. Befragungen	O
Aktivitäten zur Einbindung der Nutzer					
10. Workshops, Interviews	O	11. Rollen- + Auktionsspiele	–	12. Ergebnisprüfung	O
Aktivitäten zur Ergebnisableitung					
13. Strategieentwicklungen	O	14. Prozessentwicklungen	–	15. Ermittlung von Projektgrößen + Quantitäten	O

16. Entwicklung Kosten + Zeit	○				

Teilaspekte und Schwerpunkte – Werkzeuge:

Werkzeuge zur Datenaufnahme, Datenauflistung

17. Listen, Fragebögen	○	18. Benchmarking	○	19. Observationen	○

Werkzeuge zur Datenvisualisierung, Darstellung von Verknüpfungen + Abläufen

20. Darstellung von Bereichen + Strukturen	●	21. Verknüpfung von Bereichen	●	22. Prozessvisualisierung + -entwicklung	○
23. Rating-/ Auswahl-/ Ausschlusswerkzeuge		24. Rollenspiele	●	–	

Prognosen und Wirtschaftlichkeitsbetrachtungen

25. Prognosen	–	26. Wirtschaftlichkeitsbetrachtungen	○		

Werkzeuge zur Ergebnisableitung

27. Ermittlung Flächenbedarfe	●	28. Personal- + Materialbedarf	–	29. Businessentwicklung	○
30. Visualisierung+Simulation	–	31. Kosten	●	32. Zeitplan	○
33. Gebäudebewertung	–	34. Doku.+ Kontrolle	○		

Anhang A – Qualitative Inhaltsanalysen von Methoden der Bedarfsplanung — 199

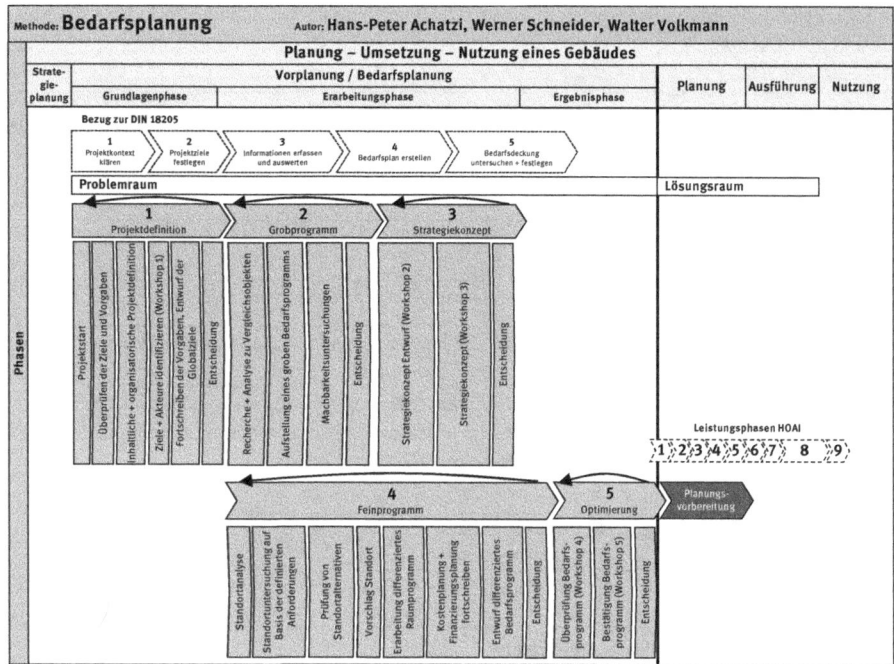

Abb. 42: Phasen der Bedarfsplanung: „Bedarfsplanung" von Hans-Peter Achatzi, Werner Schneider, Walter Volkmann, eigene Darstellung in Anlehnung an Achatzi, Schneider, und Volkmann 2017

IV.2 Nutzerorientierte Bedarfsplanung – Martin Hodulak, Ulrich Schramm

Martin Hodulak und Ulrich Schramm legen den Schwerpunkt ihrer Methode auf die Nutzerorientierung und stellen damit den Mensch in den Mittelpunkt der Betrachtung, mit dessen Hilfe als Wissensträger sich Prozesse und Anforderungen analysieren lassen. Die Methode besteht aus 6 Phasen und orientiert sich in ihrer Struktur an der DIN 18205. Sie bietet eine klare Vorgehensweise mit jeweils den einzelnen Phasen zugeordneten Aktivitäten, Arbeitsschritten und Arbeitsmitteln. Dabei werden auch Themen wie die Auswahl der Projektteilnehmer, die zeitliche und inhaltliche Strukturierung von einzelnen Aktivitäten und die Handhabung von wichtigen Werkzeugen, wie Organigrammen, Fragebögen, der Kartentechnik, Prozess-, Beziehungsdiagrammen, Raum- und Flächenlisten und Kostenrahmen detailliert beschrieben. Der Schwerpunkt liegt dabei auf der visuellen Kommunikation zur Informationsermittlung und -auswertung als maßgebliche Elemente zur Nutzereinbindung.

Tab. 72: Eckdaten Bedarfsplanungsmethode „Nutzerorientierte Bedarfsplanung" von Martin Hodulak und Ulrich Schramm

Methodenbezeichnung:	**Nutzerorientierte Bedarfsplanung**				
Autor(en):	Martin Hodulak und Ulrich Schramm				
Anwendungsbereich:	Alle Gebäudetypen und -größen				
Entstehung:	2011				
Letzte themenbezogene Veröffentlichung:	2019				
Grundlage / Ausgangsbasis:	Langjährige Erfahrung in Forschung Lehre und Praxis				
Zielgruppen:	Bauherrn, Gebäudenutzer, Betreiber, Planer, Architekten, Facility Manager und Projektmanager				
Ausgewertete Literatur:	Nutzerorientierte Bedarfsplanung – Prozessqualität für nachhaltige Gebäude, Martin Hodulak, Ulrich Schramm, 2. Auflage, Springer Verlag GmbH, Berlin 2019				
Grundsätze zur Strukturierung – Phasen:					
1. Stufenweise Erarbeitung	●	2. Programmiterationen		3. Schnittstellenphase	–
4. Verzahnung von Bedarfs- + Gebäudeplanung	–	5. Qualitätssicherung	–	6. Evaluation	●
Teilaspekte und Schwerpunkte – Aktivitäten:					
Aktivitäten zur Grundlagenermittlung					
7. Recherchen	○	8. Besichtigungen	○	9. Befragungen	●
Aktivitäten zur Einbindung der Nutzer					
10. Workshops, Interviews	●	11. Rollen- + Auktionsspiele	–	12. Ergebnisprüfung	–
Aktivitäten zur Ergebnisableitung					
13. Strategieentwicklungen	●	14. Prozessentwicklungen	–	15. Ermittlung von Projektgrößen + Quantitäten	●
16. Entwicklung Kosten + Zeit	●				
Teilaspekte und Schwerpunkte – Werkzeuge:					
Werkzeuge zur Datenaufnahme, Datenauflistung					
17. Listen, Fragebögen	●	18. Benchmarking	–	19. Observationen	○
Werkzeuge zur Datenvisualisierung, Darstellung von Verknüpfungen + Abläufen					
20. Darstellung von Bereichen + Strukturen	●	21. Verknüpfung von Bereichen	●	22. Prozessvisualisierung + -entwicklung	○
23. Rating-/ Auswahl-/ Ausschlusswerkzeuge		24. Rollenspiele	–		
Prognosen und Wirtschaftlichkeitsbetrachtungen					
25. Prognosen	–	26. Wirtschaftlichkeitsbetrachtungen	○		

Werkzeuge zur Ergebnisableitung

27. Ermittlung Flächenbedarfe ●	28. Personal- + Materialbedarf –	29. Businessentwicklung ○
30. Visualisierung+Simulation ●	31. Kosten ●	32. Zeitplan ●
33. Gebäudebewertung –	34. Doku.+ Kontrolle ●	

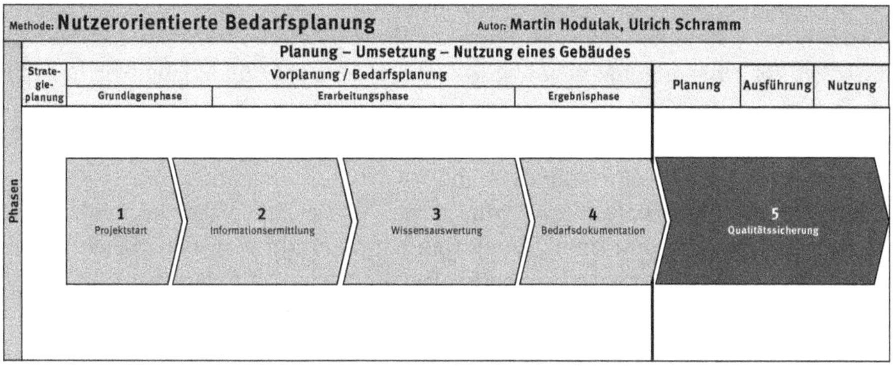

Methode: Nutzerorientierte Bedarfsplanung **Autor:** Martin Hodulak, Ulrich Schramm

Planung – Umsetzung – Nutzung eines Gebäudes

Strategieplanung | Vorplanung / Bedarfsplanung | Planung | Ausführung | Nutzung
Grundlagenphase | Erarbeitungsphase | Ergebnisphase

Phasen:
1. Projektstart
2. Informationsermittlung
3. Wissensauswertung
4. Bedarfsdokumentation
5. Qualitätssicherung

Abb. 43: Phasen der Bedarfsplanung: „Nutzerorientierte Bedarfsplanung" von Martin Hodulak und Ulrich Schramm, eigene Darstellung in Anlehnung an Hodulak und Schramm 2019

V. Methoden der strategischen Planung, die Gesichtspunkte der Bedarfsplanung beinhalten

V.1 Lean Hospital – M. Alkalay, A. Angerer, T. Drews, C. Jäggi, M. Kämpfer, I. Lenherr, J. Valentin, C. Vetterli, D. Walker

Lean ist eine ganzheitliche Philosophie zur kontinuierlichen Verbesserung der Wirtschaftlichkeit, Zuverlässigkeit und Sicherheit. Mittels des Flussprinzips als zentralem Element sollen alle Prozesse als Systemleistung entlang des Wertstroms ausgerichtet werden. Als Lean Hospital auf das Krankenhaus übertragen, sind die Kernpunkte eine radikale Patientenorientierung, eine Ablauf-, Struktur-, und Bedarfsplanung, ausgehend vom Patienten, eine Komplette Ausrichtung aller Prozesse auf den Patienten und die Entwicklung von Patientenprozessen aus. Dabei wird die Umsetzung der Philosophie als eine lebenslange Aufgabe angesehen. Die Autoren des LHT-BOK haben daraus folgende Definition entwickelt:

> „Ein Lean-Hospital umschreibt eine hochqualitative, effiziente und sich stets selbstoptimierende Organisation, in welcher sämtliche Prozesse am Patienten ausgerichtet werden, um so nicht-wertschöpfende Aktivitäten zu eliminieren." (Angerer u. a. 2018)

Kernthemen sind die Schaffung von Transparenz, Prozessanalysen, Identifikation von Verschwendungen, Veränderung von Prozessen und Verantwortlichkeiten,

Schaffung einer Innovationskultur, Minimierung von Komplexität, Standardisierung und eine ständige Überprüfung, Ergebniskontrolle und kontinuierliche Verbesserung. Als entscheidende Punkte zur Umsetzung werden eine langfristige Strategie, ein organisatorischer Lernprozess, die gemeinsame Erarbeitung und das Training von neuen Lösungen gesehen, da so die Identifikation wächst. Dabei wird im Krankenhaus davon ausgegangen, dass die Umsetzung eines Transformationsprozesses und die Einführung der Lean-Strategie in der Regel, auf Basis einer Gesamtvision, sinnvollerweise über Leuchtturmprojekte und punktuelle Transformationen erfolgt, da ein radikaler Ansatz aufgrund des erforderlichen Ressourcen-Einsatzes als schwierig angesehen wird. Als ein Kerntool und Möglichkeit der Einbindung der Nutzer und vor allem der Patienten werden Simulationszonen eingesetzt. So wird auch die Bedarfsplanung vom Patientenprozess her entwickelt. Ein Beispiel für den Entwicklungsprozess sind strukturierte Lernschlaufen, sogenannte „Integrated Design Events (IDEs)", durch die das Designteam einen moderierten Entwicklungsprozess durchläuft. Es werden eine Vielzahl von sehr differenzierten und spezifischen Werkzeugen, wie beispielsweise Design Thinking[20], Gemba Walk[21], Kaikaku[22], Kaizen[23], 5 Why-How-Laddering[24], PDCA-Zyklus[25] oder die A3-Methode[26], erörtert, die besonders geeignet sind, die Lean-Vision umzusetzen.

---

[20] Design Thinking: Systematische Herangehensweise an komplexe Problemstellungen
[21] Gemba: aus dem Japanischen „Tatort / Ort des Geschehens". Der „Gemba Walk" beschreibt die systematische Beobachtung von Wertschöpfungsprozessen.
[22] Kaikaku: aus dem Japanischen „Transformation" oder „drastischer Wandel" beschreibt einen radikalen Veränderungsprozess, der ein radikales Umdenken erfordert.
[23] Kaizen: aus dem Japanischen „Wandel zum Besseren". Ein ganzheitlicher, kontinuierlicher Verbesserungsansatz mit 3 Kernelementen: Einbeziehung aller Mitarbeitenden, Veränderung in kleinen Schritten, andauernde Verbesserung.
[24] Why-How-Laddering: Problemlösungstechnik, welche primär der Ursachenfindung der Qualitäts- und Prozessverbesserung dient.
[25] PDCA-Zyklus: Plan-Do-Check-Act-Zyklus, auch Deming-Kreis, beschreibt ein vierphasiges Tool zur Problemerfassung und strukturierten Lösungsentwicklung.
[26] A3-Methode: Strukturierte Methode zur Ursachenfindung und Lösungsentwicklung, die sich an der PDCA-Logik orientiert.

Tab. 73: Eckdaten „Lean Hospital" von M. Alkalay, A. Angerer, T. Drews, C. Jäggi, M. Kämpfer, I. Lenherr, J. Valentin, C. Vetterli und D. Walker

Methodenbezeichnung:	**Lean Hospital**
Autor(en):	M. Alkalay, A. Angerer, T. Drews, C. Jäggi, M. Kämpfer, I. Lenherr, J. Valentin, C. Vetterli, D. Walker
Anwendungsbereich:	Krankenhäuser
Entstehung:	Anfang der 2000er Jahre in den USA
Letzte themenbezogene Veröffentlichung:	2019
Grundlage / Ausgangsbasis:	Lean-Philosophie der Automobilindustrie
Zielgruppen:	Krankenhausbetreiber, Mediziner, Planer
Ausgewertete Literatur:	Lean Hospital – Das Krankenhaus der Zukunft, Daniel Walker (Hrsg.), Medizinisch Wissenschaftliche Buchgesellschaft, Berlin 2015 LHT-BOK Lean Healthcare Transformation Body of Knowledge: Edition 2018-2019, Dr. Alfred Angerer et al., CreateSpace Independent Publishing Platform, Winterthur 2018

Grundsätze zur Strukturierung – Phasen:

1. Stufenweise Erarbeitung	●	2. Programmiterationen	●	3. Schnittstellenphase	–
4. Verzahnung von Bedarfs- + Gebäudeplanung	●	5. Qualitätssicherung	●	6. Evaluation	●

Teilaspekte und Schwerpunkte – Aktivitäten:

Aktivitäten zur Grundlagenermittlung

7. Recherchen	●	8. Besichtigungen	●	9. Befragungen	●

Aktivitäten zur Einbindung der Nutzer

10. Workshops, Interviews	●	11. Rollen- + Auktionsspiele	●	12. Ergebnisprüfung	●

Aktivitäten zur Ergebnisableitung

13. Strategieentwicklungen	●	14. Prozessentwicklungen	●	15. Ermittlung von Projektgrößen + Quantitäten	●
16. Entwicklung Kosten + Zeit	–				

Teilaspekte und Schwerpunkte – Werkzeuge:

Werkzeuge zur Datenaufnahme, Datenauflistung

17. Listen, Fragebögen	○	18. Benchmarking	●	19. Observationen	●

Werkzeuge zur Datenvisualisierung, Darstellung von Verknüpfungen + Abläufen

20. Darstellung von Bereichen + Strukturen	●	21. Verknüpfung von Bereichen	●	22. Prozessvisualisierung + -entwicklung	●
23. Rating-/ Auswahl-/ Ausschlusswerkzeuge	●	24. Rollenspiele	●		

Prognosen und Wirtschaftlichkeitsbetrachtungen

25. Prognosen	–	26. Wirtschaftlichkeitsbetrachtungen	●
Werkzeuge zur Ergebnisableitung			
27. Ermittlung Flächenbedarfe	–	28. Personal- + Materialbedarf	● 29. Businessentwicklung ●
30. Visualisierung+Simulation	●	31. Kosten	– 32. Zeitplan –
33. Gebäudebewertung	–	34. Doku.+ Kontrolle	●

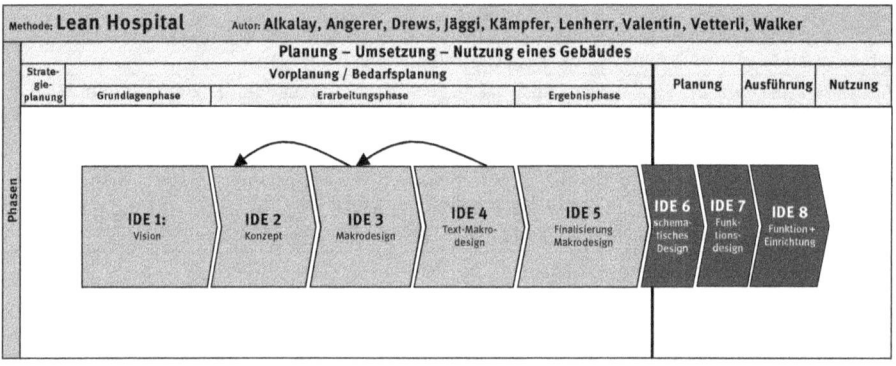

Abb. 44: Lean Hospital übertragen auf die Bedarfsplanung: „Lean Hospital" von M. Alkalay, A. Angerer, T. Drews, C. Jäggi, M. Kämpfer, I. Lenherr, J. Valentin, C. Vetterli und D. Walker, eigene Darstellung in Anlehnung an Walker 2015

V.2 Zukunft. Klinik. Bau – Carsten Roth, Uwe Dombrowski, Norbert Fisch

Die Autoren haben eine Planungssystematik zur strategischen, integralen Planung von Krankenhausbauten entwickelt, welche die Phase Projektvorbereitung / Bedarfsplanung betrachtet. Auf Basis vorhandener Planungsmethoden aus dem Industriebau und der Produktentwicklung in Kombination mit Expertengesprächen aus dem Krankenhauswesen werden „sieben Phasen der strategischen Planung" entwickelt. Jede Phase soll dabei so oft iterativ durchlaufen werden, bis die Entscheidung zum Übergang in die nächste Phase getroffen wird. Ein weiterer Schwerpunkt der Systematik ist ein umfangreicher Werkzeugkatalog. Die Werkzeuge werden in Gruppen (Werkzeuge der Bedarfsermittlung, der Prognose, der Wirtschaftlichkeitsbetrachtung, der Entscheidungshilfe, der Ablauf- und Prozessoptimierung und der Kreativitätstechnik und Ideenfindung) zusammengefasst, nach dem jeweiligen Aufwand der Anwendung in 3 Kategorien (Aufwand gering – Aufwand hoch – Aufwand hoch und externe Unterstützung oder Fachpersonal erforderlich) eingeteilt und den einzelnen Phasen zugeordnet. Darüber hinaus befasst sich die Systematik auch mit der Teamstruktur und der Projektorganisation.

Anhang A – Qualitative Inhaltsanalysen von Methoden der Bedarfsplanung — 205

Tab. 74: Eckdaten Planungsmethode „Zukunft. Klinik. Bau" von Charsten Roth, Uwe Dombrowski und Norbert Fisch

Methodenbezeichnung:	**Zukunft. Klinik. Bau**
Autor(en):	Carsten Roth, Uwe Dombrowski, Norbert Fisch
Anwendungsbereich:	Krankenhäuser
Entstehung:	2015
Letzte themenbezogene Veröffentlichung:	2015
Grundlage / Ausgangsbasis:	Aktuelle Entwicklungen im Krankenhauswesen und damit einhergehende Herausforderungen
Zielgruppen:	Architekten, Planer, Klinikbetreiber
Ausgewertete Literatur:	Zukunft. Klinik. Bau – Strategische Planung von Krankenhäusern, Carsten Roth, Uwe Dombrowski, M. Norbert Fisch (Hrsg.), Springer Fachmedien, Wiesbaden 2015

Grundsätze zur Strukturierung – Phasen:

1. Stufenweise Erarbeitung	–	2. Programmiterationen		3. Schnittstellenphase	–
4. Verzahnung von Bedarfs- + Gebäudeplanung	–	5. Qualitätssicherung	–	6. Evaluation	–

Teilaspekte und Schwerpunkte – Aktivitäten:

Aktivitäten zur Grundlagenermittlung

7. Recherchen	–	8. Besichtigungen	–	9. Befragungen	○

Aktivitäten zur Einbindung der Nutzer

10. Workshops, Interviews	●	11. Rollen- + Auktionsspiele	–	12. Ergebnisprüfung	–

Aktivitäten zur Ergebnisableitung

13. Strategieentwicklungen	●	14. Prozessentwicklungen	●	15. Ermittlung von Projektgrößen + Quantitäten	●
16. Entwicklung Kosten + Zeit	●				

Teilaspekte und Schwerpunkte – Werkzeuge:

Werkzeuge zur Datenaufnahme, Datenauflistung

17. Listen, Fragebögen	–	18. Benchmarking	●	19. Observationen	●

Werkzeuge zur Datenvisualisierung, Darstellung von Verknüpfungen + Abläufen

20. Darstellung von Bereichen + Strukturen	●	21. Verknüpfung von Bereichen	●	22. Prozessvisualisierung + -entwicklung	●
23. Rating-/ Auswahl-/ Ausschlusswerkzeuge	●	24. Rollenspiele	–		

Prognosen und Wirtschaftlichkeitsbetrachtungen

25. Prognosen	●	26. Wirtschaftlichkeitsbetrachtungen	●

Werkzeuge zur Ergebnisableitung

27. Ermittlung Flächenbedarfe	●	28. Personal- + Materialbedarf	●	29. Businessentwicklung	●

30. Visualisierung+Simulation	●	31. Kosten		32. Zeitplan	●
33. Gebäudebewertung		– 34. Doku.+ Kontrolle	–		

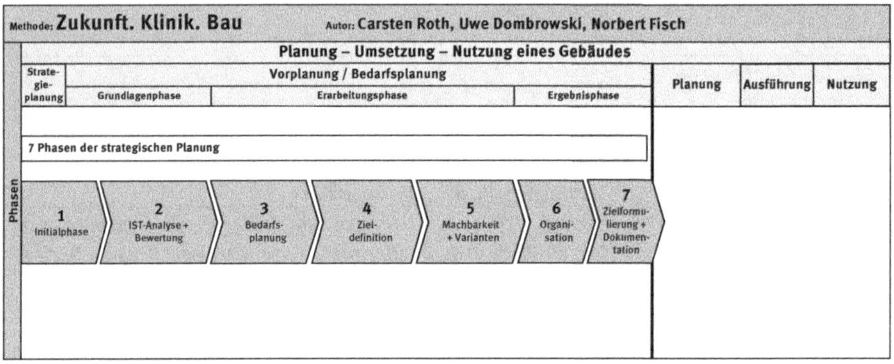

Abb. 45: Phasen der Planung: „Zukunft. Klinik. Bau" von Carsten Roth, Uwe Dombrowski und Norbert Fisch, eigene Darstellung in Anlehnung an Roth, Dombrowski, und Fisch 2015

V.3 Integral Process Design (IPD) – Tom Guthknecht

Tom Gutknecht hat eine Methodik entwickelt, in der er die Businessplanung und die Gebäudeplanung zum frühest möglichen Zeitpunkt zusammenführen möchte. Ausgehend von unterschiedlichen Methoden zur Steigerung der operationalen Performance, wie dem Evidence Based Design (EBD), dem Lean Prozess-Management (LPM), dem OPIK-Projekt[27] (Optimierung von Prozessen in Krankenhäusern), dem Core Hospital Concept[28] (CORE), und dem Clinical Path Management (CPM) wird eine Strategie mit 4 Schwerpunkten entwickelt:

1. Fokussierung auf sogenannte „Joker Areas", Bereiche mit großem Potential zur Kostenreduzierung bei gleichzeitig geringen kollateralen Einflüssen.

---

[27] OPIK ist ein Forschungsprojekt des Instituts für Technologie und Management im Baubetrieb am Karlsruher Institut für Technologie (KIT), dass sich gemeinsam mit Partnern aus Industrie, Wissenschaft und Verbänden sowie mit Krankenhauspartnern seit dem Jahr 2001 mit der Analyse und Optimierung von Facility Management Prozessen in Krankenhäusern befasst.

[28] Das CORE Hospital Concept ist das Siegerkonzept eines Wettbewerbs zum „Krankenhaus der Zukunft" ausgelobt 2004 in den Niederlanden. In diesem Konzept werden die Funktionen im Krankenhaus auf wenige ausgewählte, erforderliche Bereiche reduziert, während die übrigen Leistungen auf ein Netzwerk von Servicepartnern innerhalb der Stadt verlagert werden. Durch diese Konzeption könnte die Größe des eigentlichen Krankenhauses um nahezu 50 % reduziert werden, wäre aufgrund der kleineren Größe auch besser in Städten integrierbar und für alle weiteren Leistungen könnten auch bestehende Immobilen genutzt werden. Ziel ist die Reduktion der Gebäudeinvestitionskosten.

2. Verbesserung der Abteilungsschnittstellen als Bereichen mit dem meisten Potential
3. Bewertung von vielversprechenden Fortschritten im Bezug auf mögliche Kollateralschäden
4. Berücksichtigung von Fehleinschätzungen, sogenannte assumption traps (Annahme-Fallen) von Beginn an

Die Analysen von Ineffizienzen, die operationale Flussplanung, eine weitsichtige Businessplanung sowie die Verknüpfung mit einem „Healistischen" Design sind Schwerpunkte der Bearbeitung. Ziel ist ein Wechsel des Fokus in der Gesundheitsarchitektur von optimalen Nutzen der Flächen hin zum optimalen Nutzen der personellen Ressourcen. So ist eine Kernidee der Methode die Entwicklung von strukturierten und fokussierten Aktivitäten und Arbeitsabläufen in Kombination mit opti-optimalen Schnittstellen zu anderen Abteilungen. Als Kerninstrument wird der sogenannte „Embrace-Plan" entwickelt, der das Gebäudedesign mit dem Businessdesign verknüpft.

Tab. 75: Eckdaten Planungsmethode „Integral Process Design (IPD)" von Tom Guthknecht

Methodenbezeichnung:	**Integral Process Design (IPD)**
Autor(en):	Tom Guthknecht
Anwendungsbereich:	Gebäude des Gesundheitswesens
Entstehung:	2010
Letzte themenbezogene Veröffentlichung:	2010
Grundlage / Ausgangsbasis:	Forschung und Projekterfahrung aus 20 Jahren Tätigkeit im Krankenhausbau
Zielgruppen:	Gesundheitseinrichtungen
Ausgewertete Literatur:	Integral Process Design – Synthesizing Building and Business Design of Health Care Buildings, Tom Guthknecht, GIN Verlag, Norderstedt 2010
Grundsätze zur Strukturierung – Phasen:			

1. Stufenweise Erarbeitung	–	2. Programm-iterationen	–	3. Schnittstellenphase	–
4. Verzahnung von Bedarfs- + Gebäudeplanung	–	5. Qualitätssicherung	–	6. Evaluation	–

Teilaspekte und Schwerpunkte – Aktivitäten:

Aktivitäten zur Grundlagenermittlung

7. Recherchen	–	8. Besichtigungen	–	9. Befragungen	–

Aktivitäten zur Einbindung der Nutzer

10. Workshops, Interviews	–	11. Rollen- + Auktionsspiele	–	12. Ergebnisprüfung	–

Aktivitäten zur Ergebnisableitung					
13. Strategieentwicklungen	–	14. Prozessentwicklungen	–	15. Ermittlung von Projektgrößen + Quantitäten	–
16. Entwicklung Kosten + Zeit	–				

Teilaspekte und Schwerpunkte – Werkzeuge:					
Werkzeuge zur Datenaufnahme, Datenauflistung					
17. Listen, Fragebögen	–	18. Benchmarking	O	19. Observationen	O
Werkzeuge zur Datenvisualisierung, Darstellung von Verknüpfungen + Abläufen					
20. Darstellung von Bereichen + Strukturen	●	21. Verknüpfung von Bereichen	●	22. Prozessvisualisierung + -entwicklung	●
23. Rating-/ Auswahl-/ Ausschlusswerkzeuge	–	24. Rollenspiele	–		–
Prognosen und Wirtschaftlichkeitsbetrachtungen					
25. Prognosen	●	26. Wirtschaftlichkeitsbetrachtungen	●		
Werkzeuge zur Ergebnisableitung					
27. Ermittlung Flächenbedarfe	●	28. Personal- + Materialbedarf	●	29. Businessentwicklung	●
30. Visualisierung+Simulation	O	31. Kosten	●	32. Zeitplan	–
33. Gebäudebewertung	–	34. Doku.+ Kontrolle	–		

Phasen einer Bedarfsplanung unter Verwendung des IPD werden nicht aufgeführt.

V.4 NHS (National Health Service Estates) Health Building Notes (HBNs)

Die HBNs sind eine Wissenssammlung zur Planung von Gesundheitsbauten in Großbritannien. Sie bestehen aus einer Vielzahl an Veröffentlichungen zu unterschiedlichen Themenbereichen, die als eine Hilfestellung für die Entwicklung von Gesundheitsimmobilien dienen. Die Bedarfsplanung ist in Health Building Note 00-01 beschrieben. Ausgehend von der strategischen Masterplanung, in der, basierend auf übergeordneten Einflüssen, Entwicklungen und der großräumigen Situation, eine langfristige Zukunftsvision entwickelt wird, steht der „Design Brief" als wichtiges Element am Beginn der Gebäudeplanung. Er beschreibt die Anforderungen für das klinische Leistungsbild, erforderliche Qualitäten, gestalterische Ziele und Nachhaltigkeitsaspekte, bis hin zu technischen Anforderungen. Integriert in die HBNs ist eine detaillierte Auflistung der Hauptkomponenten, die ein Bedarfsplan für eine Gesundheitsimmobilie aufweisen soll. Der Prozess der Bedarfsplanung wird jedoch nicht thematisiert. Ein großer Schwerpunkt liegt auf dem Evidence-based

Design[29], was bereits in der einführenden Beschreibung der HBNs als Sammlung von Best-Practice Beispielen zum Ausdruck kommt. Es werden dezidiert gestalterische Anforderungen an Gesundheitsbauten mit differenzierten Angaben zu Materialien, Design, Proportionen, Licht, Farben, Ausblicken, Kompositionen, Privatheit, Akustik, technische Ausstattungen und Konstruktionen erörtert.

Tab. 76: Eckdaten Bedarfsplanungsmethode „Health Building Notes" des NHS

Methodenbezeichnung:	**Health Building Notes (HBNs)**					
Autor(en):	NHS (National Health Service Estates)					
Anwendungsbereich:	Gesundheitsbauten					
Entstehung:	1950er Jahre					
Letzte themenbezogene Veröffentlichung:	2014					
Grundlage / Ausgangsbasis:	Best-Practice-Beispiele					
Zielgruppen:	Architekten, Planer, Nutzer					
Ausgewertete Literatur:						
Grundsätze zur Strukturierung – Phasen:						
1. Stufenweise Erarbeitung	–	2. Programmiterationen	–	3. Schnittstellenphase	–	
4. Verzahnung von Bedarfs- + Gebäudeplanung	–	5. Qualitätssicherung	–	6. Evaluation	–	
Teilaspekte und Schwerpunkte – Aktivitäten:						
Aktivitäten zur Grundlagenermittlung						
7. Recherchen	–	8. Besichtigungen	–	9. Befragungen	–	
Aktivitäten zur Einbindung der Nutzer						
10. Workshops, Interviews	–	11. Rollen- + Auktionsspiele	–	12. Ergebnisprüfung	–	
Aktivitäten zur Ergebnisableitung						
13. Strategieentwicklungen	O	14. Prozessentwicklungen	–	15. Ermittlung von Projektgrößen + Quantitäten	O	
16. Entwicklung Kosten + Zeit	–					
Teilaspekte und Schwerpunkte – Werkzeuge:						
Werkzeuge zur Datenaufnahme, Datenauflistung						
17. Listen, Fragebögen	–	18. Benchmarking	–	19. Observationen	–	

---

29 Evidence Based Design (EBD) wird definiert als Prozess der Entscheidungen über die gebaute Umwelt, gestützt auf glaubwürdige Forschungen, um die bestmöglichen Ergebnisse zu erzielen. Dies bedeutet die messbaren Effekte von Gebäuden auf die Genesung der Patienten bei der Planung von Krankenhäusern zu berücksichtigen.

Werkzeuge zur Datenvisualisierung, Darstellung von Verknüpfungen + Abläufen						
20. Darstellung von Bereichen + Strukturen	–	21. Verknüpfung von Bereichen	–	22. Prozessvisualisierung + -entwicklung	○
23. Rating-/ Auswahl-/ Ausschlusswerkzeuge	–	24. Rollenspiele	–		
Prognosen und Wirtschaftlichkeitsbetrachtungen					
25. Prognosen	–	26. Wirtschaftlichkeitsbetrachtungen	○		
Werkzeuge zur Ergebnisableitung					
27. Ermittlung Flächenbedarfe	○	28. Personal- + Materialbedarf	–	29. Businessentwicklung	–
30. Visualisierung+Simulation	●	31. Kosten	–	32. Zeitplan	–
33. Gebäudebewertung	–	34. Doku.+ Kontrolle	●		

Ein konkreter Ablauf für eine Bedarfsplanung wird nicht dargelegt.

V.5 Hospital Planning and Design Process – Owen Hardy und Lawrence P. Lammers

Hardy und Lammers gliedern den gesamten Entwicklungs-, Planungs- und Bauprozess einer Krankenhausimmobilie in 11 Schritte. Ihr Ziel ist es einen krankenhausspezifischen, systematischen Planungsprozess zu entwickeln. Aspekte der Bedarfsplanung werden in den ersten 7 Schritten integriert. Die Schritte 8 bis 10 bilden die Bauplanung und Ausführung ab, während sich der 11. Schritt mit der Inbetriebnahme beschäftigt. Es handelt sich um eine Methodik, die sehr dezidiert eine krankenhausbezogene Vorgehensweise beschreibt. Der Entwicklungsprozess beginnt mit Umfeld-, Bedarfsanalysen und Prognosen, aus denen, getrennt nach Funktionsbereichen und Disziplinen erste Raumanforderungen abgeleitet werden. Über Prozessdefinitionen werden Raum- und Funktionsprogramme entwickelt, die wiederum über Abhängigkeitsmatrizen und Schemazeichnungen in Schemagrundrisse umgesetzt werden, bevor eine Entwurfsplanung entwickelt wird. Die Bedarfsplanung ist hier über den Zwischenschritt der Schemazeichnungen eng mit der Gebäudeplanung verwoben. Es werden Vorschläge zum Planungsteam, zu Verantwortlichkeiten und dem zeitlichen Ablauf, zur Strukturierung des Prozesses und zu Möglichkeiten der Datenerhebung und zur Erstellung von Prognosen gemacht. Auch werden Studien zur Zukunftsentwicklung und Wandlungsfähigkeit des Hauses und des Gesamtareales erstellt und die Finanzierungsplanung sowie die Abhängigkeit zur staatlichen Krankenhausplanung und den damit verbundenen Randbedingungen in den Prozess integriert. Abschließend beinhaltet die Methodik auch Vorschläge für eine Prüfung der Wirtschaftlichkeit von Planungen und Kontrolle der geplanten und realisierten Prozesse.

Anhang A – Qualitative Inhaltsanalysen von Methoden der Bedarfsplanung — 211

Tab. 77: Eckdaten Bedarfsplanungsmethode „Hospitals – The Planning and Design Process" von Owen Hardy und Lawrence P. Lammers

Methodenbezeichnung:	Hospital Planning and Design Process
Autor(en):	Owen Hardy und Lawrence P. Lammers
Anwendungsbereich:	Krankenhausgebäude
Entstehung:	1977
Letzte themenbezogene Veröffentlichung:	1986
Grundlage / Ausgangsbasis:	Planungserfahrung als Architekten im Krankenhausbau
Zielgruppen:	Architekten, Ingenieure, Finanzdienstleister, Manager, Behörden und Studenten
Ausgewertete Literatur:	Hospitals – The Planning and Design Process, Owen Hardy und Lawrence P. Lammers, Aspen Publishers, Rockville 1986

Grundsätze zur Strukturierung – Phasen:

1. Stufenweise Erarbeitung	●	2. Programmiterationen	–	3. Schnittstellenphase	–
4. Verzahnung von Bedarfs- + Gebäudeplanung	–	5. Qualitätssicherung	○	6. Evaluation	○

Teilaspekte und Schwerpunkte – Aktivitäten:

Aktivitäten zur Grundlagenermittlung

7. Recherchen	●	8. Besichtigungen	–	9. Befragungen	–

Aktivitäten zur Einbindung der Nutzer

10. Workshops, Interviews	–	11. Rollen- + Auktionsspiele	–	12. Ergebnisprüfung	○

Aktivitäten zur Ergebnisableitung

13. Strategieentwicklungen	●	14. Prozessentwicklungen	●	15. Ermittlung von Projektgrößen + Quantitäten	●
16. Entwicklung Kosten + Zeit	●				

Teilaspekte und Schwerpunkte – Werkzeuge:

Werkzeuge zur Datenaufnahme, Datenauflistung

17. Listen, Fragebögen	–	18. Benchmarking	–	19. Observationen	–

Werkzeuge zur Datenvisualisierung, Darstellung von Verknüpfungen + Abläufen

20. Darstellung von Bereichen + Strukturen	●	21. Verknüpfung von Bereichen	●	22. Prozessvisualisierung + -entwicklung	●
23. Rating-/ Auswahl-/ Ausschlusswerkzeuge	●	24. Rollenspiele	–		

Prognosen und Wirtschaftlichkeitsbetrachtungen

25. Prognosen	●	26. Wirtschaftlichkeitsbetrachtungen	●

Werkzeuge zur Ergebnisableitung

27. Ermittlung Flächenbedarfe	●	28. Personal- + Materialbedarf	●	29. Businessentwicklung	●

30. Visualisierung+Simulation ●	31. Kosten ○	32. Zeitplan ●	
33. Gebäudebewertung —	34. Doku.+ Kontrolle —		

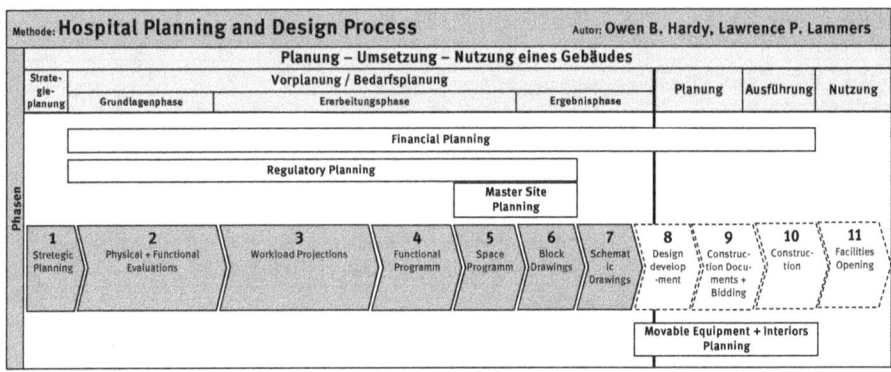

Abb. 46: Phasen der Bedarfsplanung: „Hospital Planning and Design Process" von Owen B. Hardy und Lawrence P. Lammers, eigene Darstellung in Anlehnung an Hardy und Lammers 1986

Anhang B – Fragebogen Experteninterview 1

Universität Stuttgart
Germany

Institut für Bauökonomie

Keplerstraße 11
D-70174 Stuttgart

Univ.-Prof. Dr. Christian Stoy
Institutsdirektor
Tel. +49 711 68 58 33 09
Fax +49 711 68 58 33 08
info@bauoekonomie.uni-stuttgart.de
www.bauoekonomie.uni-stuttgart.de

Prozessorientierte Bedarfsplanung von Krankenhausumbauten

Interviewleitfaden – Experteninterview 1

Projekterläuterung

Situation und Relevanz

Die Krankenhauslandschaft in Deutschland befindet sich in einem tiefgreifenden Wandel. Seit Jahren ist die Anzahl der Häuser rückläufig und viele zentrale Indikatoren haben sich deutlich verändert. So sind die Fallzahlen gestiegen, bei gleichzeitig deutlich gesunkener Verweildauer und Reduzierung der aufgestellten Betten. Prognosen gehen davon aus, dass es zu einer weiteren Strukturbereinigung und sinkenden Anzahl der Häuser kommen wird.

Als Ursachen für den Wandel sind eine Vielzahl von gesellschaftlichen- und technischen Megatrends, wie beispielsweise ein demografische Wandel der Gesellschaft, eine anhaltende Urbanisierung, ein Wandel des Krankenhauses hin zum Wirtschaftsunternehmen, sowie Netzwerkbildungen, neue Behandlungsmethoden und schnellere Innovationszyklen und neue Informations- und Kommunikationstechnologien zu erkennen, die eine Herausforderung für die Zukunftsentwicklung darstellen.

Ein Krankenhaus ist eine Immobilie mit unterschiedlichsten Nutzungsbereichen, zwischen denen vielfältige räumliche, organisatorische und funktionale Abhängigkeiten bestehen. Somit hängt die Funktionalität eines Krankenhausgebäudes sehr stark von der Verknüpfung der Bereiche, der Effizienz der Gebäudestruktur und deren Abstimmung auf das jeweilige Leistungsspektrum ab.

Die Ziel- und Bedarfsplanung – Status Quo in der Baupraxis und Mängel

Ein entscheidendes Steuerungselement für die Entwicklung der Immobilen ist die Bedarfs- und Zielplanung, als Grundlage für die bauliche Entwicklung und konkrete Bauplanungen. Erforderlich für diese Bauaufgabe eine prozessorientierte, phasenübergreifende Bedarfsplanung, die, ausgehend von der betriebswirtschaftlichen Entwicklungsstrategie, vom Businessplan, und den daraus abgeleiteten, erforderlichen optimalen Prozessabläufen, unter Berück-

Prozessorientierte Bedarfsplanung von Krankenhausbauten
Leitfaden Experteninterview 1

Universität Stuttgart
Germany

sichtigung aller gebäudespezifischer, genehmigungsrechtlicher und technischer Randbedingungen, ein Raumprogramm und eine bauliche Zielplanung entwickelt.

Forschungsansatz und Zielsetzung

Ausgehend von vorhandenen Werkzeugen der Bedarfsplanung soll eine an diese spezielle Aufgabe angepasste Methodik entwickelt werden, die sowohl Planern und Architekten, als auch Betreibern eine strukturierte Ziel- und Bedarfsplanung ermöglicht.

Methodisches Vorgehen und Arbeitsschritte

Schritt 1 – Analyse bestehender Methoden der Bedarfsplanung

Im ersten Schritt wurden, basierend auf Literaturrecherchen, Methoden der Bedarfsplanung einer Vergleichsanalyse unterzogen.

Schritt 2 – Bewertung bestehender Methoden der Bedarfsplanung bezogen auf den Krankenhausbau

Im zweiten Schritt sollen die Methoden in einem 2-stufigen Experteninterviewsystem auf ihre Stärken und Schwächen hin analysiert werden.

Schritt 2.1:

Im Teilschritt 2.1 werden Experten mittels der AHP-Methode (Analytic Hierarchy Process) nach Einflüssen und Entwicklungen im Krankenhausbau, sowie deren Bedeutung für die Wirtschaftlichkeit und die Prozesse im Krankenhaus befragt.

Schritt 2.2

Nach Auswertung von Teilschritt 2.1 folgt in Teilschritt 2.2 eine Untersuchung der daraus resultierenden Anforderungen an Methoden der Bedarfsplanung. Hierzu soll die Relevanz von unterschiedlichen Arbeitsschritten, Aktivitäten und Arbeitsmitteln zur Bearbeitung der maßgeblichen Einflüsse und Entwicklungen im Krankenhausbau durch Experten beurteilt werden.

Schritt 3 – Entwicklung einer Methode der Bedarfsplanung für den Krankenhausbau

Im dritten Schritt soll aus diesen Ergebnissen eine angepasste Methode für die Bedarfsplanung im Krankenhausbau abgeleitet und entwickelt werden.

Prozessorientierte Bedarfsplanung von Krankenhausbauten
Leitfaden Experteninterview 1

Universität Stuttgart
Germany

Experteninterview 1

Experte: _____   _____
                 Name

                _____

        _____   _____
                Position   Institution

Expertenkategorie:

    Experteninterview 1

    1.1.   Krankenhausbetreiber, kaufmännische Leitung ☐

    1.2.   Bedarfsplaner, Berater ☐

    1.3   Behörden, Ministerien ☐

    1.4   Verbände ☐

    1.5   .... ☐

Interviewer: _____   _____
                    Name   Institution

Datum: _____

Prozessorientierte Bedarfsplanung von Krankenhausbauten  Universität Stuttgart
Leitfaden Experteninterview 1   Germany

Erläuterung zur Methodik der Bewertung der Einflusstiefe von Megatrends

In den folgenden Bewertungen geht es um die Beurteilung von Einflüssen auf die Wirtschaftlichkeit und die Prozesse im Krankenhaus. Die Beurteilung erfolgt über Paarvergleiche. Dabei werden jeweils 2 Einflüsse miteinander verglichen und mit einer Punkte-Skala bewertet.

Bewertungsmethode

Zur Bewertung wird eine 9-Punkte-Skala verwendet, mit der die vergleichbare Bedeutung der beiden Einflüsse beurteilt wird. Dabei werden die Punkte nach folgenden Kriterien vergeben:

1   Bei gleicher Bedeutung beider Einflüsse

3   Bei etwas größerer Bedeutung von Einfluss 1 gegenüber Einfluss 2

5   Bei erheblich größerer Bedeutung von Einfluss 1 gegenüber Einfluss 2

7   Bei sehr viel größerer Bedeutung von Einfluss 1 gegenüber Einfluss 2, die auch durch Erfahrungen der Studien belegt ist

9   Bei absolut dominierender Bedeutung von Einfluss 1 gegenüber Einfluss 2

Bei den Werten 2, 4, 6 und 8 handelt es sich um entsprechende Zwischenwerte

Vergleichende Paarbewertung									
Gleiche Bedeutung		Etwas größere Bedeutung von Einfluss 1 gegenüber Einfluss 2		Erheblich größere Bedeutung		Sehr viel größere Bedeutung		Absolut dominierend
1	2	3	4	5	6	7	8	9

Prozessorientierte Bedarfsplanung von Krankenhausbauten
Leitfaden Experteninterview 1

Beispieltabelle-Paarvergleich	Einfluss bzw. Auswirkung 1	Einfluss bzw. Auswirkung 2	Einfluss bzw. Auswirkung 3		
Einfluss bzw. Auswirkung 1	1				
Einfluss bzw. Auswirkung 2		1			
Einfluss bzw. Auswirkung 3			1		
				1	
					1

Auszufüllen sind lediglich die rot umrandeten Felder. Die grau hinterlegten Felder werden vom Interviewer ausgefüllt

Prüfen sie die aufgeführten Einflüsse bzw. Auswirkungen auf Vollständigkeit und ergänzen oder streichen Sie, wenn erforderlich, Aspekte.

Sind Ihrer Auffassung nach Einflüsse bzw. Auswirkungen nicht aufgeführt, so können diese in der freien, grau umrandeten Felder eingefügt und in den Paarvergleich einbezogen werden.

Haben Teilbereiche Ihrer Einschätzung nach keine nennenswerte Bedeutung, so streichen Sie diese

Prozessorientierte Bedarfsplanung von Krankenhausbauten
Leitfaden Experteninterview 1

Universität Stuttgart
Germany

TEIL 1 – EINFLUSSFAKTOREN

auf Prozesse und die Wirtschaftlichkeit im Krankenhaus

Prozessorientierte Bedarfsplanung von Krankenhausbauten
Leitfaden Experteninterview 1

Universität Stuttgart
Germany

Bewertung 1

Gesellschaftlich-/ wirtschaftliche Megatrends

Gesellschaftlich-wirtschaftliche Megatrends haben zunehmend Auswirkungen auf die Krankenhäuser. Bewerten Sie die Einflüsse der aufgeführten Trends auf Prozesse und die Wirtschaftlichkeit mittels Paarvergleichen. Erläuterungen zu den einzelnen Trends können sie dem anhängenden Glossar entnehmen.

(Auszufüllen sind lediglich die rot umrandeten Felder. Die grau hinterlegten Felder werden vom Interviewer ausgefüllt)

Gesellschaftlich-/ wirtschaftliche Megatrends

	Demografischer Wandel	Urbanisierung	Kundenerwartungen	Wandel zum Wirtschaftsunternehmen	Netzwerke	Differenzierung der Berufsgruppen		
Demografischer Wandel	1							
Urbanisierung		1						
Kundenerwartungen			1					
Wandel zum Wirtschaftsunternehmen				1				
Netzwerke					1			
Differenzierung der Berufsgruppen						1		
							1	
								1

Sind Ihrer Auffassung nach erwähnenswerte Trends nicht aufgeführt, so können diese in der freien, gelb markierten Zeile eingefügt und in den Paarvergleich einbezogen werden.

Prozessorientierte Bedarfsplanung von Krankenhausbauten  **Universität Stuttgart**
Leitfaden Experteninterview 1   Germany

Bewertung 2

technische Megatrends

Technische Megatrends haben zunehmend Auswirkungen auf die Krankenhäuser. Bewerten Sie die Einflüsse der aufgeführten Trends auf Prozesse und die Wirtschaftlichkeit mittels Paarvergleichen. Erläuterungen zu den einzelnen Trends können sie dem anhängenden Glossar entnehmen.

(Auszufüllen sind lediglich die rot umrandeten Felder. Die grau hinterlegten Felder werden vom Interviewer ausgefüllt)

technische Megatrends	Neue Behandlungsmethoden	Medizin als System	Informations- und Kommunikationstechnologie	Umwelt- und Energieaspekte	Technisch- sicherheitsrelevante Anforderungen		
Neue Behandlungsmethoden	1						
Medizin als System		1					
Informations- und Kommunikationstechnologie			1				
Umwelt- und Energieaspekte				1			
Technisch- sicherheitsrelevante Anforderungen					1		
						1	
							1

Sind Ihrer Auffassung nach erwähnenswerte Trends nicht aufgeführt, so können diese in der freien, gelb markierten Zeile eingefügt und in den Paarvergleich einbezogen werden.

Prozessorientierte Bedarfsplanung von Krankenhausbauten  Universität Stuttgart
Leitfaden Experteninterview 1 Germany

Bewertung 3

Die Megatrends - Kategorien

In den Bewertungen 1 und 2 wurden 2 Kategorien von Megatrends betrachtet: Gesellschaftlich-/ wirtschaftliche Megatrends und technische Megatrends. Vergleichen sie den Einfluss der beiden Kategorien auf Prozesse und die Wirtschaftlichkeit mittels eines Paarvergleichs.

(Auszufüllen sind lediglich die rot umrandeten Felder. Die grau hinterlegten Felder werden vom Interviewer ausgefüllt)

Einflüsse der Megatrends auf Personal und Entscheidungsstrukturen	Gesellschaftlich-/ wirtschaftliche Megatrends	Technische Megatrends		
Gesellschaftlich-/ Wirtschaftliche Megatrends	1			
Technische Megatrends		1		
			1	
				1

Sind Ihrer Auffassung nach erwähnenswerte Kategorien von Megatrends nicht aufgeführt, so können diese in der freien, gelb markierten Zeile eingefügt und in den Paarvergleich einbezogen werden.

Prozessorientierte Bedarfsplanung von Krankenhausbauten
Leitfaden Experteninterview 1

 Universität Stuttgart
Germany

Bewertung 4

Spezifika des Krankenhauses

Grundsätzlich ist das Krankenhaus eine spezifische Bauaufgabe, die auch ohne das Auftreten der in den vorstehenden Bewertungen aufgeführten Megatrends eigene Spezifika aufweist.

Die Struktur eines Krankenhauses ist charakterisiert durch einige spezielle grundsätzliche Eigenschaften, die ein Krankenhaus für einen Bedarfsplaner und Betreiber zu einer besonderen Aufgabe machen. Vergleichen sie die aufgeführten, grundsätzlichen Charakteristika der Bauaufgabe und deren Einfluss auf die Prozesse und die Wirtschaftlichkeit mittels Paarvergleichen.

(Auszufüllen sind lediglich die rot umrandeten Felder. Die grau hinterlegten Felder werden vom Interviewer ausgefüllt)

Spezifika des Krankenhauses	Komplexe Gebäudestruktur	Vielzahl an Nutzungsbereichen	Vielzahl an Nutzergruppen	Komplexe Gebäudetechnik		
Komplexe Gebäudestruktur	1					
Vielzahl an Nutzungsbereichen		1				
Vielzahl an Nutzergruppen			1			
Komplexe Gebäudetechnik				1		
					1	

Sind Ihrer Auffassung nach erwähnenswerte Spezifika nicht aufgeführt, so können diese in der freien, gelb markierten Zeile eingefügt und in den Paarvergleich einbezogen werden.

Prozessorientierte Bedarfsplanung von Krankenhausbauten
Leitfaden Experteninterview 1

 Universität Stuttgart
Germany

Bewertung 5

Spezifika des Krankenhauses und der Einfluss von Megatrends

Megatrends werden die grundsätzlichen Charakteristika und Spezifika eines Krankenhauses überlagern und verändern. Wichtig ist eine Einschätzung, wie groß die Bedeutung der Megatrends insgesamt im Vergleich zu den vorhandenen Charakteristika des Krankenhauses für die Prozesse und die Wirtschaftlichkeit gesehen wird.

Vergleichen sie den Einfluss von Megatrends und den grundsätzlichen Charakteristika auf Prozesse und die Wirtschaftlichkeit mittels eines Paarvergleichs.

(Auszufüllen sind lediglich die rot umrandeten Felder. Die grau hinterlegten Felder werden vom Interviewer ausgefüllt)

Spezifika des Krankenhauses und der Einfluss von Megatrends	Spezifika der Bauaufgabe	Megatrends
Spezifika der Bauaufgabe	1	
Megatrends		1

Prozessorientierte Bedarfsplanung von Krankenhausbauten
Leitfaden Experteninterview 1

Universität Stuttgart
Germany

TEIL 2 – AUSWIRKUNGEN

auf Prozesse und die Wirtschaftlichkeit im Krankenhaus

Prozessorientierte Bedarfsplanung von Krankenhausbauten
Leitfaden Experteninterview 1

Universität Stuttgart
Germany

Bewertung 6

Auswirkungen der Megatrends auf verschiedene Bereiche des Krankenhauses

Nicht jeder Megatrend wird sich auf die Bereiche Gebäude, Personal- und Entscheidungsstrukturen und Prozesse auswirken. Grundsätzlich ist zu klären, bei welchen Megatrends Auswirkungen zu erwarten sind.

Megatrend	Betroffener Teilbereich	Ist ein Einfluss vorhanden? ja	nein
Demografischer Wandel	Krankenhausgebäude		
	Personal- und Entscheidungsstrukturen		
	Prozesse		
Urbanisierung	Krankenhausgebäude		
	Personal- und Entscheidungsstrukturen		
	Prozesse		
Kundenerwartungen	Krankenhausgebäude		
	Personal- und Entscheidungsstrukturen		
	Prozesse		
Wandel zum Wirtschaftsunternehmen	Krankenhausgebäude		
	Personal- und Entscheidungsstrukturen		
	Prozesse		
Netzwerke	Krankenhausgebäude		
	Personal- und Entscheidungsstrukturen		
	Prozesse		
Differenzierung von Berufsgruppen	Krankenhausgebäude		
	Personal- und Entscheidungsstrukturen		
	Prozesse		
Neue Behandlungsmethoden	Krankenhausgebäude		
	Personal- und Entscheidungsstrukturen		
	Prozesse		
Medizin als System	Krankenhausgebäude		
	Personal- und Entscheidungsstrukturen		
	Prozesse		
Informations- und Kommunikationstechnologie	Krankenhausgebäude		
	Personal- und Entscheidungsstrukturen		
	Prozesse		
Umwelt- und Energieaspekte	Krankenhausgebäude		
	Personal- und Entscheidungsstrukturen		
	Prozesse		
Technisch- sicherheitsrelevante Anforderungen	Krankenhausgebäude		
	Personal- und Entscheidungsstrukturen		
	Prozesse		

Prozessorientierte Bedarfsplanung von Krankenhausbauten  Universität Stuttgart
Leitfaden Experteninterview 1   Germany

Bewertung 6

Auswirkungen der Megatrends auf verschiedene Bereiche des Krankenhauses

Nicht jeder Megatrend wird sich auf die Bereiche Gebäude, Personal- und Entscheidungsstrukturen und Prozesse auswirken. Grundsätzlich ist zu klären, bei welchen Megatrends Auswirkungen zu erwarten sind.

- Demografischer Wandel
- Urbanisierung
- Kundenerwartungen
- Wandel zum Wirtschaftsunternehmen
- Netzwerke
- Differenzierung Berufsgruppen

- Neue Behandlungsmethoden
- Medizin als System
- Informations- und Kommunikationstechnologie
- Umwelt- und Energieaspekte
- Technisch- sicherheitsrelevante Anforderungen

- auf das Krankenhausgebäude
- Auf Personal- und Entscheidungsstrukturen
- auf Prozesse

- 14 -

Prozessorientierte Bedarfsplanung von Krankenhausbauten  Universität Stuttgart
Leitfaden Experteninterview 1   Germany

Bewertung 7

Auswirkungen der Megatrends auf verschiedene Bereiche des Krankenhauses

Die einzelnen Megatrends werden sich auf unterschiedliche Bereiche des Krankenhauses auswirken. So sind Auswirkungen auf grundsätzliche Bereiche, wie das Gebäude, auf Personal- und Entscheidungsstrukturen oder auf die Prozessabläufe denkbar.

Vergleichen sie den Einfluss der Megatrends auf unterschiedliche Bereiche mittels eines Paarvergleichs.

(Auszufüllen sind lediglich die rot umrandeten Felder. Die grau hinterlegten Felder werden vom Interviewer ausgefüllt)

Auswirkungen der Megatrends auf verschiedene Bereiche des Krankenhauses	Auf das Krankenhausgebäude	Auf Personal- und Entscheidungsstrukturen	Auf Prozesse		
Auf das Krankenhausgebäude	1				
Auf Personal- und Entscheidungsstrukturen		1			
Auf Prozesse			1		
				1	
					1

Sind Ihrer Auffassung nach erwähnenswerte Bereiche, auf die Auswirkungen zu erwarten sind nicht aufgeführt, so können diese in der freien, gelb markierten Zeile eingefügt und in den Paarvergleich einbezogen werden.

Prozessorientierte Bedarfsplanung von Krankenhausbauten  Universität Stuttgart
Leitfaden Experteninterview 1 Germany

Bewertung 8

Auswirkungen der Megatrends auf das Krankenhausgebäude

Die Einflüsse auf das Gebäude können wiederum unterschiedliche Teilbereiche betreffen. So sind als Kategorien Auswirkungen auf die bauliche Struktur, auf die Gebäudetechnik oder die Ausstattung denkbar.

Vergleichen sie den Einfluss der Megatrends auf unterschiedliche Teilbereiche des Gebäudes mittels eines Paarvergleichs.

(Auszufüllen sind lediglich die rot umrandeten Felder. Die grau hinterlegten Felder werden vom Interviewer ausgefüllt)

Auswirkungen der Megatrends auf das Krankenhausgebäude	Gebäudestruktur	Gebäudetechnik	Ausstattung		
Gebäudestruktur	1				
Gebäudetechnik		1			
Ausstattung			1		
				1	
					1

Sind Ihrer Auffassung nach erwähnenswerte Teilbereiche nicht aufgeführt, so können diese in der freien, gelb markierten Zeile eingefügt und in den Paarvergleich einbezogen werden.

Prozessorientierte Bedarfsplanung von Krankenhausbauten
Leitfaden Experteninterview 1

Universität Stuttgart
Germany

Bewertung 9

Auswirkungen der Megatrends auf Personal und Entscheidungsstrukturen

Die Einflüsse auf Personal- und Entscheidungsstrukturen können wiederum unterschiedliche Teilbereiche betreffen. So sind als Kategorien Auswirkungen auf die Mitarbeiterstruktur, auf oder die Mitarbeiterführung denkbar.

Vergleichen sie den Einfluss der Megatrends auf unterschiedliche Bereiche der Personal- und Entscheidungsstrukturen mittels eines Paarvergleichs.

(Auszufüllen sind lediglich die rot umrandeten Felder. Die grau hinterlegten Felder werden vom Interviewer ausgefüllt)

Auswirkungen der Megatrends auf Personal und Entscheidungsstrukturen	Mitarbeiterstruktur	Mitarbeiterführung		
Mitarbeiterstruktur	1			
Mitarbeiterführung		1		
			1	
				1

Sind Ihrer Auffassung nach erwähnenswerte Aspekte der Personal- und Entscheidungsstrukturen nicht aufgeführt, so können diese in der freien, gelb markierten Zeile eingefügt und in den Paarvergleich einbezogen werden.

Prozessorientierte Bedarfsplanung von Krankenhausbauten  Universität Stuttgart
Leitfaden Experteninterview 1   Germany

Bewertung 10

Auswirkungen der Megatrends auf Prozesse

Die Einflüsse der Megatrends auf Prozesse können wiederum unterschiedliche Teilbereiche betreffen. So sind als Kategorien Auswirkungen auf die Kernprozesse in den einzelnen Abteilungen, auf die Schnittstellen zwischen den einzelnen Abteilungen, auf den Netzwerkverbund mit anderen Häusern, Praxen oder anderen Versorgungsformen oder auf das Quality Management denkbar.

Vergleichen sie den Einfluss der Megatrends auf unterschiedliche Teilbereiche der Prozesses mittels eines Paarvergleichs.

(Auszufüllen sind lediglich die rot umrandeten Felder. Die grau hinterlegten Felder werden vom Interviewer ausgefüllt)

Auswirkungen der Megatrends auf Prozesse	Kernprozesse	Schnittstellen	Netzwerke	QM		
Kernprozesse	1					
Schnittstellen		1				
Netzwerke			1			
QM				1		
					1	
						1

Sind Ihrer Auffassung nach erwähnenswerte Prozesselemente nicht aufgeführt, so können diese in der freien, gelb markierten Zeile eingefügt und in den Paarvergleich einbezogen werden.

Prozessorientierte Bedarfsplanung von Krankenhausbauten
<u>Leitfaden Experteninterview 1</u>

Universität Stuttgart
Germany

Glossar

Gesellschaftlich- wirtschaftliche Megatrends

1. **der demografischen Wandel der Gesellschaft**

   Die 13. koordinierte Bevölkerungsvorausberechnung des Statistischen Bundesamtes der Bundesrepublik Deutschland prognostiziert eine Abnahme der Bevölkerung von ca. 80,8 Millionen Menschen im Jahr 2013 auf 67,6 bis 73,1 Millionen im Jahr 2060, je nach Zuwanderung, Entwicklung der Lebenserwartung und Geburtenhäufigkeit. Die Relation zwischen den Altersgruppen wird sich der Berechnung zufolge bis 2060 zudem deutlich verschieben. Der Anteil der unter 20-jährigen wird von derzeit 18% auf 16% sinken, während 33% der Bevölkerung (anstatt 20% im Jahr 2013) älter als 65 Jahre alt sein werden. Während 2013 5% der Bevölkerung (4,4 Millionen) über 80 Jahre alt waren, werden es 2060 13% (ca. 9 Millionen) sein. Die Anzahl der Hochbetagten Menschen wird sich demzufolge verdoppeln (Statistisches Bundesamt Wiesbaden, 2015).
   Dieser demographische Wandel der Gesellschaft führt nicht zwangsläufig zu einem vermehrten Behandlungsbedarf. In einzelnen Fachgebieten sind völlig gegenläufige Tendenzen zu beobachten. (Holzgreve and Jaeger, 2009) So kommt es zu einer Zunahme bestimmter, altersbedingter Krankheitsbilder und zu einem Patientenspektrum das deutlich multimorbider sein wird (Lux et al., 2013).

2. **die anhaltende Urbanisierung**

   Die anhaltende Urbanisierung führt dazu, dass sich der Bedarf an Gesundheitsdienstleistungen sehr unterschiedlich entwickelt. Für ländliche Regionen im Osten Deutschlands werden bis 2030 sinkende Fallzahlen prognostiziert, während in allen andren Regionen der Bedarf stark ansteigt (Schlömer and Pütz, 2011). Dabei sollte die Konzentration der Bevölkerung in urbanen Räumen auch eine Konzentration der stationären Krankenhauskapazitäten nach sich ziehen, mit der Chance der Bündelung von Kompetenzen und Bildung effizienter Großstrukturen. Gleichzeitig entsteht dadurch jedoch auch die Problematik der Aufrechterhaltung der flächendeckenden Gesundheitsversorgung in ländlichen Räumen (Reifferscheid et al., 2015).

3. **Kundenerwartungen**

   Der Moderne Patient will als Kunde wahrgenommen werden und hat Erwartungshaltungen.

4. **der Wandel der Krankenhäuser von staatlichen Gesundheitseinrichtungen zu Wirtschaftsunternehmen**

   Die deutsche Krankenhausversorgung ist von ihrem Ursprung her ordnungspolitisch ein staatliches Planungssystem. Mit Einführung eines leistungsbezogenen Vergütungssystems in den späten 90er- Jahren begann ein wirtschaftlicher Konkurrenzkampf der Häuser, deren Entscheidungsfreiheit und Flexibilität jedoch bedingt durch den staatlichen Versorgungsauftrag eingeschränkt ist (Neubauer and Gmeiner, 2015). Der entstehende Wettbewerbsdruck, der die Krankenhäuser mehr und mehr zu Wirtschaftsunternehmen am freien Markt macht, wird überlagert vom staatlichen Versorgungsauftrag. Das in diesem System bisher existierende duale Finanzierungsprinzip, in dem die Krankenhausplanung und Investitionsförderung durch die Bundesländer erfolgt, die Betriebskosten jedoch über die Einnahmen aus den privaten und gesetzlichen Versicherungen abgerechnet werden, schränkt die Entscheidungsfreiheit und Flexibilität der Häuser und damit ihr eigenes wirtschaftliches Handeln ein. Ferner führt es häufig zu Investitionsentscheidungen, die aus politischen Gesichtspunkten getätigt werden, so dass freie, wirtschaftliche Abwägungen ausbleiben. Dieser Dualismus ist eine Ursache für Defizite und eine mangelnde Effizienz der Häuser (Neubauer and Gmeiner, 2015). Zukünftig ist mit einem weiteren Rückzug der Bundesländer aus den Investitionsentscheidungen und mit zunehmendem Wettbewerbsdruck zu rechnen, der die Häuser zu einer klaren strategischen Ausrichtung am Markt und zu mehr Effizienz zwingt.

5. **Netzwerke**

   Krankenhäuser schließen sich vor dem Hintergrund des steigenden wirtschaftlichen Druckes zu Netzwerken zusammen und bilden feste Allianzen, um Synergie-Effekte zu nutzen, die Leistungsfähigkeit zu steigern, Kosten zu sparen und das eigene Leistungsangebot strategisch besser positionieren zu können (Quante, 2006).
   Das Krankenhaus als Gesundheitseinrichtung ist Teil eines Gesundheits-Netzwerkes aus ambulanten und klinischen (stationären) Einrichtungen, die sich im Rahmen einer integrierten Versorgung durchdringen können. Dabei wird der größere Teil der Gesundheitsversorgung der Bevölkerung außerhalb des Krankenhauses erbracht, durch niedergelassene Ärzte und Therapeuten, ambulante Behandlungszentren, häusliche Krankenpflege, durch Sozial- bzw. Diakoniestationen, Tagespflege-Einrichtungen, Krankenwohnen und Hospizeinrichtungen.
   In diesem System entwickelt sich das klassische, multidisziplinäre Krankenhaus als stationäre Einrichtung zunehmend zu einem gemischten Gesundheitszentrum mit der Tendenz der Belegung mit Akutkranken zunehmenden Schweregrades einerseits, in dem andererseits aber auch vermehrt ambulante Leistungen angeboten werden. (Stüve, 2007)
   Die Spezialisierung in der Medizin und die damit verbundene Schaffung neuer Disziplinen führt darüber hinaus zur Entstehung monodisziplinärer Spezialkrankenhäuser für lukrative Einzelfächer. (Wischer and Riethmüller, 2007)

Prozessorientierte Bedarfsplanung von Krankenhausbauten  Universität Stuttgart
Leitfaden Experteninterview 1 Germany

6. **Differenzierung von Berufsgruppen und die Veränderung von Personal- und Entscheidungsstrukturen.**

Die Führungs- und Entscheidungsstrukturen in Krankenhäusern sowie das klassische Berufsbild des Arztes sind im Wandel begriffen. Nicht mehr der einzelne Arzt mit seinen individuellen Stärken und Vorlieben steht im Mittelpunkt der Klinikorganisation, sondern die personenunabhängige, wirtschaftliche Ergebnisqualität. In diesem Zusammenhang wird von den Ärzten über die medizinische Kompetenz hinaus unternehmerisches Handeln im Sinne der Klinik gefordert. Tradierte hierarchische Strukturen und berufsgruppenorientiertes Denken werden aufgelöst.
Medizinische Spezialisierungen und die Optimierung von Prozessen führen zudem zu immer mehr Fachdisziplinen und zur weiteren Differenzierung von Tätigkeiten. (Füllgraf and Debatin, 2006)

Technische Megatrends

7. **sich immer schneller verändernde, neue Behandlungsmethoden,**

Technische und wissenschaftliche Weiterentwicklungen führen zu neuen Behandlungsmethoden und Technologien in der Medizin. Auch werden deren Innovationszyklen immer kürzer (Thiede and Gassel, 2005). Das Angebot an medizinischen Leistungen wird ständig erweitert, was zum Anstieg der Fallzahlen beiträgt. Gleichzeitig sinken durch neue Behandlungsmethoden die Verweildauern (Reifferscheid et al., 2015). Der medizinisch-technische Fortschritt wird so zu einem starken Treiber für Veränderungen (Walker, 2015, p. 155).

8. **Medizin als System**

Traditionell ist ein Krankenhaus eine Organisation von unterschiedlichen, wenig vernetzten Experten. Die Medizin wird jedoch in Zukunft mehr und mehr zur hochvernetzten Systemleistung entwickeln, hauptsächlich bedingt durch den stetigen medizinisch-technischen Fortschritt, der zunehmend ein komplexes Zusammenspiel von Spezialisten, Technologien, Prozessen und Infrastrukturen voraussetzt. Standardisierung ist eine wichtige Voraussetzung für diesen Wandel. Schnittstellen sind risikobehaftet, wenn keine Standardisierung vorhanden ist.
Ein systemimmanenter Hemmschuh sind die Experten, die lediglich ihren Schwerpunkt im Fokus haben und ihn voran bringen wollen und sich kaum in ein System eingliedern lassen, wenn sie nicht selbst zu diesem Schluss kommen. Ein Wandel vom ärztezentrierten zum patientenzentrierten Krankenhaus ist erforderlich.

9. **neue Informations- und Kommunikationstechnologien**

Die informationstechnische Ausstattung eines Krankenhauses sowie das EDV-Funktionskonzept unterliegen einer stetigen Weiterentwicklung mit der Tendenz der umfassenden Digitalisierung hin zum papierlosen Krankenhaus (Greger, 2006). Ziel der Entwickler ist es, europa- oder gar weltweit über alle wichtigen medizinischen Informationen eines Patienten digital verfügen zu können (Böhm, 2006).
Digitale Daten eines Patienten von Untersuchungen, Diagnosen und Behandlungen aus verschiedenen medizinischen Einrichtungen können gespeichert, verknüpft und visualisiert werden. Es wird möglich Untersuchungsergebnisse, unabhängig vom Ort der Untersuchung auszuwerten und weltweit Expertenmeinungen einzuholen (Gassel, 2006)
Die Entwicklung der Informations- und Kommunikationstechnologie und das Internet als Basistechnologie für die Datenkommunikation ermöglichen es, den Patienten in den Mittelpunkt der Medizin zu stellen. Traditionell ist die Rolle des Patienten passiv als Objekt der Behandlung. Über den Patienten wurden Daten gesammelt, ausgewertet und für eine bestmögliche Therapie genutzt. Er selber wurde aber immer nur als „zu behandelnde", nicht jedoch als selbst handelnde Person betrachtet. Heute jedoch sind Patienten mündige Konsumenten, proaktiv und informiert. Sie fordern Mitspracherecht, Qualitäten und sind oft auch bereit, selbst einen finanziellen Beitrag zu leisten (Folter, 2007).
Die statistische Auswertung aller digitalen Patientendaten kann in einem weiteren Schritt zur Prozessoptimierung des Gesundheitswesens genutzt werden. Das Versorgungssystem könnte optimiert und die Investitionspräzision verbessert werden. Man kann somit von einer Industrialisierung des Gesundheitswesens durch digitale Prozesssteuerung sprechen. (Münch, 2007)

10. **Umwelt- und Energieaspekte**

Krankenhäuser haben aufgrund der spezifischen Anforderungen an die Versorgungstechnik betriebsbedingt einen hohen Energieverbrauch. Dem steht ein großes Einsparpotential gegenüber (Schmidt et al., 2011). Die Ressourcenverknappung und damit einhergehend stetig steigende Energiekosten, sind ein Treiber für die Energieeffizienzsteigerung. So sind die Betriebskosten für Energie deutscher Krankenhäuser von 0,86 Mrd. € im Jahr 2000 auf 1,80 Mrd. € im Jahr 2009 angestiegen (Schmidt et al., 2011).
Gestiegene energetische Anforderungen an Gebäude kommen auch in der bundesdeutschen Gesetzgebung der letzten Jahre zum Ausdruck. So wurden durch die Einführung und mehrmalige Novellierung der Energieeinsparverordnung die Anforderungen an die thermische Gebäudehülle sowie an die Heiztechnik und die Verwendung regenerativer Energien erhöht. Bei Sanierungen sind auch bestehende Gebäude diesen Forderungen anzupassen.

11. **Veränderung technischer, sicherheitsrelevanter Anforderungen**

Veränderte Anforderungen auf den Gebieten des Brandschutzes der Lüftungs- und Klimatechnik, der Hygiene und der Sicherheitstechnik bedingen bauliche und technische Anpassungen. Die normative und technische Entwicklung auf diesen

Prozessorientierte Bedarfsplanung von Krankenhausbauten  Universität Stuttgart
Leitfaden Experteninterview 1   Germany

Gebieten hat in den letzten Jahrzehnten eine kontinuierliche Entwicklung erfahren, was Niederschlag auch in gesetzlichen Regelungen gefunden hat.
So erfüllen Bestandsgebäude oft nicht mehr die aktuellen brandschutztechnischen Anforderungen an Baustoffe oder Bauteile, was bei baulichen Änderungen zu einem bauordnungsrechtlichen Anpassungsverlangen führen kann (Geburtig, 2014).
Im Bereich der Raumluft- und Hygienetechnik wurde im Jahr 2008 die DIN 1946, Teil 4 – Raumlufttechnische Anlagen in Gebäuden und Räumen des Gesundheitswesens komplett überarbeitet (DIN Deutsches Institut für Normung e.V., 2008). Sie ersetzte damit die bis dahin gültige Norm aus dem Jahr 1999. Auch die VDI 6022 – Hygiene-Anforderungen an Raumlufttechnische Anlagen – eine Normenreihe, die als anerkannte Regel der Technik gilt, liegt seit 2007 im Hauptteil in der 3. überarbeiteten Fassung vor (Verein Deutscher Ingenieure, 2011). Einige Teile dieser Reihe wurden auch in den Jahren 2011-2014 überarbeitet. Ein weiterer Teil befindet sich aktuell in Überarbeitung.

Prozessorientierte Bedarfsplanung von Krankenhausbauten  Universität Stuttgart
Leitfaden Experteninterview 1   Germany

Literatur

Böhm, E., 2006. Implementierung spezialisierter Software in das Krankenhausinformationssystem, in: Krankenhaus der Zukunft. Kaden, pp. 641–649.

DIN Deutsches Institut für Normung e.V., 2008. DIN 1946-4: 2008-12 - Raumlufttechnische Anlagen in Gebäuden und Räumen des Gesundheitswesens.

Folter, R. de, 2007. Das marktorientierte Denken im Bereich des Krankenhauses, in: Health Care Der Zukunft Eine Herausforderung Für Architektur, Medizin Und Ökonomie. Presented at the Health Care der Zukunft, MWV Medizinisch Wissenschaftliche Verlagsges., pp. 147–160.

Füllgraf, O., Debatin, J.F., 2006. Vom Halbgott in Weiß zum Dienstleister, in: Zukunft Krankenhaus - Überleben Durch Innovation. ABW Wissenschaftsverlagsgesellschaft, Berlin, pp. 194–211.

Gassel, A.M., 2006. Telepathologie - Nutzen und Risiken, in: Krankenhaus der Zukunft. Kaden, Heidelberg, pp. 659–663.

Geburtig, G., 2014. Brandschutz im Bestand - Altenpflegeheime und Krankenhäuser, 2. Auflage. ed, Baulicher Brandschutz im Bestand. Beuth Verlag GmbH, Berlin.

Greger, H., 2006. Anforderungen an zukünftige Krankenhausinformationssysteme, in: Krankenhaus der Zukunft. Kaden, Heidelberg, pp. 635–640.

Holzgreve, A., Jaeger, H., 2009. Herausforderung Zukunft: Vivantes als Beispiel, in: Health Care der Zukunft 2 Auf dem Weg zur Risikokultur. Presented at the Health Care der Zukunft, MWV Medizinisch Wissenschaftliche Verlagsges., Technische Universität Berlin, pp. 131–137.

Lux, G., Steinbach, P., Wasem, J., Weegen, L., Walendzik, A., 2013. Demografie und Morbiditätsentwicklung, in: Krankenhaus-Report 2013. Schattauer, Stuttgart, pp. 69–82.

Münch, E., 2007. Krankenhäuser auf dem Weg in die Gesundheitswirtschaft, in: Health Care der Zukunft Eine Herausforderung für Architektur, Medizin und Ökonomie. Presented at the Health Care der Zukunft, MWV Medizinisch Wissenschaftliche Verlagsges., Technische Universität Berlin, pp. 129–138.

Neubauer, G., Gmeiner, A., 2015. Krankenhausplanung am Scheideweg, in: Krankenhaus-Report 2015. Schattauer, Stuttgart, pp. 175–186.

Quante, S., 2006. Von der "Insel" zum Netzwerk - Kooperation als Wettbewerbsstrategie, in: Zukunft Krankenhaus - Überleben durch Innovation. ABW Wissenschaftsverlagsgesellschaft, Berlin, pp. 52–69.

Reifferscheid, A., Thomas, D., Pomorin, N., Wasem, J., 2015. Strukturwandel in der stationären Versorgung, in: Krankenhaus-Report 2015. Schattauer, Stuttgart, pp. 3–11.

Schlömer, C., Pütz, T., 2011. Bildung, Gesundheit, Pflege - Auswirkungen des demographischen Wandels auf die soziale Infrastruktur, in: BBSR-Berichte kompakt. Bundesinstitut für Bau, Stadt und Raumforschung, Bonn, pp. 1–15.

Schmidt, M., Nickl-Weller, C., Hillmann, G., Korolkow, M., Jakobiak, R., Schiller, H., 2011. Krankenhaus Plus - Energieeffizienzstrategien im Krankenhaus. Presented at the WÜMEK -

Prozessorientierte Bedarfsplanung von Krankenhausbauten
<u>Leitfaden Experteninterview 1</u>

Kongress für Technologien in der Medizin und Energieeffizienz in Kliniken, Würzburg.

Statistisches Bundesamt Wiesbaden, 2015. Bevölkerung Deutschlands bis 2060 -.

Stüve, M., 2007. Krankenhausbau im Umfeld integrierter Versorgung, in: Health Care der Zukunft Eine Herausforderung für Architektur, Medizin und Ökonomie. Presented at the Health Care der Zukunft, MWV Medizinisch Wissenschaftliche Verlagsges., Technische Universität Berlin, pp. 171–181.

Thiede, A., Gassel, H.J., 2005. Krankenhaus der Zukunft. Kaden, R, Heidelberg.

Verein Deutscher Ingenieure, 2011. VDI Richtlinie 6022 - Hygiene-Anforderungen an Raumlufttechnische Anlagen.

Walker, D., 2015. Lean Hospital - Das Krankenhaus der Zukunft. MWV Medizinisch Wissenschaftliche Verlagsges., Berlin.

Wischer, R., Riethmüller, H.-U., 2007. Zukunftsoffenes Krankenhaus - Ein Dialog zwischen Medizin und Architektur: Fakten, Leitlinien, Bausteine, 2007th ed. Springer, Wien.

Anhang C – Fragebogen Experteninterview 2

Institut für Bauökonomie

Keplerstraße 11
D-70174 Stuttgart

Univ.-Prof. Dr. Christian Stoy
Institutsdirektor
Tel. +49 711 68 58 33 09
Fax +49 711 68 58 33 08
info@bauoekonomie.uni-stuttgart.de
www.bauoekonomie.uni-stuttgart.de

Prozessorientierte Bedarfsplanung von Krankenhausbauten

Interviewleitfaden – Experteninterview 2

Projekterläuterung

Situation und Relevanz

Die Krankenhauslandschaft in Deutschland befindet sich in einem tiefgreifenden Wandel. Seit Jahren ist die Anzahl der Häuser rückläufig und viele zentrale Indikatoren haben sich deutlich verändert. So sind die Fallzahlen gestiegen, bei gleichzeitig deutlich gesunkener Verweildauer und Reduzierung der aufgestellten Betten. Prognosen gehen davon aus, dass es zu einer weiteren Strukturbereinigung und sinkenden Anzahl der Häuser kommen wird.

Als Ursachen für den Wandel sind eine Vielzahl von gesellschaftlichen- und technischen Megatrends, wie beispielsweise ein demografischer Wandel der Gesellschaft, eine anhaltende Urbanisierung, ein Wandel des Krankenhauses hin zum Wirtschaftsunternehmen, sowie Netzwerkbildungen, neue Behandlungsmethoden mit schnelleren Innovationszyklen und neue Informations- und Kommunikationstechnologien zu erkennen, die eine Herausforderung für die Zukunftsentwicklung darstellen.

Ein Krankenhaus ist eine Immobilie mit unterschiedlichsten Nutzungsbereichen, zwischen denen vielfältige räumliche, organisatorische und funktionale Abhängigkeiten bestehen. Somit hängt die Funktionalität eines Krankenhausgebäudes sehr stark von der Verknüpfung der Bereiche, der Effizienz der Gebäudestruktur und deren Abstimmung auf das jeweilige Leistungsspektrum ab.

Die Ziel- und Bedarfsplanung

Ein entscheidendes Steuerungselement für die Entwicklung der Immobilien ist die Bedarfs- und Zielplanung, als Grundlage für die bauliche Entwicklung und konkrete Bauplanungen. Erforderlich für diese Bauaufgabe wäre eine prozessorientierte, phasenübergreifende Bedarfsplanung, die, ausgehend von der betriebswirtschaftlichen Entwicklungsstrategie, vom Businessplan, und den daraus abgeleiteten, erforderlichen optimalen Prozessabläufen, unter

Prozessorientierte Bedarfsplanung von Krankenhausbauten
Leitfaden Experteninterview

Universität Stuttgart
Germany

Berücksichtigung aller gebäudespezifischer, genehmigungsrechtlicher und technischer Randbedingungen, ein Raumprogramm und eine bauliche Zielplanung entwickelt.

Forschungsansatz und Zielsetzung

Ausgehend von vorhandenen Werkzeugen der Bedarfsplanung soll eine an diese spezielle Aufgabe angepasste Methodik entwickelt werden, die sowohl Planern und Architekten, als auch Betreibern eine strukturierte Ziel- und Bedarfsplanung ermöglicht.

Methodisches Vorgehen und Arbeitsschritte

Schritt 1 – Analyse bestehender Methoden der Bedarfsplanung

Im ersten Schritt wurden, basierend auf Literaturrecherchen, Methoden der Bedarfsplanung einer Vergleichsanalyse unterzogen.

Schritt 2 – Bewertung bestehender Methoden der Bedarfsplanung bezogen auf den Krankenhausbau

Im zweiten Schritt sollen die Methoden in einem 2-stufigen Experteninterviewsystem auf ihre Stärken und Schwächen hin analysiert werden.

    Schritt 2.1:

    Im Teilschritt 2.1 wurden Experten mittels der AHP-Methode (Analytic Hierarchy Process) nach Einflüssen und Entwicklungen im Krankenhausbau, sowie deren Bedeutung für die Wirtschaftlichkeit und die Prozesse im Krankenhaus befragt.

    Schritt 2.2

    Nach Auswertung von Teilschritt 2.1 folgt in Teilschritt 2.2 eine Untersuchung der daraus resultierenden Anforderungen an Methoden der Bedarfsplanung. Hierzu soll die Relevanz von unterschiedlichen Arbeitsschritten, Aktivitäten und Arbeitsmitteln zur Bearbeitung der maßgeblichen Einflüsse und Entwicklungen im Krankenhausbau durch Experten beurteilt werden.

Schritt 3 – Entwicklung einer Methode der Bedarfsplanung für den Krankenhausbau

Im dritten Schritt soll aus diesen Ergebnissen eine angepasste Methode für die Bedarfsplanung im Krankenhausbau abgeleitet und entwickelt werden.

Prozessorientierte Bedarfsplanung von Krankenhausbauten
Leitfaden Experteninterview

Universität Stuttgart
Germany

Experteninterview 2

Experte: _____   _____
                    Name   Institution

Expertenkategorie:

    Experteninterview 2

    2.1. Architekten, Krankenhausplaner ☐

    2.2. Krankenhausbetreiber, technische Leitung ☐

    2.3 Bedarfsplaner, Berater ☐

    2.4 .... ☐

    2.5 .... ☐

Interviewer: _____   _____
                      Name   Institution

Datum: _____

Anhang C – Fragebogen Experteninterview 2 — **241**

Prozessorientierte Bedarfsplanung von Krankenhausbauten  Universität Stuttgart
Leitfaden Experteninterview   Germany

Ausgangsbasis und Ziel der Befragung

Die erste Expertenbefragung hat gezeigt, dass Experten folgende Schwerpunkte als maßgebliche Einflüsse auf zukünftige Bauplanungen im Krankenhausbau identifiziert haben:
1. Die Vielzahl an **unterschiedlichen Nutzergruppen** im Gebäude
2. Sich wandelnde **Prozesse**, dabei insbesondere die Schnittstellen zwischen einzelnen Kernprozessen und hausübergreifenden Netzwerkprozesse

Eine Bedarfsplanung wird in der Regel charakterisiert durch eine Abfolge von definierten Phasen und Arbeitsschritten. Diese wiederum sind strukturiert durch Aktivitäten, wie Interview-Sessions, Besichtigungen, Work-Sessions, Rollenspiele etc. Darüber hinaus werden eine Vielzahl an unterschiedlichen Arbeitsmitteln / Werkzeugen, wie Fragebögen, Diagramme, Matrizen, Berechnungs-, Visualisierungs-, Dokumentations- und Kontrollmethoden angewendet.

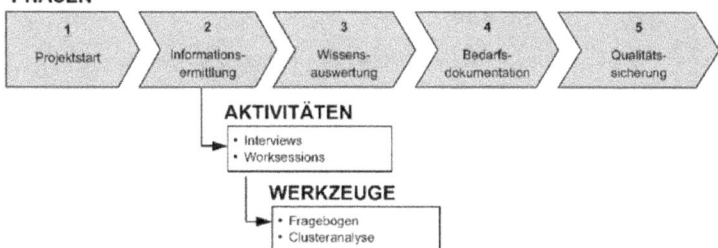

Abb. 1: Beispielhafte Schemadarstellung von Phasen, Aktivitäten und Werkzeugen in der Bedarfsplanung

Mit der folgenden Befragung soll auf Basis der Erkenntnisse der ersten Expertenbefragung überprüft werden, welche Phasen, Aktivitäten und Werkzeuge in einer Bedarfsplanung im Krankenhausbau von Bedeutung für die Bearbeitung der oben aufgeführten Schwerpunkte sind.

Prozessorientierte Bedarfsplanung von Krankenhausbauten
Leitfaden Experteninterview

Universität Stuttgart
Germany

TEIL 1 – Bewertung
Phasen
bezogen auf Schwerpunkte im Krankenhausbau

Grundsätzlich weisen nahezu alle Methoden der Bedarfsplanung 3 Phasen der Bearbeitung auf. Eine **Grundlagenphase**, in der die Ausgangssituation analysiert wird, erforderliche Informationen beschafft und Ziele definiert werden, eine **Erarbeitungsphase**, in der Informationen ausgewertet, Synthesen hergestellt und Strategien entwickelt werden und eine **Ergebnisphase**, in der ein endgültiger Bedarfsplan aufgestellt wird.

Über diesen gemeinsamen Standard hinaus bieten unterschiedliche Methoden der Bedarfsplanung weitere Phasen, deren Bedeutung nachfolgend bewertet werden soll.

Wie bewerten Sie die Bedeutung der folgenden Phasen auf ihre Relevanz zur Bearbeitung der benannten 2 Schwerpunkte im Krankenhausbau.

Vergeben Sie jeweils Punkte von 0 bis 9 je Schwerpunkt.

9 Punkte	=	diese Phase ist von größter Bedeutung für die Bearbeitung dieses Schwerpunktes
0 Punkte	=	diese Phase hat keine Bedeutung für die Bearbeitung dieses Schwerpunktes

Prozessorientierte Bedarfsplanung von Krankenhausbauten  Universität Stuttgart
Leitfaden Experteninterview Germany

Nr.	Phasen Attribute / Eigenschaften der Bedarfsplanung	Schwerpunkte der Bedarfsplanung	
		Vielzahl an Nutzergruppen	Prozesse

1.	**Stufenweise Erarbeitung der Bedarfsplanung**
	Erarbeitung der Bedarfsplanung stufenweise, vom Groben ins Feine
	Beispiele: - Grob- und Feinprogramm
	  - Basisprogramm – Finales Programm
	  - Functional –, Technical, und Designprogramm		

2.	**Programmiterationen** Mehrfache Iteration und Verfeinerung der Bedarfsplanung im Laufe des Bedarfsplanungsprozesses		
3.	**Schnittstellenphase am Übergang zur Planung** Gesonderte Phase zur Umsetzung der Bedarfsplanung in den Gebäudeentwurf als Schnittstelle zwischen Bedarfsplanung und Gebäudeplanung		
4.	**Interaktive Verzahnung von Bedarfsplanung und Gebäudeplanung** Organisatorische und zeitliche Verzahnung von Bedarfsplanungs- und Gebäudeplanungsprozess		
5.	**Prozessbegleitende Qualitätssicherung als Phase** Prüfberichte mittels Nutzerbefragungen, Monitoring, Bewertung der Effizienz etc. und Fortschreibung der Bedarfsplanung		
6.	**Evaluation des Programms** Evaluation mittels Indikatoren, Befragungen, Monitoring-Methoden und Workshops nach Fertigstellung des Bauvorhabens		

Prozessorientierte Bedarfsplanung von Krankenhausbauten
Leitfaden Experteninterview

Universität Stuttgart
Germany

TEIL 2 – Bewertung
Aktivitäten
bezogen auf Schwerpunkte im Krankenhausbau

Viele Methoden der Bedarfsplanung sehen in den verschiedenen Phasen und Arbeitsschritten konkrete Aktivitäten vor.

Wie bewerten Sie die Bedeutung der folgenden Aktivitäten auf ihre Relevanz zur Bearbeitung der benannten 2 Schwerpunkte im Krankenhausbau.

Vergeben Sie jeweils Punkte von 0 bis 9 je Schwerpunkt.

9 Punkte	=	diese Aktivität ist von größter Bedeutung für die Bearbeitung dieses Schwerpunktes
0 Punkte	=	diese Aktivität hat keine Bedeutung für die Bearbeitung dieses Schwerpunktes

Prozessorientierte Bedarfsplanung von Krankenhausbauten
Leitfaden Experteninterview

Nr.	Aktivitäten Attribute / Eigenschaften der Bedarfsplanung	Vielzahl an Nutzergruppen	Prozesse
Aktivitäten zur Ermittlung von Grundlagen			
7.	**Recherchen** Literatur-, Datenbank-, Zeitungs- und Bibliotheksrecherchen		
8.	**Besichtigungen** Besuch ähnlicher Projekte und vergleichbarer Strukturen, sowie von „Best-Practice"-Beispielen		
9.	**Befragungen** zu Zielen, Problemen, oder zum Status Quo auf unterschiedlichen Ebenen, Befragung der Lokalpolitik etc.		

Prozessorientierte Bedarfsplanung von Krankenhausbauten
Leitfaden Experteninterview

Nr.	Aktivitäten Attribute / Eigenschaften der Bedarfsplanung	Vielzahl an Nutzergruppen	Prozesse
	Aktivitäten zur Einbindung der Nutzer		
10.	**Workshops, Interviews** Teambildung, Arbeits-Sessions, Worshops, individuelle Interviews, Gruppeninterviews, Audio- und Videokonferenzen		
11.	**Rollen- und Auktionsspiele** Design Games, Rollenmodelle, Simulationszonen		
12.	**Ergebnisprüfung** Überprüfung des Programm-Ergebnisses		

Prozessorientierte Bedarfsplanung von Krankenhausbauten    Universität Stuttgart
Leitfaden Experteninterview   Germany

Nr.	Aktivitäten Attribute / Eigenschaften der Bedarfsplanung	Vielzahl an Nutzergruppen	Prozesse
	Aktivitäten zur Ergebnisentwicklung		
13.	**Strategieentwicklungen** zu Raum, Zentralisation/Dezentralisation, Flexibilität, Fluss, Energie, Synchronisierung, Qualitäten, Prioritäten etc.		
14.	**Prozessentwicklung** Bestimmung der Basisprozesse, Ableitung der Ablaufprozesse und der Kapazitäten		
15.	**Ermittlung Projektgrößen und Quantitäten** Raumgrößen und –zuschnitte, Nutzungs-, Konstruktions-, Verkehrs- und Technikflächen		
16.	**Entwicklung Kosten + Zeit** Zeitplanung, Kostenrahmen, Prüfung der ökonomischen Machbarkeit		

Prozessorientierte Bedarfsplanung von Krankenhausbauten  Universität Stuttgart
Leitfaden Experteninterview

TEIL 3 – Bewertung
Werkzeuge
bezogen auf Schwerpunkte im Krankenhausbau

Ergänzend zu den Aktivitäten werden konkrete Werkzeuge vorgeschlagen. Diese reichen von Listen, über Analyse- und Berechnungsmethoden bis hin zu Rollenspielen und Simulationszonen

Wie bewerten Sie die Bedeutung der folgenden Werkzeuggruppen auf ihre Relevanz zur Bearbeitung der benannten 2 Schwerpunkte im Krankenhausbau.

Vergeben Sie jeweils Punkte von 0 bis 9 je Schwerpunkt.

| 9 Punkte | = | diese Werkzeuggruppe ist von größter Bedeutung für die Bearbeitung dieses Schwerpunktes |
| 0 Punkte | = | diese Werkzeuggruppe hat keine Bedeutung für die Bearbeitung dieses Schwerpunktes |

Prozessorientierte Bedarfsplanung von Krankenhausbauten  Universität Stuttgart
Leitfaden Experteninterview   Germany

Nr.	Werkzeuggruppe Attribute / Eigenschaften der Bedarfsplanung	Vielzahl an Nutzergruppen	Prozesse
Werkzeuge zur Datenaufnahme, Datenauflistung			
17.	Listen, Fragebögen Interview-Fragebögen, Nutzungsformulare, Datensammlungs-Fragebögen		
18.	Benchmarking Leesmann-Index, Workplace-Analysis, Clusteranalyse		
19.	Observationen Verhaltens-Mapping, Soziologisches Mapping, Planwertverfahren, Shadowing		

Prozessorientierte Bedarfsplanung von Krankenhausbauten  Universität Stuttgart
Leitfaden Experteninterview   Germany

Nr.	Werkzeuggruppe Attribute / Eigenschaften der Bedarfsplanung	Vielzahl an Nutzergruppen	Prozesse
	Werkzeuge zur Datenvisualisierung, Darstellung von Verknüpfungen + Abläufen		
20.	**Darstellung von Bereichen und Strukturen** Brown Sheets, Stapeldiagramme, Strukturdiagramme, Organigramme		
21.	**Verknüpfung von Bereichen** Bubble-Diagramme, Interaktions-Matrix, Von-Nach-Matrix		
22.	**Prozessvisualisierung und -entwicklung** Flussdiagramme, Business-Process-Modelling, Story-Lines		
23.	**Rating- / Auswahl- und Ausschlusswerkzeuge** Paarvergleichsmethode, Ranking Chart, Präferenzmatrix, morphologische Matrix, ideales Funktionsschema, Schätzverfahren		
24.	**Rollenspiele** Designgames, Rollenmodelle, Simulationszonen		

Prozessorientierte Bedarfsplanung von Krankenhausbauten  Universität Stuttgart
Leitfaden Experteninterview   Germany

Nr.	Werkzeuggruppe Attribute / Eigenschaften der Bedarfsplanung	Vielzahl an Nutzergruppen	Prozesse
	Werkzeuge für Prognosen + Wirtschaftlichkeitsbetrachtungen		
25.	**Prognosen** Entwicklungsprognosen, Delphi-Methode, Risikoanalyse, Szenario-Technik, Globale Bedarfsprognose, Regressionsanalyse		
26.	**Wirtschaftlichkeitsbetrachtungen** Break-Even-Analyse, Lebenszyklusanalyse, Standortanalyse		

Prozessorientierte Bedarfsplanung von Krankenhausbauten  Universität Stuttgart
Leitfaden Experteninterview Germany

Nr.	Werkzeuggruppe Attribute / Eigenschaften der Bedarfsplanung	Vielzahl an Nutzergruppen	Prozesse
	Werkzeuge zur Ergebnisableitung		
27.	**Ermittlung Flächenbedarfe** Flächenbedarfsermittlung mittels Kennzahlen, funktionale Flächenermittlung, Raumbuch		
28.	**Ermittlung Personal- und Materialbedarf** Personalbedarfsermittlung über Prozesse, Kennzahlmethode oder über Stellenplanmethode, Betriebsmittelbedarfsermittlung		
29.	**Businessentwicklung** Betriebs- und Organisationskonzept, Transition Assistance, Joker-Area-Definition, Embrance Plan, operationale Flussplanung, Grey-Performance-Analysis		
30.	**Visualisierung und Simulation** Kartentechnik, grafische Werkzeuge, Prototypenlayout		
31.	**Kosten** Gesamtkostenaufstellung, Investitionskostenaufstellung, Nutzungskostenprognose		
32.	**Zeitplan** Idealzeitplan		
33.	**Gebäudebewertung** Vergleichsanalysen, bauphysikalische Gebäudeeffizienz		
34.	**Dokumentation + Kontrolle** Programm-Report, Prüflisten, Clusteranalyse, Korrelationsanalyse		

Literaturverzeichnis

Achatzi, Hans-Peter, Werner Schneider, und Walter Volkmann. 2017. *Bedarfsplanung in der Projektentwicklung – Kurzanleitung Heft 6*. Bd. 6. DVP Projektmanagement. Berlin: Springer Verlag GmbH.

AHO Ausschuss der Verbände und Kammern der Ingenieure und Architekten für die Honorarordnung e.V. 2009. *Projektmanagement in der Bau- und Immobilienwirtschaft*. 3. Auflage. Bd. Nr. 9. AHO Schriftenreihe. Bundesanzeiger Verlag Berlin.

AK VB/G der AGBF und des Fachausschusses Vorbeugender Brandschutz des DFV. 2010. *Technische Richtlinie für BOS-Gebäudefunkanlagen (AGBF Bund)*.

Akao, Yoji. 2004. *Quality Function Deployment (QFD): Integrating Customer Requirements into Product Design*. Productivity Press.

American Institute of Architects, Hrsg. 2014. *The Architect's Handbook of Professional Practice*. 5th Edition. Hoboken, New Jersey: John Wiley & Sons.

Angerer, Dr. Alfred, Tim Brand, Thomas Drews, Eva Hollenstein, Dr Florian Liberatore, Katja Rüegg, und Dr Christophe Vetterli. 2018. *LHT-BOK Lean Healthcare Transformation Body of Knowledge:* Edition 2018-2019. CreateSpace Independent Publishing Platform.

Architekten für Krankenhausbau und Gesundheitswesen e.V. (AKG). 2014. „Empfehlungen zur Zielplanung 2014".

Atteslander, Peter. 2010. *Methoden der empirischen Sozialforschung*. 13. neu bearbeitete und erweiterte Auflage. Berlin: Erich Schmidt Verlag.

Augurzky, Boris, Andreas Beivers, Philipp Breidenbach, Alexander Haering, und Niels Straub. 2019. „Versorgungsplanung durch datenbasierte Marktraumanalysen am Beispiel von Notfallzentren". In *Krankenhaus-Report 2019 – Das digitale Krankenhaus*, 161–73. Berlin: Springer Verlag GmbH.

Augurzky, Boris, Sebastian Krolop, Corinna Hentschker, Adam Pilny, und Christoph M. Schmidt. 2013. *Krankenhaus Rating Report 2013: Krankenhausversorgung zwischen Euro-Krise und Schuldenbremse*. 2013. Aufl. Heidelberg: medhochzwei Verlag.

Barrett, P., und D. Baldry. 2003. *Facilities Management: Towards Best Practice*. Oxford: Blackwell Science.

Barrett, Peter, und Catherine Stanley. 1999. *Better Construction Briefing*. Oxford: Blackwell Science Ltd.

Blyth, Alastair, und John Worthington. 2010. *Managing the Brief for Better Design*. 2nd Edition. New York: ROUTLEDGE.

Bogner, Alexander, Beate Littig und Wolfgang Menz. 2014. *Interviews mit Experten – Eine praxisorientierte Einführung*. Wiesbaden: Springer Fachmedien.

Böhm, Erkko. 2006. „Implementierung spezialisierter Software in das Krankenhausinformationssystem". In *Krankenhaus der Zukunft*, 641–49. Kaden.

Borstel, Stefan von. 2014. „Gesundheit – Jede siebte deutsche Klinik ist überflüssig". *Die Welt*, 21. Oktober 2014.

Both, Petra von. 2005. *Ein systemisches Projektmodell für eine kooperative Planung komplexer Unikate*. Karlsruhe: KIT Scientific Publishing.

Brill, Michael, und Richard Krauss. 1970. „Planning for Community Mental Health Centers – The Performance Approach". In *EDRA 1 – Proceedings of the First Annual Environmental Design Research Conference*, 45–59. Raleigh, N.C.: EDRA Inc.

Brockhaus. 2019a. „Aktivität (allgemein)". In *Brockhaus*. http://brockhaus.de/ecs/enzy/article/aktivität-allgemein.

Brockhaus. 2019b. „Methode (allgemein)". In *Brockhaus*. http://brockhaus.de/ecs/enzy/article/methode-allgemein.

Brockhaus. 2019c. „Phase (allgemein)". In *Brockhaus*. http://brockhaus.de/ecs/enzy/article/phase-allgemein.

Brockhaus. 2019d. „Werkzeug (allgemein)". In *Brockhaus*. http://brockhaus.de/ecs/enzy/article/werkzeug-allgemein.

Cherry, Edith. 1999. *Programming for Design: From Theory to Practice by Edith Cherry*. 1 edition. New York: John Wiley & Sons.

Deutsches Institut für Bautechnik (DIBt). 2016. *Muster-Richtlinie über brandschutztechnische Anforderungen an Lüftungsanlagen (Muster-Lüftungsanlagen-Richtlinie – M-LüAR)*.

Diederichs, Claus Jürgen. 2006a. *Immobilienmanagement im Lebenszyklus: Projektentwicklung, Projektmanagement, Facility Management, Immobilienbewertung*. 2., erw. U. aktualisierte Aufl. Berlin: Springer.

DIN Deutsches Institut für Normung e.V. 2008. *DIN 1946-4: 2008-12 – Raumlufttechnische Anlagen in Gebäuden und Räumen des Gesundheitswesens*.

DIN Deutsches Institut für Normung e.V. 2012a. *DIN 14462:2012-09 – Löschwassereinrichtungen – Planung, Einbau, Betrieb und Instandhaltung von Wandhydrantenanlagen sowie Anlagen mit Über- und UNterflurhydranten*.

DIN Deutsches Institut für Normung e.V. 2012b. *DIN VDE 0100-710 VDE 0100-710:2021-10 Errichten von Niederspannungsanlagen – teil 7-710: Anforderungen für Betriebsstätten, Räume und Anlagen besonderer Art – medizinisch genutzte Bereiche*.

DIN Deutsches Institut für Normung e.V. 2014. *DIN VDE 0833-1 VDE 0833-1:2014-10 – Gefahrenmeldeanlagen für Brand. Einbruch und Überfall*.

DIN Deutsches Institut für Normung e.V. 2015. *DIN 18205: 2015-11 – Bedarfsplanung im Bauwesen*.

DIN Deutsches Institut für Normung e.V. 2016. *DIN VDE 0834-1 VDE 0834-1:2016-06 – Rufanlagen in Krankenhäusern, Pflegeheimen und ähnlichen Einrichtungen – Teil 1: Geräteanforderungen, Planen, Errichten und Betrieb*.

DIN Deutsches Institut für Normung e.V. 2018. *DIN 1946-4:2018-09 – Raumlufttechnik – Teil 4: Raumlufttechnische Anlagen in Gebäuden und Räumen des Gesundheitswesens*.

DIN Deutsches Institut für Normung e.V. 2019. *DIN EN ISO 7396-1:2019-06 – Rohrleitungssysteme für medizinische Gase – Teil 1: Rohrleitungssysteme für medizinische Druckgase und Vakuum*.

Dirichlet, Gert Lejeune, Franz Labryga, und Peter Poelzig. 1987a. *Krankenhausbau. Maßkoordination, Entwurfsstrategie, Anwendungsbeispiele*. Stuttgart: Koch, Alexander.

Duden. 2014. *Das Herkunftswörterbuch: Etymologie der deutschen Sprache Duden – Deutsche Sprache in 12 Bänden: Amazon.de: Dudenredaktion: Amazon.de*. 5., neu Bearbeitete Auflage. Bd. 7. 12 Bde. Berlin: Dudenverlag. https://www.amazon.de/Das-Herkunftsw%C3%B6rterbuch-Etymologie-deutschen-Deutsche/dp/3411040750/ref=sr_1_1?__mk_de_DE=%C3%85M%C3%85%C5%BD%C3%

95%C3%91&crid=3CZJ8T5GZI726&keywords=duden+herkunftsw%C3%B6rterbuch&qid=1564301648&s=gateway&sprefix=duden+herkun%2Caps%2C148&sr=8-1.

Duerk, Donna P. 1993. *Architectural Programming – Information Management for Design*. John Wiley and Sons Ltd.

Elf, Marie, Maria Svedbo Engström, und Helene Wijk. 2012. „An Assessment of Briefs Used for Designing Healthcare Environments: A Survey in Sweden". *Construction Management and Economics* 30 (10): 835–44.

Elf, Marie, und I. Malmqvist. 2009. „An Audit of the Content and Quality in Briefs for Swedish Healthcare Spaces". *Journal of Facility Management* 7: 198–211.

Fletcher, Paul, und Hilary Satchwell. 2015. *Briefing – A Practical Guide to RIBA Plan of Work 2013 – Stages 7, 0 and 1*. RIBA Stage Guides. London: RIBA Publishing.

Folter, Rolf de. 2007. „Das marktorientierte Denken im Bereich des Krankenhauses". In *Health Care der Zukunft Eine Herausforderung für Architektur, Medizin und Ökonomie*, 1:147–60. MWV Medizinisch Wissenschaftliche Verlagsges.

Fronczek-Munter, Aneta. 2016. „Usability Briefing for Hospital Design – Exploring User Needs and Experiences to Improve Complex Building". Kongens Lyngby: Technical University of Denmark.

Füllgraf, Oliver, und Jörg F. Debatin. 2006. „Vom Halbgott in Weiß zum Dienstleister". In *Zukunft Krankenhaus: Überleben durch Innovation*, herausgegeben von Jörg F. Debatin, Mathias Goyen, und Christoph Schmitz, 1. Aufl., 194–211. Berlin: ABW Wissenschaftsverlagsgesellschaft.

Gassel, Andrea Maria. 2006. „Telepathologie – Nutzen und Risiken". In *Krankenhaus der Zukunft*, 659–63. Heidelberg: Kaden.

Geburtig, Gerd. 2014. *Brandschutz im Bestand – Altenpflegeheime und Krankenhäuser*. 2. Auflage. Baulicher Brandschutz im Bestand. Berlin: Beuth Verlag GmbH.

Geldermann, Jutta, und Nils Lerche. 2014. „Leitfaden zur Anwendung von Methoden der multikriteriellen Entscheidungsunterstützung – Methode PROMETHEE".

Gibson Jr., G. Edward, und Richard J. Gebken II. 2003. „Design Quality in Pre-Project Planning: Applications of the Project Definition Rating Index". *Building Research & Information* 31 (5): 346–56.

Gläser, Jochen, und Grit Laudel. 2010. *Experteninterviews und qualitative Inhaltsanalyse als Instrumente rekonstruierender Untersuchungen*. 4. Auflage. Wiesbaden: VS Verlag für Sozial wissenschaften Springer Fachmedien.

Götze, Uwe. 2014. *Investitionsrechnung – Modelle und Analysen zur Beurteilung von Investitionsvorhaben*. 7. Auflage. Berlin, Heidelberg: Springer Verlage.

Green, S. D. 1996. „A Metaphorical Analysis of Client Organizations and the Briefing Process". *Construction Management & Economics* 14 (2): 155–64.

Green, Stuart D., und Stephen J. Simister. 1999. „Modelling Client Business Processes as an Aid to Strategic Briefing". *Construction Management and Economics* 30 (1): 63–76.

Greger, Helmut. 2006. „Anforderungen an zukünftige Krankenhausinformationssysteme". In *Krankenhaus der Zukunft*, 635–40. Heidelberg: Kaden.

Guthknecht, Tom. 2014. *INTEGRAL PROCESS DESIGN: Synthesizing Building and Business Design of Health Care Buildings*. Munich: Grin Verlag Gmbh.

Hansen, Karen Lee, und Jorge A. Vanegas. 2003. „Improving Design Quality through Briefing Automation". *Building Research & Information* 31 (5): 379–86.

Hardy, Andrea. 2014. *Architecture Beyond Criticism: Expert Judgment and Performance Evaluation*. Routledge.
Hardy, Owen B., und Lawrence P. Lammers. 1986. *Hospitals – The Planning and Design Process*. Second Edition. Rockville Maryland: Aspen Publication.
Hasso-Plattner-Institut. 2020. „Was ist Design Thinking?" 2020. https://hpi-academy.de/design-thinking/was-ist-design-thinking.html.
Herriott, Richard. 2018. „Patient involvement in Danish hospital design". *CoDesign – International Journal of CoCreation in Design and the Arts* 14 (3): 203–217.
Hershberger, Robert G. 1999. *Architectural Programming and Predesign Manager*. New York: McGraw-Hill Inc.,US.
Hershberger, Robert G. 2001. „Planning – Predesign Services: Programming". In *The Architct's Handbook of Professional Practice*, herausgegeben von AIA, AMERICAN INSTITUTE OF ARCHITECTS und Joseph A. Demkin, 13. Aufl., 519 bis 525. New York: John Wiley & Sons Inc.
HOAI. 2013. *Honorarordnung für Architekten und Ingenieure*.
Hodulak, Martin, und Ulrich Schramm. 2011. *Nutzerorientierte Bedarfsplanung: Prozessqualität für nachhaltige Gebäude*. 1. Aufl. Springer Berlin Heidelberg.
Hodulak, Martin, und Ulrich Schramm. 2019. *Nutzerorientierte Bedarfsplanung: Prozessqualität für nachhaltige Gebäude*. 2., überarb. Aufl. 2019. Springer Vieweg.
Holzgreve, Alfred, und Hartwig Jaeger. 2009. „Herausforderung Zukunft: Vivantes als Beispiel". In *Health Care der Zukunft 2 Auf dem Weg zur Risikokultur*, 2:131–37. Technische Universität Berlin: MWV Medizinisch Wissenschaftliche Verlagsges.
HWP Planungsgesellschaft mbH. 2007. „Zukunft für das Krankenhaus – Szenarien zur mittelfristigen Entwicklung der Krankenhausorganisation".
International Organization for Standardization (ISO). 1994. *ISO 9699 – Performance standards in building – Cheklist for briefing – Contents of brief for building design*.
International Organization for Standardization (ISO). 2016. *ISO 19208 – Framework for specifying performance in buildings*.
Jensen, Per Anker. 2011. „Inclusive Briefing and User Involvement: Case Study of a Media Centre in Denmark". *Architectural Engineering and Design Management* 7 (1): 38–49.
Joedicke, Jürgen. 1976. *Angewandte Entwurfsmethodik für Architekten*. Karl Krämer Verlag Stuttgart.
Kalusche, Wolfdietrich. 2011. *Projektmanagement für Bauherren und Planer*. Überarbeitete Auflage. München: Oldenbourg Wissenschaftsverlag.
Kenney, Charles. 2010. *[(Transforming Healthcare: Virginia Mason Medical Center's Pursuit of the Perfect Patient Experience)]*. Productivity Press.
Klauber, Jürgen, Max Geraedts, Jörg Friedrich und Jürgen Wasem. 2015. *Krankenhaus-Report 2015: Schwerpunkt: Strukturwandel – Mit Online-Zugang*. 1. Stuttgart: Schattauer.
Kuckartz, Udo. 2018. *Qualitative Inhaltsanalyse, Methoden, Praxis, Computerunterstützung*. 4. Auflage. Weinheim Basel: Beltz Juventa in der Verlagsgruppe Beltz.
Kumlin, Robert R. 1995. *Architectural Programming: Creative Techniques for Design Professionals*. MCGRAW-HILL Professional.
Leamann, A., F. Stevenson, und B. Bordass. 2010. „Building Evaluation: Practice and Pronciples". *Building Research & Information* 38: 564–77.
Lohfert, Peter. 1973. *Zur Methodik der Krankenhausplanung – Optimierungsmöglichkeiten bei der Planung von Krankenhäusern mit Hilfe einer planungsbegleitenden, systematischen Funktionsanalyse*. Werner-Verlag Düsseldorf.

Lohfert, Peter. 2013. *Das medizinische Prinzip – Handbuch für das Krankenhaus der Zukunft*. München: Albrecht Knaus Verlag.

Lux, Gerald, Philipp Steinbach, Jürgen Wasem, Lennart Weegen, und Anke Walendzik. 2013. „Demografie und Morbiditätsentwicklung". In *Krankenhaus-Report 2013*, 69–82. Stuttgart: Schattauer.

Mallory-Hill, Shauna, Wolfgang P. E. Preiser, und Christopher G. Watson. 2012. *Enhancing Building Performance*. 2. Auflage. Oxford: John Wiley & Sons.

Markus, Thomas und al. 1972. *Building Performance*. London: Halsted Press.

Marquardt, Gesine. 2006. „Kriterienkatalog Demenzfreundliche Architektur". Dresden: Technische Universität Dresden.

Mayring, Philipp. 2015. *Qualitative Inhaltsanalyse – Grundlagen und Techniken*. 12. überarbeitete Auflage. Weinheim: Beltz Verlag.

Mayring, Philipp. 2016. *Einführung in die qualitative Sozialforschung – Eine Anleitung zu qualitativem Denken*. 6. Auflage. Weinheim: Beltz Verlag.

Meixner, Oliver, und Rainer Haas. 2015. *Wissensmanagement und Entscheidungstheorie Theorien,Methoden, Anwendungen und Fallbeispiele*. 3., überarb. Aufl. Wien: Facultas.

Mentges, Gerhard. 2006. „Vom Prinzip Zufall zum geordneten Patientenpfad". In *Zukunft Krankenhaus – Überleben durch Innovation*, herausgegeben von Mathias Goyen, Jörg F. Debatin, und Christoph Schmitz, 1. Aufl., 100–124. Berlin: ABW Wissenschaftsverlagsgesellschaft.

Mieg, Harald A., und Matthias Näf. 2006. *Experteninterviews in den Umwelt- und Planungswissenschaften – Eine Einführung und Anleitung*. Lengerich: Pabst Science Publishers.

Mills, Grant R. W., Michael Phiri, Jonathan Erskine, und Andrew D. F. Price. 2015. „Rethinking Healthcare Building Design Quality: An Evidence-Based Strategy". *Building Research & Information* 43 (4): 499–515.

Mühlbacher, Axel C., und Anika Kaczynski. 2013. „Der Analytic Hierarchy Process (AHP): Eine Methode zur Entscheidungsunterstützung im Gesundheitswesen". *PharmacoEconomics*, Nr. Volume 11, Issue 2 (Oktober): 119–32.

Münch, Eugen. 2007. „Krankenhäuser auf dem Weg in die Gesundheitswirtschaft". In *Health Care der Zukunft Eine Herausforderung für Architektur, Medizin und Ökonomie*, 1:129–38. Technische Universität Berlin: MWV Medizinisch Wissenschaftliche Verlagsges.

Neubauer, Günter. 2017. „Die Krankenhauslandschaft 2030 in Deutschland". In *Krankenhaus-Report 2017 – Schwerpunkt: Zukunft gestalten*, herausgegeben von Jürgen Klauber, Max Geraedts, Jörg Friedrich, und Jürgen Wasem, 151–66. Krankenhaus-Report. Stuttgart: Schattauer Verlag.

Neubauer, Günter, und Andreas Gmeiner. 2015. „Krankenhausplanung am Scheideweg". In *Krankenhaus-Report 2015*, 175–86. Stuttgart: Schattauer.

Normenausschuss Bauwesen im DIN Deutsches Institut für Normung e.V. 1996. *DIN 18205 – Bedarfsplanung im Bauwesen*.

Normenausschuss Bauwesen im DIN Deutsches Institut für Normung e.V. 2016. *DIN 18205 – Bedarfsplanung im Bauwesen*.

OECD – Organisation for economic cooperation and development. 2020. „Health Statistics – OECD". OECD. 2020. https://www.oecd.org/els/health-systems/health-statistics.htm.

Oswald, Julia, und Klaus Goedereis. 2019. „Voraussetzungen und Potentiale des digitalen Krankenhauses". In *Kraneknhaus-Report 2019 – Das digitale Krankenhaus*, 49–66. Berlin: Springer Verlag GmbH.

Palmer, Mickey A., Hrsg. 1981. *Architect's Guide to Facility Programming*. Washington, D.C. : New York: McGraw-Hill Inc.,US.

Payne, Rarah Ruth, Jamie Mackrill, Rebecca Cain, Jason Strelitz, und Lucy Gate. 2015. „Developing interior design briefs for health-care and well-being centres trough public participation". *Architectural Engineering and Design Management* 11 (4): 264–79.

Pegoraro, Camila, und Istefani Carisio de Paula. 2017. „Requirements processing for building design: a systematic review". *Production* 27 (e20162121).

Peña, William M., und Steven A. Parshall. 2012. *Problem Seeking: An Architectural Programming Primer*. Updated, Revise. Hoboken, N.J: John Wiley & Sons.

Pfadenhauer, Michaela. 2009. „Auf gleicher Augenhöhe – Das Experteninterview – ein Gespräch zwischen Experte und Quasi-Experte". In *Experteninterviews – Theorien, Methoden, Anwendungsfehler*, herausgegeben von Alexander Bogner, Beate Littig, und Wolfgang Menz, 3., grundlegend überarbeitete Auflage, 99–116. Wiesbaden: VS Verlag für Sozialwissenschaften.

Pohl, Klaus. 2008. *Requirements Engineering: Grundlagen, Prinzipien,Techniken*. 2., korrigierte Auflage. Heidelberg: dpunkt.Verlag GmbH.

Pommer, Alexandra. 2007. *Entscheidungsunterstützung in der Immobilienprojektentwicklung*. Bd. 6. Schriftenreihe Bau- und Immobilienmanagement. Weimar: Verlag und Datenbank für Geisteswissenshaften.

Preiser, Wolfgang. 1995. „Post-Occupancy Evaluation: How to Make Buildings Work Better". *Facilities* 13 (11): 19–28.

Preiser, Wolfgang. 2004. *Assessing Building Performance*. Butterworth-Heinemann Ltd.

Preiser, Wolfgang F. E. 1992. *Professional Practice in Facility Programming*. New York: John Wiley & Sons Inc.

Preiser, Wolfgang F.E., Hrsg. 1985. *Programming the Built Environment*. New York: Van Nostrand Reinhold Company Inc.

Preiser, Wolfgang, und J. Vischer. 2005. *Assessing Building Performance*. London: Butterworth-Heinemann Ltd.

Quante, Susanne. 2006. „Von der ‚Insel' zum Netzwerk – Kooperation als Wettbewerbsstrategie". In *Zukunft Krankenhaus – Überleben durch Innovation*, 52–69. Berlin: ABW Wissenschaftsverlagsgesellschaft.

Reifferscheid, Antonius, Dominik Thomas, Natalie Pomorin, und Jürgen Wasem. 2015. „Strukturwandel in der stationären Versorgung". In *Krankenhaus-Report 2015*, 3–11. Stuttgart: Schattauer.

Roth, Carsten, Uwe Dombrowski, und Norbert M. Fisch, Hrsg. 2015. *Zukunft. Klinik. Bau.: Strategische Planung von Krankenhäusern*. 1. Aufl. 2015. Wiesbaden: Springer Vieweg.

Roth, Carsten, Wolfgang Sunder, Jan Holzhausen, Norbert Fisch, Philipp Knöfler, Uwe Dombrowski, und Christoph Riechel. 2016. *Praxis: Krankenhausbau – Forschungsarbeit*. Bd. F 2929. Forschungsinitiative Zukunft Bau. Stuttgart: Fraunhofer IRB.

Saaty, Thomas L. 1980. *The Analytic Hierarchy Process*. New York: McGraw-Hill.

Saaty, Thomas L. 2003. „Decision-Making with the AHP: Why Is the Principal Eigenvector Necessary?" *European Journal of Operational Research*, Nr. Heft 145-1: 85–91.

Saaty, Thomas L. 2013. *Decision Making for Leaders*. 3 Revised. Pittsburgh, PA: RWS Publications.

Sailer, Marco. 2007. „Gesundheitsökonomie und Managementqualifikationen für Mediziner". In *Krankenhaus der Zukunft*, herausgegeben von Arnulf Thiede und Heinz J. Gassel, 285–88. Heidelberg: Kaden Verlag.

Sanoff, Henry. 1977. *Methods of Architectural Programming*. Routledge.

Sanoff, Henry. 1992. *Integrating Programming, Evaluation and Participation in Design*. Reissue. Place of publication not identified: Routledge.

Schäfer, Jürgen, Georg Conzen, Wilhelm Bauer, Stefan Blümm, Ralf F. Bode, Thomas Bohn, Jörg Eschweiler, u. a. 2013. *Praxishandbuch der Immobilien-Projektentwicklung*. 3. Aufl. München: C.H.Beck.

Schill-Fendl, Monika. 2004. *Planungsmethoden in der Architektur: Grundlagen von Planungs- und Entwurfsmethoden für Architekten komplexer Aufgabenstellungen in interdisziplinären ... am Bereich Sozial- und Gesundheitsbauten*. 1., Aufl. Norderstedt: Books on Demand.

Schlömer, C., und T. Pütz. 2011. „Bildung, Gesundheit, Pflege – Auswirkungen des demographischen Wandels auf die soziale Infrastruktur". In *BBSR-Berichte kompakt*, 1–15. Bonn: Bundesinstitut für Bau, Stadt und Raumforschung.

Schmidt, Diego. 2007. „Krankenhauslandschaft im Wandel, auf dem Weg von öffentlichen Versorgungsbetrieben zu prozessorientierten Dienstleistungsunternehmen. Die Rolle der Medizintechnologie". In *Health Care der Zukunft Eine Herausforderung für Architektur, Medizin und Ökonomie*, 1:97–107. Technische Universität Berlin: MWV Medizinisch Wissenschaftliche Verlagsges.

Schmidt, M., C. Nickl-Weller, G. Hillmann, M. Korolkow, R. Jakobiak und H. Schiller. 2011. „Krankenhaus Plus – Energieeffizienzstrategien im Krankenhaus". Würzburg: WÜMEK – Kongress für Technologien in der Medizin und Energieeffizienz in Kliniken.

Schneeweiß, Christoph. 1991. *Planung 1 Systemanalytische und entscheidungstheoretische Grundlagen*. Berlin; Heidelberg; New York; Tokyo: Springer.

Schulte, Karl W., und Stephan Bone-Winkel. 2002a. *Handbuch Immobilien – Projektentwicklung*. 2., Aufl. Köln: Immobilien Informationsverlag Rudolf Müller.

Schulte, Karl W., und Stephan Bone-Winkel. 2002b. *Handbuch Immobilien – Projektentwicklung*. 2., Aufl. Köln: Immobilien Informationsverlag Rudolf Müller.

Shen, Qiping, Heng Li, Jacky Chung, und Pui-Yee Hui. 2004. „A Framework for Identification and Representation of Client Requirements in the Briefing Process". *Construction Management and Economics* 22 (4): 213–21.

Statistisches Bundesamt Wiesbaden. 2018. „Gesundheit – Grunddaten der Krankenhäuser 2017".

Statistisches Bundesamt Wiesbaden. 2019. „Bevölkerung im Wandel – Annahmen und Ergebnisse der 14. koordinierten Bevölkerungsvorausberechnung".

Statistisches Bundesamt Wiesbaden. 2020. „Gesundheit – Grunddaten der Krankenhäuser 2018".

Steinke, C., L. Webster, und M. Fontaine. 2010. „Evaluating Building Performance in Healthcare Facilities: An Organizational Perspective". *Health Environment Reasearch & Design Journal* 3: 63–83.

Stephani, Victor, Reinhard Busse, und Alexander Geissler. 2019. „Benchmarking der Krankenhaus IT: Deutschland im internationalen Vergleich". In *Krankenhausreport 2019 – Das digitale Krankenhaus*, 17–32. Berlin: Springer Verlag GmbH.

Strunk, Sarah Ok Kyu. 2017. *Nachhaltigkeitsrating zur Bewertung der Zukunftsfähigkeit von Immobilien*. Bd. 4. Schriftenreihe Bauökonomie. Berlin / Boston: Walter de Gruyter Verlag.

Stüve, Magnus. 2007. „Krankenhausbau im Umfeld integrierter Versorgung". In *Health Care der Zukunft Eine Herausforderung für Architektur, Medizin und Ökonomie*, 1:171–81. Technische Universität Berlin: MWV Medizinisch Wissenschaftliche Verlagsges.

Sunder, Wolfgang, und Lan Holzhausen. 2013. „Bau, Prozess und Energie – Interdisziplinäres Forschungsprojekt erarbeitet Lösungen für zukunftsfähige Krankenhäuser". *KU spezial Planen – Bauen – Einrichten*, Nr. Juli 2013: 8–12.

The American Institute of Architects. 2013. *The Architect's Handbook of Professional Practice*. 15. Aufl. Wiley.

Thiede, Arnulf, und Heinz J. Gassel. 2005. *Krankenhaus der Zukunft*. Heidelberg: Kaden, R.

Trinczek, Rainer. 2009. „Wie befrage ich Manager? – Methodische Aspekte des Experteninterviews als qualitativer Methode empirischer Sozialforschung". In *Experteninterviews – Theorien, Methoden, Anwendungsfehler*, herausgegeben von Alexander Bogner, Beate Littig, und Wolfgang Menz, 3., grundlegend überarbeitete Auflage, 225–38. Wiesbaden: VS Verlag für Sozialwissenschaften.

Ulrich, R.S., L.L. Berry, X. Quan, und J.T. Parish. 2010. „A Conceptual Framework for the Domain of Evidence-Based Design". *Health Environment Reasearch & Design Journal* 4: 95–114.

Venhoeven, Ton, Peterine Arts, und Cécillia Gross. 2004. „Core Hospital Concept". Projektdokumentation Wettbewerbsgewinn: „Future hospital, competition and healing". Amsterdam: VenhoenCS architecture+urbanism. http://venhoevencs.nl/wordpress/wp-content/uploads/2012/01/Documentation-Core-Hospital_VenhoevenCS1.pdf.

Verein Deutscher Ingenieure. 2011. *VDI Richtlinie 6022 – Hygiene-Anforderungen an Raumlufttechnische Anlagen*.

Vetterli, Christophe, Falk Uebernickel, Walter Brenner, Franziska Häger, Thomas Kowark, Jens Krüger, Jürgen Müller, Hasso Plattner, Vishal Sikkha, und Barbara Stortz. 2013. „Jumpstarting Scrum with Design Thinking". St. Gallen: University of St. Gallen, Institute of Information Management.

Vischer, J. 2008. „Towards a User-Centred Theory of Built Environment". *Building Research & Information* 36: 231–40.

Vitruv. 2015. *Zehn Bücher über Architektur: De architectura libri decem*. Wiesbaden: marix Verlag.

Vogler, Paul, und Gustav Hassenpflug. 1962. *Handbuch für den neuen Krankenhausbau*. 2. Auflage. München, Berlin: Urban & Schwarzenberg.

Volkmann, Walter. 2003. „Leistungsphase 0 – Projektvorbereitung durch Bedarfsplanung". http://www.volkmann-pm.de/images/kunde/pdfs/Bedarfsplanung.pdf.

Voordt, Theo JM van der, und Herman BR van Wegen. 2005. *Architecture in Use – An Introduction to the Programming, Design and Evaluatuion of Buildings*. Oxford: Architectural Press.

Walker, Daniel, Hrsg. 2015. *Lean Hospital – Das Krankenhaus der Zukunft*. Berlin: MWV Medizinisch Wissenschaftliche Verlagsges.

Wischer, Robert, und Hans-Ulrich Riethmüller. 2007. *Zukunftsoffenes Krankenhaus – Ein Dialog zwischen Medizin und Architektur: Fakten, Leitlinien, Bausteine*. 2007. Wien: Springer.

Womack, James P., und Daniel T. Jones. 2003. *Lean Thinking: Banish Waste and Create Wealth in Your Corporation, Revised and Updated*. 2 Rev Upd. New York: Free Press.

Womack, James P., und Daniel T. Jones. 2013. *Lean Thinking: Ballast abwerfen, Unternehmensgewinn steigern*. Übersetzt von Maria Bühler und Hans-Peter Meyer. 3. Aufl. Frankfurt am Main: Campus Verlag.

Zander, Britta, Julia Köppen, und Reinhard Busse. 2017. „Personalsituation in deutschen Krankenhäusern in internationaler Perspektive". In *Krankenhaus-Report 2017 – Schwerpunkt: Zukunft gestalten*, herausgegeben von Jürgen Klauber, Max Geraedts, Jörg Friedrich, und Jürgen Wasem, 61–78. Krankehaus-Report. Stuttgart: Schattauer Verlag.

Zimmermann, Hans-Jürgen, und Lothar Gutsche. 1991. *Multi-Criteria Analyse*. Berlin, Heidelberg: Springer Verlag GmbH.

www.ingramcontent.com/pod-product-compliance
Lightning Source LLC
Chambersburg PA
CBHW080048190426
43201CB00036B/2290